d5
BasisDruck **Dokument**

Michael Beleites

UNTERGRUND

EIN KONFLIKT MIT DER STASI IN DER URAN-PROVINZ

BASISDRUCK

Fotos: Seite 2 Sabine Sauer, Seite 184 und 185 MfS-Bezirksverwaltung Gera, Abt. VIII/1, Seite 261 Jens Hellwig, Seite 264 Johannes Beleites, alle übrigen von Michael Beleites.

In die Orthografie und Grammatik der Staatssicherheits-Dokumente wurde nicht eingegriffen.

ISBN 3-86163-044-3

2. erweiterte Auflage
Gestaltung: BasisDruck
Titelfotos: Sabine Sauer/LICHTBLICK
und MfS Bezirksverwaltung Gera, Abt. VIII /1
Satz: BasisDruck
Druck: Druckhaus Magazinstaße

INHALT

VORWORT

„Du mußt Deine Akte veröffentlichen“, sagten Freunde, als ich Anfang 1990 meine Stasi-Akte kopiert hatte. Der Gedanke, mich mit 25 Jahren hinzusetzen und ein Buch mit autobiographischem Charakter zu schreiben, erschien mir zunächst völlig abwegig. Im April 1990 wollte ich mit der Untersuchungsgruppe des Bürgerkomitees eine allgemeinere Dokumentation anhand von Lageberichten der Geraer MfS-Bezirksverwaltung erstellen. Doch als Bürgerkomitee erhielten wir auch von der neuen Regierung nicht die Erlaubnis, die entsprechenden Dokumente einzusehen.

Nach vielen Diskussionen über mögliche Formen der Vergangenheitsbewältigung wurde mir klar, daß allgemeine Lageberichte nur ein oberflächliches Bild vom Wirken der Stasi vermitteln können. Die Stasi arbeitete „personenbezogen“. Das bedeutet, daß sich die Mechanismen der politisch begründeten Unterdrückung am besten an Einzelbeispielen darstellen lassen, ebenso wie die Folgen dieser Unterdrückung. Außerdem ist es sinnvoll, ja sogar notwendig, daß Betroffene selbst die erlebten Begebenheiten beschreiben und die vorhandenen Dokumente kommentieren, weil eben auch Dinge gesagt weden müssen, die sie genauer wissen als die Stasi.

Da zusätzlich zu meiner Stasi-Akte auch der Briefwechsel mit staatlichen Stellen vorhanden ist und Gedächtnisprotokolle existieren, die ich damals für die Kirchenleitung schrieb, besteht für mich die Möglichkeit, den Konflikt aus unterschiedlichen Blickrichtungen zu dokumentieren. Eine weitere Dimension der Vergangenheitsbewältigung ergab sich daraus, daß Beteiligte – die zuständigen Stasi-Mitarbeiter und Mitbetroffene – bereit waren, mit eigenen Stellungnahmen und Situationsbeschreibungen zu der Dokumentation beizutragen.

Aufgrund dieser Voraussetzungen habe ich mich dann dazu entschlossen, das zu tun, was ich eigentlich nicht wollte: über meinen eigenen „Fall“ ein Buch zu schreiben.

ANNÄHERUNG AN DAS PHÄNOMEN STAATSSICHERHEIT

„Eine Geheimpolizei, die Tarnnamen nicht etwa den eigenen Spitzeln gibt, sondern den Leuten, die sie bespitzeln läßt, und die Buch führt über Mülltonnenbesuche und Schreibfehler auf dem Postamt, und die zum Schluß noch die eigene Kladde verliert samt zugehörigen Fotos und Dokumenten, eine solche Geheimpolizei wirkt fast schon wieder sympathisch.“

Stefan Heym

Begegnung mit der Stasi-Akte und ihren Verfassern

Schweigend, mit ernstem Blick und mit beiden Händen zwei übereinanderliegende Aktenbände umfassend, kam der Chef des Geraer „Bezirksamtes für Nationale Sicherheit“, Michael Trostorff, auf mich zu und überreichte mir meine Stasi-Akten zur Einsichtnahme. Ein aufregender Moment – wohl für uns beide. Am 1. März 1990 hatten Pfarrer Roland Geipel und ich als Vertreter des Geraer Bürgerkomitees nach langwierigen Verhandlungen die Möglichkeit erhalten, die über uns angelegten Akten des Ministeriums für Staatssicherheit einzusehen. Norbert Kobus, der Regierungsbeauftragte Hans Modrows für den Bezirk Gera, genehmigte letztendlich die Akteneinsicht und sagte zu uns:„ ... aber da will ich dabei sein, ihre Gesichter will ich sehen, wenn sie in ihren Akten lesen“.

Jetzt war es soweit. Wir saßen zu viert beim Leiter des sich in Auflösung befindlichen Bezirksamtes für Nationale Sicherheit, in der vormaligen Residenz des Geraer Stasi-Bezirkschefs. Roland Geipel und ich hatten unsere Akten vor uns; die Herren Trostorff und Kobus beäugten uns argwöhnisch. Sie hatten wohl befürchtet, daß in uns eine Welt zusammenbrechen würde oder wir sofort wütend werden, wenn wir lesen, welche Privatgespräche aufgezeichnet wurden und welche „Freunde“ uns bespitzelt hatten.

Doch meine erste Reaktion beim Lesen der Akten war ganz anders: Ich mußte laut lachen. Vieles war einfach lächerlich. So zum Beispiel die Tatsache, daß nicht nur die Spitzel mit Decknamen benannt waren, sondern auch die Bespitzelten. Meine Freunde waren von der Stasi mit albernen – aber manchmal treffenden – Tarnnamen bezeichnet worden, wie z.B. OV „Diplomat“, OV „Koordinator“, OV „Pädagoge“, OPK „Zentrum“ oder OPK „Rakete“. Sebastian Pflugbeil, der sich gerade als Minister des Neuen Forums in der Modrow-Regierung für die Abschaltung des Greifswalder Atomkraftwerkes einsetzte, hieß bei der Stasi seit Jahren OV „Reaktor“.

Mein Stasi-Name war OV „Entomologe“. Außerdem wurde ich in den Akten als „der Verdächtige“, „das Objekt“, „die OV-Person“ und manchmal sogar als „unsere OV-Person“ bezeichnet. Auch staunte ich über die vielen unwichtigen Kleinigkeiten, die man in die Berichte hineingeschrieben hatte. Egal, ob ich im Garten meiner Eltern eine kleine Baumschule anlegte oder für den Bürgermeister von Rentendorf einen Hasen präparieren wollte, die Stasi hatte alles notiert. Den Satz: „Charakterlich ist der B. sehr willensstark, dabei jedoch eigensinnig und im gewissen Rahmen sporadisch und unberechenbar“ habe ich dann laut vorgelesen. Der Nasi-Chef begann ein wenig zu lächeln und bemerkte: „Ich sag’s ja, es steht viel Wahres in den Akten.“

Beim Lesen der Akten wurde ich immer ernster: Ich hatte verschiedene Zusammenhänge erkannt und wollte nun alles genau wissen. Zum Glück saß der Nasi-Chef und frühere Stasi-Abteilungsleiter neben mir, er konnte mir die vielen Stasi-Abkürzungen und -Begriffe, wie OPK, TOV, IMS, PUT, Operationsgebiet, B-Maßnahme usw., sofort erklären. Ohne die Übersetzung solcher Verschlüsselungen hätte ich aus den Akten kaum Informationen entnehmen können, oder aber ich wäre auf die verrücktesten Gedanken gekommen. Anhand der Akten war eindeutig erkennbar, daß tatsächlich nahezu alle Behinderungen und Ungerechtigkeiten, die ich in den vergangenen Jahren erfahren hatte, von der Stasi veranlaßt waren. Dies bedeutete für mich nichts grundsätzlich Neues, allerdings hatte ich bis dahin angenommen, daß die Stasi nur wenig Informationen über mich hatte und aus wenigen tendenziösen Halbwahrheiten ein schlimmes Bild zusammengebastelt hat, worauf dann die Unterdrückungsmaßnahmen beruhten. Jetzt sah ich, daß die Stasi sehr detailliert und oft auch objektiv über mich informiert war und dennoch in den Auswertungsberichten alles gefährlicher dargestellt hat, als es war. Die „Gefährlichkeit seiner Person“ war dann Grund genug für die „Durchsetzung politisch-operativer Maßnahmen zur Verunsicherung, Zersetzung und Disziplinierung“. Ich war darüber entsetzt, wie Menschen, die so viel über mich wußten, zu so schwachsinnigen Interpretationen kommen konnten, Ungerechtigkeiten inszenierten und nie den Versuch machten, mit mir selbst über die anstehenden Fragen zu sprechen.

Die zwei Stunden am 1. März 1990, in denen ich in die fast 300 Seiten dicke Akte einsehen durfte, waren natürlich viel zu kurz, um alles zu lesen und verstehen zu können. Vieles blieb mir unklar. Erst einige Wochen später habe ich eine Gelegenheit nutzen können, um „meine“ Akte für mich zu kopieren – was ich eigentlich nicht durfte, aber einfach als „Entschädigung“ für die staatlich organisierten Ungerechtigkeiten der letzten Jahre betrachtete. Die gründliche Lektüre dieser Akten hat für mich zu einer inneren Befreiung geführt. Ich weiß jetzt, was die Stasi wirklich unternommen und auch, was sie nicht unternommen hatte.

Mir stellten sich jetzt die Fragen: Welche Menschen haben das getan, und was haben sie sich dabei gedacht? Ich erkannte, daß meine Anzeige von Mitte Februar 1990 an die Geraer Bezirksstaatsanwaltschaft zur Ermittlung der Hintergründe des mir in den vergangenen Jahren widerfahrenen Unrechts unsinnig war; nicht weil die Bezirksstaatsanwaltschaft als früherer Partner der Stasi befangen ist, sondern weil staatsanwaltschaftliche Ermittlungen eine Bestrafung der Schuldigen zum Ziel haben. Mir ging es aber in meinem Fall nicht um Bestrafung, sondern um Aufklärung und Wahrheitsfindung. Eine staatsanwaltschaftliche Ermittlung hätte mich als Betroffenen aus dem Aufklärungsprozeß ausgegrenzt, hätte die Aufklärung auf den nach DDR-Gesetz „strafrechtlich relevanten" Teil der Unterdrückung (z.B. versuchte Nötigung, Freiheitsberaubung, Behinderung der Religionsausübung, Rechtsbeugung, Hausfriedensbruch) beschränkt, bzw. wegen der zu erwartenden Aussageverweigerung der Schuldigen ganz verhindert – und somit der Aufdeckung der Wahrheit entgegengewirkt. Auch das selbständige Bekennen von Mitschuld – auch moralischer Mitschuld – sowie das Einbringen von Hintergrundinformationen durch ehemalige Stasi-Mitarbeiter wäre unter diesen Umständen nicht zu erwarten gewesen.

Gerichtsprozesse halte ich nur in den Fällen für sinnvoll, wo physische Gewalt oder schwere psychische Folter angewendet wurde. Bei den übrigen Fällen glaube ich, daß eine – selbständige – Gegenüberstellung von Verfolgern und Verfolgten zu einer gründlicheren Aufarbeitung führt, als wenn man die Wahrheitssuche dritten überläßt. Täter-Opfer-Gespräche geben den Beteiligten auch die Chance, individuelle Schuld individuell abzutragen, alte Feindbilder abzubauen und wirklich Konflikte zu lösen.

In einem Gespräch mit Herrn Trostorff fragte ich, was er aus seiner Sicht von solchen Vorstellungen hält. Er sagte, daß er sich durchaus vorstellen könne, daß Begegnungen zwischen Betroffenen und den für sie ehemals zuständigen Stasi-Mitarbeitern in einzelnen Fällen zu einer „Entspannung" führen würden. Der Nasi-Chef vermittelte mir dann auf meine Bitte hin den Kontakt zu dem früheren „operativen Mitarbeiter" des MfS, Herrn Dietmar P. (Herr P. hat das Schreiben seiner Stellungnahme davon abhängig gemacht, daß sein Name nicht genannt wird, weil er Nachteile für seine Familienangehörigen befürchtet), der bis November 1989 für meine „Bearbeitung" zuständig war. Und Herr P. hat sich dazu bereit erklärt, mit mir zu sprechen. Er war natürlich recht gut über mich informiert, während ich über ihn bis dahin überhaupt nichts wußte. Als wir telefonisch den Termin vereinbarten und ich ihm sagte, daß es mir nicht um Abrechnung sondern um ein klärendes Gespräch geht, sagte er bereits zu mir, er hätte auch gar nicht erwartet, daß es mir um Abrechnung ginge, „... ich kenne Sie doch, Herr Beleites".

Am 4. Juli 1990 kam „mein" früherer Stasi-Mitarbeiter zur mir und eröffnete unser Gespräch mit den Worten: „Es ist eine obskure Situation ..."

Ich hatte den Eindruck, daß er sehr unsicher war, vielleicht auch ängstlich. Für mich war diese Stasi-Begegnung aufregend und spannend. Ich wollte wissen: Wer war mein unsichtbares Gegenüber? Jahrelang hatte ich in Eingaben wegen meiner Reisesperre gefordert, einen der „wirklichen Entscheidungsträger“ zu sprechen –, jetzt saß er mit mir an einem Tisch, und zwar an meinem. In unserem ersten Gespräch, das vier Stunden dauerte, erfuhr ich von Herrn P. eigentlich nichts, was ich nicht auch schon vorher gewußt hätte, aber die Atmosphäre zwischen uns war am Ende wirklich entspannter. Vor der Verabschiedung bestellte er mir einen „schönen Gruß“ von seinem früheren Vorgesetzten, Herrn Reiner Markgraf, der Stellvertreter des Leiters der Geraer MfS-Kreisdienststelle war, und ebenfalls zu einem Gespräch mit mir bereit sei. Daraufhin sprach ich auch mit Herrn Markgraf und später auch mit seinem vormaligen Vorgesetzten, dem früheren „1. Stellvertreter Operativ“ des Leiters der Geraer MfS-Bezirksverwaltung, Herrn Jürgen Seidel, den ich bereits bei der Stasi-Auflösung im Januar und Februar 1990 kennengelernt hatte. Einige Monate darauf habe ich mich in Berlin mit dem früheren Leiter der für die Bespitzelung der Kirchen und die „Bekämpfung der politischen Untergrundtätigkeit“ in der DDR verantwortlichen Hauptabteilung XX/4 des MfS, Herrn Jochen Wiegand, getroffen. An diesem Gespräch nahm auch der in den vergangenen Jahren für die kirchlichen Umweltgruppen – und damit auch für meinen „Zentralen Operativen Vorgang“ – zuständige Mitarbeiter dieser Abteilung teil. In diesen Gesprächen haben sie mir erzählt, wie sie zur Stasi gekommen sind, welche Motive sie für ihre Tätigkeit hatten, welche Hintergründe bei der „Bearbeitung“ meines Falls eine Rolle spielten, und sie haben sich zum Teil bei mir entschuldigt.

Ohne meine Akten vorher gelesen zu haben, wäre ich an einem Gespräch mit „meinen“ Stasi-Leuten wahrscheinlich nicht interessiert gewesen. Mit den Informationen aus den Stasi-Akten war für mich vieles überprüfbar, und ich mußte den Menschen, zu deren Beruf die „Arbeit mit Legenden“ – das Lügen – gehörte, nicht blind vertrauen. Als Betroffener konnte ich nur deshalb auf die Täter zugehen, ihnen die Hand reichen und schließlich auch Entschuldigungen annehmen, weil die in den vergangenen Jahren erfahrenen Demütigungen durch die Lektüre der Akten als tatsächliche, faßbare Ungerechtigkeiten und Verfolgungen aus dem Nebel der Stasi-Konspiration herausgetreten sind und scharfe Konturen angenommen haben. Ohne diese Klarheit ließe sich kein Haß abbauen.

Durch die Gespräche mit den für meinen Fall verantwortlichen Stasi-Mitarbeitern ist für mich nicht nur das unsichtbare Gegenüber der jahrelangen Konflikte sichtbar geworden; in meiner Vorstellung bekam das bisher abstrakte Bild von „der Stasi“ nun ganz konkrete Gesichter. Die eigentliche Überraschung für mich war, daß die tatsächlichen Organisatoren der Verfolgung von ihrer Persönlichkeitsstruktur her keine Gangster, keine besonders aggressiv veranlagten Menschen und auch keine oberflächlichen Schauspielertypen sind. Es war für mich schwer vorstellbar, daß gerade diese Leute mir so viel Ärger organisiert haben.

Welche Strukturen und Mechanismen haben es ermöglicht, diese „ganz normalen“ Menschen in das Unrechtssystem zu integrieren? Im Verlauf der Auseinandersetzungen mit dem Stasi-Thema ist mir klar geworden, daß dies eine entscheidende Frage ist, die deshalb auch der Vergangenheitsaufarbeitung zugrunde liegen sollte. Ich glaube, die wesentliche Ursache für das reibungslose Funktionieren jedes manifesten Unrechts besteht in der organisierten Distanz zwischen Tätern und Betroffenen. Im Fall des Stasi-Systems stand diese Distanz auf drei Säulen: Es durften keine direkten Gespräche zwischen hauptamtlichen Stasi-Mitarbeitern und den betroffenen „Vorgangs-Personen“ stattfinden. Die Sprache der Stasi prägte eine Entfremdung und Entpersönlichung im Denken. Und es existierte eine ideologische Barriere. Gegnern der bestehenden Ordnung wurde die menschliche Würde aberkannt, sie kaputtzuspielen erschien legitim. Bezeichnend dafür ist auch, daß sich die Stasi bei einer noch so gründlichen Bespitzelung kaum für die wirklichen Motive der „Verdächtigen“ interessierte.

Diese Distanz zwischen Tätern und Betroffenen wenigstens im Nachhinein ein Stück zu überwinden ist viel wichtiger, als in Gerichtsprozessen die Fortsetzung der alten Konflikte zu betreiben. In ernsthaften Gesprächen zwischen Tätern und Opfern kann eine Konfliktbewältigung erreicht werden, die die Stasi-Leute zur Ehrlichkeit motiviert und für die Betroffenen Klarheit und damit eine dauerhafte Entkrampfung bringt.

Aufgaben, Strukturen und Methoden der Stasi

Die politische Macht in der DDR lag nicht beim MfS, sondern bei der SED, oder genauer: bei der SED-Führung auf den jeweiligen politischen Ebenen. Als „Schild und Schwert der Partei“ wurde die Stasi zur „Durchdringung“ aller politisch wichtigen Bereiche der DDR-Gesellschaft eingesetzt. Die Stasi war damit das wichtigste Machtinstrument der SED-Führung. Zu ihren Hauptaufgaben gehörten die Kontrolle aller staatlichen Bereiche, die Gleichschaltung des öffentlichen Lebens und die Isolierung und Kriminalisierung der Kritiker. Die Informationsbeschaffung für die SED-Führung diente nicht als Grundlage für eine qualifizierte Entscheidungsfindung der Mächtigen, sondern nur der Sicherung und Stabilisierung der Macht des SED-Parteiapparates.

Gesellschaftskritisches Engagement, das von der Stasi als „politische Untergrundtätigkeit“ bezeichnet wurde, ging zum großen Teil von kirchlichen Basisgruppen oder der Kirche nahestehenden Personen aus. Deshalb konzentrierte die Stasi ihr Interesse auf die Kirchen – vor allem auf die evangelischen Kirchen. Die Stasi-Spitzel in kirchenleitenden Funktionen sollten nicht nur interne Informationen beschaffen, sondern in erster Linie Einfluß auf innerkirchliche Entscheidungsprozesse ausüben. Das Interesse der Stasi bestand darin, die Arbeit der kirchlichen Basisgruppen einzuschränken, bzw. ganz zu verhindern, sowie gesellschaftskritische Äußerungen der kirchlichen Gremien, z.B. der Synoden und der Konferenz der Kirchenleitungen, zu unterdrücken. Die wenigen systemkritischen Gruppen, die meist in der Art von Bürgerinitiativen nur Einzelprobleme thematisierten, waren in der Sicht der Stasi vom Westen gesteuert und im Begriff, den sozialistischen Staat zu beseitigen. Aus der Dienstanweisung Nr. 2/85 des Ministers für Staatssicherheit – „Zur vorbeugenden Verhinderung, Aufdeckung und Bekämpfung politischer Untergrundtätigkeit“ – seien hier folgende Aussagen zitiert.

Einen bedeutenden Platz im Kampf des Gegners gegen den real existierenden Sozialismus nimmt die Inspirierung und Organisierung politischer Untergrundtätigkeit ein.
Sie zielt vor allem durch Versuche der Aufweichung, Zersetzung und Destabilisierung der gesellschaftlichen Verhältnisse auf die Beseitigung der sozialistischen Staats- und Gesellschaftsordnung ab ...
Zur wirksamen vorbeugenden Bekämpfung politischer Untergrundtätigkeit sind dabei vorrangig

- die Herausbildung feindlich-negativer Gruppierungen rechtzeitig zu er kennen und zu verhindern, das Konstituieren bzw. ihre Festigung sowie ihr Wirksamwerden durch aktive politisch-operative Bearbeitung zu unterbinden,
- bestehende feindlich-negative Gruppierungen zu verunsichern, aufzulösen bzw. zu zersetzen, wobei auch nach der Auflösung dieser Gruppierungen deren ehemals aktiven Angehörigen weiter unter operativer Kontrolle zu halten sind,
- Führungskräfte bzw. Exponenten politischer Untergrundtätigkeit nachhaltig zu neutralisieren bzw. ihr Einfluß wirksam zurückzudrängen,
- Vorbeugende Verhinderung, Aufdeckung und Bekämpfung der Versuche des politischen Mißbrauchs der Kirchen und Religionsgemeinschaften, u.a. zur Sammlung oppositioneller Kräfte, der Erarbeitung und Verbreitung antisozialistischer, gegen Beschlüsse von Partei und Regierung gerichteter Schriften unter dem Deckmantel kirchlicher Glaubensbekenntnisse, der Bestrebungen zur Erreichung eines Mitsprache- bzw. Entscheidungsrechts auf Teilgebieten der Gesellschaftspolitik.

(Aus der MfS-DA Nr. 2/85, vom 20.2.1985)

Die „Bekämpfung der politischen Untergrundtätigkeit“ wurde von den Abteilungen XX und den dafür zuständigen Stellvertretern der Leiter der Kreisdienststellen und Bezirksverwaltungen sowie des Ministers für Staatssicherheit organisiert. Es waren aber auch alle anderen Abteilungen in unterschiedlicher Weise daran beteiligt. So wurde ein Mitglied der bundesdeutschen Friedensbewegung von der Abteilung II (Spionageabwehr) „bearbeitet“, nur weil er einmal mit einer DKP-Gruppe in die DDR gereist war, ohne selbst DKP-Mitglied zu sein. Für die Verhinderung der geplanten Einfuhr eines Analysegeräts für Wasserproben von Greenpeace fühlte sich die Abteilung XXII (Terrorismusbekämpfung) zuständig! Und Greenpeace Deutschland in Hamburg wurde nicht von der Abteilung „Auslandsaufklärung“ oder der Abteilung XX, sondern von der Hauptabteilung XVIII (Sicherung der Volkswirtschaft) bespitzelt.

Die „operative Arbeit“ der Stasi war primär auf einzelne Personen ausgerichtet. Dazu gab es unterschiedliche Erfassungs- und Bearbeitungsformen. In der Zentralen Personendatenbank des MfS in Berlin wurden alle Personen erfaßt, die irgendwann einmal „operativ angefallen“, d.h. der Stasi aufgefallen waren. Hier wurden die Menschen nach besonderen „Merkmalskomplexen“ klassifiziert (z.B. Nichtwähler, Wehrdienstverweigerer, Bausoldaten, Ausreiseantragsteller, Personen mit Kontakten zu „feindlich-negativen Kräften“) und mit einer Kurzbeschreibung charakterisiert. In der Zentralen Personendatenbank waren wesentlich mehr Personen erfaßt, als „operativ bearbeitet“ wurden. „Operative Bearbeitung“ einer Person hieß, daß man über einen bestimmten Zeitraum hinweg eine personenbezogene Akte angelegt hat.

Die personenbezogenen Bearbeitungsformen waren: Sicherheitsüberprüfung, Operative Personenkontrolle (OPK), Operativer Vorgang (OV) und Untersuchungsvorgang (UV). Von den Sicherheitsüberprüfungen abgesehen, die nur „sicherheitspolitische“ Eignungsüberprüfungen für „Kader“ im staatlichen und wirtschaftlichen Bereich waren, wurden die übrigen Bearbeitungsformen in allen Bearbeitungsrichtungen gleich angewandt, egal ob gegen den „politischen Untergrund“, vermeintliche Spione oder Terroristen.

Operative Personenkontrollen sind zu Personen eingeleitet worden, die eine „feindlich-negative“ Einstellung zum sozialistischen Staat oder „operativ bedeutsame“ Verbindungen und Kontakte hatten, gegen die jedoch kein Straftatverdacht bestand. Es ging hier vor allem um das Erkennen von interessierenden Personen und um die Klärung der Frage, ob ein konkreter Straftatverdacht vorlag oder nicht. Die Hauptaufgabe einer OPK war demzufolge die Informationsbeschaffung und -verdichtung. In Abhängigkeit von der Bewertung der in der OPK gesammelten Informationen, kam es zur Einstellung der OPK, zur Werbung der betreffenden Person als Inoffizieller Mitarbeiter oder zur Umwandlung in einen Operativen Vorgang.

In einem *Operativen Vorgang* wurden Personen „bearbeitet", gegen die ein Straftatverdacht – in erster Linie nach den politischen Paragraphen des Strafgesetzbuches der DDR – bestand. Die Zielstellung des Operativen Vorgangs ging weit über die bloße Informationsgewinnung hinaus. Hier sollten Beweise für einen dringenden Verdacht einer Straftat oder eines „Staatsverbrechens" erbracht werden, die als Voraussetzung für die Einleitung eines Ermittlungsverfahrens dienen konnten. Wenn die Beweise für eine Straftat nicht erbracht werden konnten oder die Einleitung eines Ermittlungsverfahrens aus „politisch-operativen Gründen" (z.B. bei einem zu erwartenden größeren Solidarisierungseffekt) nicht zweckmäßig erschien, hat man „Zersetzungsmaßnahmen" angewendet. Darunter verstand die Stasi die „systematische Diskreditierung" und die „Organisierung beruflicher und gesellschaftlicher Mißerfolge" (MfS-RL 1/76, S. 47) einzelner Personen, sowie die Lähmung und das Auseinanderbrechen von Gruppen. In der MfS-Richtlinie Nr. 1/76 über Operative Vorgänge heißt es dazu:

Bewährte anzuwendende Formen der Zersetzung sind:
- systematische Diskreditierung des öffentlichen Rufes, des Ansehens und des Prestiges auf der Grundlage miteinander verbundener wahrer, überprüfbarer und diskreditierender sowie unwahrer, glaubhafter, nicht widerlegbarer und damit ebenfalls diskreditierender Angaben;
- systematische Organisierung beruflicher und gesellschaftlicher Mißerfolge zur Untergrabung des Selbstvertrauens einzelner Personen;
- zielstrebige Untergrabung von Überzeugungen im Zusammenhang mit bestimmten Idealen, Vorbildern usw. und die Erzeugung von Zweifeln an der persönlichen Perspektive;
- Erzeugen von Mißtrauen und gegenseitigen Verdächtigungen innerhalb von Gruppen, Gruppierungen und Organisationen;
- Erzeugen bzw. Ausnutzen und Verstärken von Rivalitäten innerhalb von Gruppen, Gruppierungen und Organisationen durch zielgerichtete Ausnutzung persönlicher Schwächen einzelner Mitglieder;
- Beschäftigung von Gruppen, Gruppierungen und Organisationen mit ihren internen Problemen mit dem Ziel der Einschränkung ihrer feindlich-negativen Handlungen;
- örtliches und zeitliches Unterbinden bzw. Einschränken der gegenseitigen Beziehungen der Mitglieder einer Gruppe, Gruppierung oder Organisation auf der Grundlage geltender gesetzlicher Bestimmungen, z.B. durch Arbeitsplatzbindungen, Zuweisung örtlich entfernt liegender Arbeitsplätze usw.

Bei der Durchführung von Zersetzungsmaßnahmen sind vorrangig zuverlässige, bewährte, für die Lösung dieser Aufgaben geeignete IM einzusetzen.

Diese subtilen Formen des Kaputtspielens der Kritiker haben für viele Oppositionelle in der DDR zu extremen psychischen Belastungen geführt und oft bleibende Schäden verursacht. Die „Zersetzung“ war wohl das eigentliche Stasi-charakteristische Verbrechen, das als indirekte Gewaltanwendung bezeichnet werden muß, auch wenn diese verdeckte Gewalt strafrechtlich schwer faßbar ist.

Wenn „infolge des Umfangs und der Komplexität der Feindtätigkeit die Konzentration mehrerer Diensteinheiten erforderlich“ war (MfS-RL 1/76, S. 30), wurden Operative Vorgänge als *Teilvorgänge (TV) von Zentralen Operativen Vorgängen (ZOV)* weitergeführt.

Gegenstand der Bearbeitung des ZOV sind die gegen die DDR und andere sozialistische Staaten gerichteten Straftaten, Angriffe oder Auswirkungen der Tätigkeit feindlicher Stellen und Kräfte, wenn sie eine hohe Gesellschaftsgefährlichkeit aufweisen bzw. erwarten lassen und sich auf die Verantwortungsbereiche mehrerer operativer Diensteinheiten beziehen ...
Teilvorgänge (TV) sind Operative Vorgänge, in denen durch die TV-bearbeitenden Diensteinheiten eigenverantwortlich Teile einer feindlichen Stelle (Außenstellen, Filialen, Agenturen, Stützpunkte usw.) bzw. feindliche Kräfte im Operationsgebiet oder in der DDR zu bearbeiten sind ...
Feindliche Kräfte sind Mitarbeiter oder Mitglieder einer feindlichen Stelle bzw. einzelne oder mehrere Personen im Operationsgebiet, die keiner feindlichen Stelle angehören oder Personen in der DDR, die unter Ausnutzung ihrer beruflichen oder gesellschaftlichen Stellung/Tätigkeit bzw. anderer Möglichkeiten aus zumeist feindlicher, antikommunistischer Einstellung gemeinschaftlich, arbeitsteilig, abgestimmt oder anderweitig Staatsverbrechen bzw. in erheblichem Maße andere operativ bedeutsame Straftaten gegen die DDR und andere sozialistische Staaten vorbereiten, initiieren, organisieren oder selbst durchführen.
(Aus der 2. Durchführungsbestimmung zur Richtlinie Nr. 1/76 des MfS über die Bearbeitung Zentraler Operativer Vorgänge, S. 6 und 7)

Untersuchungsvorgänge wurden eingeleitet, wenn Beweise für eine Straftat bzw. einen dringenden Straftatverdacht gemäß der Paragraphen des DDR-Strafgesetzbuches vorlagen, für die sich die Stasi zuständig fühlte, und ein Ermittlungsverfahren eröffnet werden sollte. Die Untersuchungsvorgänge wurden von der Untersuchungsabteilung (Abteilung IX) des MfS geführt.

Mit der Einleitung eines Ermittlungsverfahrens durch die Stasi war in der Regel die Inhaftierung der betreffenden Person in eine MfS-Untersuchungshaftanstalt verbunden.

Neben den an Sachgebieten orientierten Abteilungen des MfS, wie z.B. die Abteilungen II, XV, XVIII und XX, gab es die Abteilungen, die bestimmte geheimdienstliche Aufgaben zu lösen hatten und als Dienstleistungsabteilungen für die oben genannten „federführenden" Abteilungen arbeiteten.

Für die *Kontrolle und Auswertung von Postsendungen* war die Abteilung M zuständig. Zu einer Anschriftenfahndung kam es, wenn von einer anderen Abteilung ein Fahndungsauftrag zu einem bestimmten Empfänger an die Abteilung M gegeben wurde. In diesem Fall wurden die Briefe kopiert und die Kopien an die auftraggebende Abteilung übergeben. Die Briefe wurden in speziellen Geräten über Wasserdampf geöffnet, nach dem Kopieren bzw. der Mikroverfilmung mit einem westlichen Klebestift wieder verschlossen – und dann wieder zur Post gebracht.

Die *Telefonüberwachung* im Inland wurde von den Abteilungen 26 organisiert. Neben der Telefonüberwachung (Auftrag A) waren die Abteilungen 26 auch für akustische Raumüberwachungen, d.h. für Wanzen, zuständig (Auftrag B). Telefonate von und nach der Bundesrepublik und West-Berlin sowie zwischen der Bundesrepublik und West-Berlin wurden von der Abteilung III (Funkelektronische Aufklärung) abgehört.

Die *Observation* („operative Beobachtung") von Personen, *Ermittlungen, konspirative Wohnungsdurchsuchungen* sowie strafprozessuale Zwangs- und Sicherungsmaßnahmen *(Verhaftung, Durchsuchung und Beschlagnahme)* wurden nach entsprechendem Auftrag von den Abteilungen VIII durchgeführt.

Die *Paßkontrolleinheit*, die in den Uniformen der Grenztruppen an den Grenzübergangsstellen der DDR mit der Zollkontrolle zusammen die Pässe, Visa und Personalausweise kontrollierte, gehörte nicht zu den Grenztruppen, sondern war die Abteilung VI der Stasi. Auf „Fahndungsersuchen" der auftraggebenden Abteilungen hin, wurden einzelne Personen (In- und Ausländer) an den Grenzübergangsstellen von der Abteilung VI einer Tiefenkontrolle unterzogen bzw. an der Ein- oder Ausreise gehindert. Die für bestimmte Personen festgelegten Reisesperren wurden von der Abteilung VI durchgesetzt.

Die Informanten und sonstigen heimlichen Helfer der Stasi waren die Inoffiziellen Mitarbeiter (IM) und die Gesellschaftlichen Mitarbeiter für Sicherheit (GMS). Darüber hinaus kam es zu einer gewissermaßen halboffiziellen Zusammenarbeit mit den Partnern des „politisch-operativen Zusammenwirkens" (POZW), das waren meist staatliche Leiter. In besonders sensible Funktionen im staatlichen und wirtschaftlichen Bereich sowie bei den anderen Sicherheitsorganen wurden „Offiziere im besonderen Einsatz" (OibE) eingeschleust bzw. gedeckt eingestellt. Unter den Inoffiziellen Mitarbeitern gab es verschiedene Kategorien. Die IMS waren „IM zur politisch-operativen Durchdringung und Sicherung des Verantwortungsbereiches“ (MfS-RL 1/79). Zu dieser Kategorie gehörte die Mehrheit der IM; sie wurden als gewöhnliche Informanten, manchmal aber auch als Helfer bei „Zersetzungsmaßnahmen“ eingesetzt. IMB waren IM „zur unmittelbaren Bearbeitung im Verdacht der Feindtätigkeit stehender Personen“ (MfS-RL 1/79), also IM mit vertraulichen Beziehungen zu „feindlichen Kräften“. Zu ihren Aufgaben gehörte u.a. die „Durchführung operativer Spiele und anderer Maßnahmen zur Desinformation, Zersetzung und Zerschlagung“ (MfS-RL 1/79, S.17). Die GMS (Gesellschaftliche Mitarbeiter für Sicherheit) waren inoffizielle Mitarbeiter mit einer „auch in der Öffentlichkeit bekannten staatsbewußten Einstellung und Haltung“ (MfS-RL 1/79), meist SED-Mitglieder.

Über den Einsatz von Inoffiziellen Mitarbeitern im „politischen Untergrund“ können wir in der Dienstanweisung 2/85 des Ministers für Staatssicherheit lesen:

Zur wirksamen Bekämpfung politischer Untergrundtätigkeit sind vor allem IM einzusetzen und zu gewinnen, die in Kenntnis der von den feindlichen Stellen und Kräften sowie von den feindlich-negativen Kräften im Innern der DDR angewandten, oft konspirativen Mittel und Methoden und ihrer Lebensgewohnheiten in der Lage sind,
- vertrauliche Beziehungen zu diesen herzustellen,
- in die Konspiration des Feindes bzw. feindlich-negativer Gruppierungen einzudringen,
- rechtzeitig Informationen über feindliche Pläne und Absichten äußerer Feinde und feindlich-negativer Kräfte im Innern der DDR zu beschaffen.

Vorrangig sind IM aus solchen Personenkreisen einzusetzen bzw. zu gewinnen, wie
- kirchlich gebundene bzw. aktiv tätige Personen, einschließlich Jugendlicher oder Studenten, die in der evangelischen oder katholischen Studentengemeinde, in der offenen Jugendarbeit, in den Jungen Gemeinden wirken,
- Studenten der Fachrichtungen Kunst/Kultur und Literatur sowie der Theologie...
- Künstler und Kulturschaffende, besonders aus dem Nachwuchsbereich,
- Personen, die sich beruflich mit Fragen des Natur- und Umweltschutzes beschäftigen,
- Personen mit ausgeprägten Interessen und Neigungen für den Natur- und Umweltschutz oder für sogenannte alternative Lebensformen.

(Aus der MfS-DA 2/85, S. 13 und 14)

Weiterhin konzentrierte man sich hier auf :

▶ den Einsatz bzw. die Schaffung zuverlässiger IM und GMS in Schlüsselpositionen, wie im Arbeitsgebiet bzw. Arbeitsbereich Kirchenfragen der Abteilungen Innere Angelegenheiten, in den Abteilungen Umweltschutz, Kultur, Jugend und Sport sowie Gesundheitswesen der Räte der Kreise und Städte, in führenden kulturellen Einrichtungen sowie in leitenden Gremien des Kulturbundes, des Friedensrates und der Nationalen Front auf Kreisebene, vor allem für die Realisierung vorbeugender Maßnahmen zur Ausräumung begünstigender Bedingungen, Umstände sowie zur Durchführung von Maßnahmen der Disziplinierung feindlich-negativer Kräfte.

(Aus der MfS-DA 2/85, S.18)

Als Außenstehende werden wir uns sicher nie in die Arbeitsatmosphäre des Stasi-Alltags hineinversetzen können. Um das interne MfS-Regime etwas zu verstehen, müssen einige grundsätzliche Bedingungen genannt werden:

1. Das MfS war ein militärisches Organ, und das dienstliche Führungsmittel war der Befehl. Es wurde demzufolge auf den unteren Ebenen wenig nach dem Sinn und Zweck gefragt, sondern eben Befehle ausgeführt.

2. Das MfS war ein Geheimdienst. Die einzelnen Mitarbeiter erhielten nur soviel Informationen, wie sie zur Erfüllung ihrer Aufgaben brauchten. Wer mehr wissen wollte, machte sich verdächtig.

3. Das MfS war eine DDR-Instituion. Jeder versuchte, seine eigene Tätigkeit so gut er konnte gegenüber den Vorgesetzten aufzuwerten. Das bedeutet, daß auch Stasi-Berichte oft mehr eine Wunschvorstellung als die Realität wiedergeben. Alle Stasi-Dokumente müssen deshalb auch unter dem Gesichtspunkt gelesen werden, daß ihre Verfasser in erster Linie die Bedeutung und die Erfolge ihrer Tätigkeit mitteilen wollten und in diesem Zusammenhang „Verdächtigte" gefährlicher machten als sie waren und z.B. auch selbstverschuldete Rückschläge der Basisgruppen als Erfolg der Stasi darstellten.

Noch einige Bemerkungen zur Sprache der Stasi. Das MfS war nicht der einzige Bereich in der DDR, in dem sich der SED-Jargon verselbständigte, doch hier entwickelte die realsozialistische Funktionärssprache die meisten Eigenbegriffe. Die Stasi-Sprache ist geprägt von zahlreichen Abkürzungen, Substantivierungen und vor allem von immer wiederkehrenden Wörtern, die hier in ihrer eigentlichen Bedeutung eingeschränkt bzw. verändert, zu bestimmten internen Begriffen geworden sind. Alles, was die Stasi im Zusammenhang mit Personen oder Gruppierungen tat, egal ob die Durchführung eines Ermittlungsverfahrens oder bloße Informationsbeschaffung, hieß „Bearbeiten". Und „bearbeitet" wurde nicht ein Mensch, sondern ein

„Material“ oder ein „Vorgang“. Die Stasi arbeitete grundsätzlich „operativ“. Es gab operative Mitarbeiter, operative Diensteinheiten, operative Personenkontrollen, operative Vorgänge, operative Beobachtungen, politisch-operative Gründe usw. Mit der Bezeichnung „Operationsgebiet“ meinte man die Bundesrepublik und West-Berlin. Die aktiven politischen Gegner waren „Feinde“, die weniger aktiven waren „negativ“. So kam es wohl zur Sammelbezeichnung „feindlich-negativ“. Wenn Antragsteller auf Ausreise die DDR verlassen durften, wurden sie „aufgelassen“ und in die Reisesperre wurde man „eingelegt“. Das Wort „kompetent“ meinte bei der Stasi nie befähigt, sondern immer befugt. Ein Zusammenhang von Sprache und Denken ist hier sicher nicht von der Hand zu weisen. Gerade auch solche sprachlichen Begriffe, wie „Fahndungsobjekt“, „Material“, „bearbeiten“ und „einlegen“, schafften eine Distanz zu den betroffenen Menschen.

Die vertikale Struktur des Ministerium für Staatssicherheit

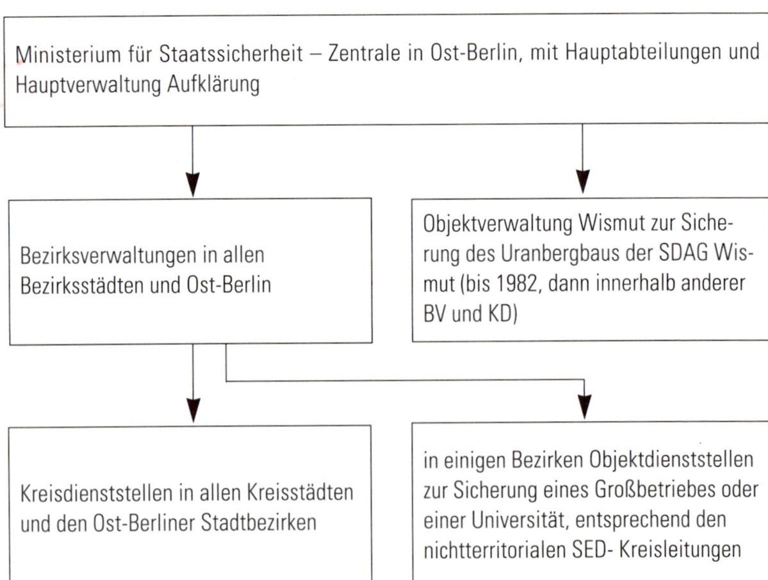

Die horizontale Struktur der Bezirksverwaltung Gera des MfS

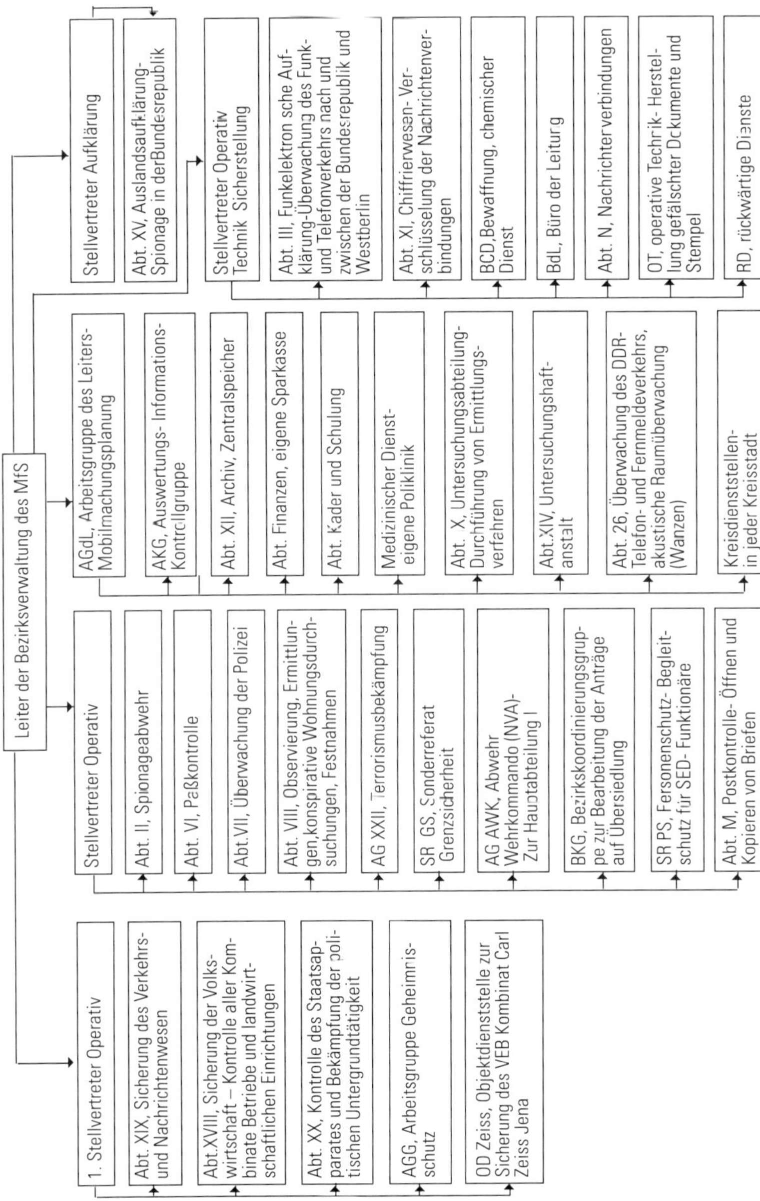

Eine Statistik vom 1. Juli 1988 nennt für den Bereich der Bezirksverwaltung Gera des MfS (einschließlich Kreisdienststellen) folgende Zahlen:

- etwa 2350 hauptamtliche Mitarbeiter (davon 460 IM-führende Mitarbeiter)
- etwa 3200 Inoffizielle Mitarbeiter (IM - außer IMK -)
- etwa 1500 Gesellschaftliche Mitarbeiter für Sicherheit (GMS)
- etwa 90 Operative Vorgänge (OV einschließlich Teilvorgänge von ZOV)
- etwa 480 Operative Personenkontrollen (OPK)

Diese Statistik macht deutlich, daß die Stasi wesentlich mehr Mitarbeiter hatte, als Personen von ihr direkt überwacht wurden. Außerdem weisen diese Zahlen auf die Tatsache hin, daß der in den riesigen Stasi-Archiven lagernde Aktenbestand zum größten Teil aus Spitzel-Akten besteht, und nur zu einem weitaus geringeren Teil aus den Akten über die Bespitzelten und Verfolgten.

DER OPERATIVE VORGANG „ENTOMOLOGE"– DOKUMENTATION DES KONFLIKTS

„Da das ‚Leben in Lüge' die Grundstütze des Systems ist, ist es kein Wunder, daß das ‚Leben in Wahrheit' eine Grundbedrohung für das System bedeutet. Deshalb muß es härter verfolgt werden als alles andere."

Václav Havel

Die „personenbezogene Bearbeitung" begann, noch bevor ich 18 Jahre alt wurde. Im August 1982 hat die Stasi-Kreisdienststelle Hohenmölsen zu meiner Bespitzelung eine „Operative Personenkontrolle" eingeleitet. Da man die Mitarbeit in der kirchlichen Umweltbewegung schnell unter einen „Straftatverdacht" stellte, wurde bereits am 15. Dezember 1982 der „Operative Vorgang ‚Entomologe'" eröffnet.

Die Operativen Personenkontrollen und Operativen Vorgänge wurden alle mit Decknamen versehen, angeblich wegen der inneren Konspiration. In den meisten MfS-Materialien sind jedoch wirklicher Name („Klarname") und Deckname nebeneinander aufgeführt. Die Bezeichnung „Entomologe" (= Insektenforscher) hing wohl damit zusammen, daß ich im Sommer 1982 öfters mit dem Schmetterlingsnetz durch die Landschaft gelaufen bin, um mir in Vorbereitung auf die Präparatorenausbildung eine kleine Insektensammlung anzulegen. Weder vorher noch später habe ich mich intensiver entomologisch betätigt. Die Stasi hat mir also keinen besonders treffenden Namen gegeben.

Nachdem ich 1985 in Gera offiziell eine Wohnung zugewiesen bekam und meinen Hauptwohnsitz nach Gera ummeldete, wechselte auch bei der Stasi die Zuständigkeit. Der Operative Vorgang „Entomologe" wurde im Februar 1986 von der Kreisdienststelle Hohenmölsen (Bezirksverwaltung Halle) an die Kreisdienststelle Gera (Bezirksverwaltung Gera) übergeben. Ab Anfang Juli 1987 wurde der OV „Entomologe" als „Teilvorgang 6 des Zentralen Operativen Vorgangs ‚Konflikt'" der Hauptabteilung XX/4 der Berliner MfS-Zentrale weitergeführt. Der über mich laufende Vorgang war nun zwar ganz oben angebunden, doch die Kreisdienststelle Gera war für den Teilvorgang „Entomologe" weiterhin zuständig. Nach Auskunft des früheren Mitarbeiters der Stasi-Hauptabteilung XX/4, der für den ZOV „Konflikt" zuständig war, wurden in den anderen Teilvorgängen dieses Zentralen Operativen Vorgangs ebenfalls Angehörige der kirchlichen Umweltbewegung „bearbeitet", so Nikolaus Voss, Peter Gensichen, Joachim Krause und die Ehepaare Winkelmann und Fahr. Im Jahresarbeitsplan des Leiters der Geraer MfS-Bezirksverwaltung für 1989 wurde der Teilvorgang „Entomologe“ als „politisch-operativer Schwerpunkt“ bezeichnet.

Ein Operativer Vorgang wurde, den internen Richtlinien des MfS entsprechend, in dem Moment eröffnet, wenn ein konkreter Straftatverdacht nach dem DDR-Strafgesetzbuch zu erkennen war. Als Voraussetzung für das Anlegen des OV „Entomologe“ im Dezember 1982 bestand „nur“ ein Verdacht entsprechend der §§ 106 und 107. Im Laufe der Zeit erstreckte sich der Straftatverdacht zusätzlich auf die §§ 97, 99, 214, 218, 219 und 220. Außerdem hielt man eine Prüfung des Verdachts anhand des § 100 für erforderlich. Die genannten politischen Paragraphen des DDR-Strafgesetzbuches, die zugleich ein Bild von der in der DDR vorhandenen „Rechts“-lage vermitteln, seien hier vorgestellt:

▶ *§ 97*
Spionage
(1) Wer Nachrichten oder Gegenstände, die geheimzuhalten sind, zum Nachteil der Interessen der Deutschen Demokratischen Republik für eine fremde Macht, deren Einrichtungen oder Vertreter oder für einen Geheimdienst oder für ausländische Organisationen sowie deren Helfer sammelt, an sie verrät, ihnen ausliefert oder in sonstiger Weise zugänglich macht, wird mit Freiheitsstrafe nicht unter fünf Jahren bestraft.
(2) Vorbereitung und Versuch sind strafbar.
(3) In besonders schweren Fällen kann auf lebenslängliche Freiheitsstrafe oder Todesstrafe erkannt werden.

§ 99
Landesverräterische Nachrichtenübermittlung
(1) Wer der Geheimhaltung nicht unterliegende Nachrichten zum Nachteil der Interessen der Deutschen Demokratischen Republik an die im § 97 genannten Stellen oder Personen übergibt, für diese sammelt oder ihnen zugänglich macht, wird mit Freiheitsstrafe von zwei bis zu zwölf Jahren bestraft.
(2) Vorbereitung und Versuch sind strafbar.

§ 100
Landesverräterische Agententätigkeit
(1) Wer zu den im § 97 genannten Stellen oder Personen Verbindung aufnimmt oder sich zur Mitarbeit anbietet oder diese Stellen oder Personen in sonstiger Weise unterstützt, um die Interessen der Deutschen Demokratischen Republik zu schädigen, wird mit Freiheitsstrafe

von einem Jahr bis zu zehn Jahren bestraft.
(2) Vorbereitung und Versuch sind strafbar.

§ 106
Staatsfeindliche Hetze
(1) Wer die verfassungsmäßigen Grundlagen der sozialistischen Staats- und Gesellschaftsordnung der Deutschen Demokratischen Republik angreift oder gegen sie aufwiegelt, indem er
1. die gesellschaftlichen Verhältnisse, Repräsentanten oder andere Bürger der Deutschen Demokratischen Republik wegen deren staatlicher oder gesellschaftlicher Tätigkeit diskriminiert;
2. Schriften, Gegenstände oder Symbole zur Diskriminierung der gesellschaftlichen Verhältnisse, von Repräsentanten oder anderen Bürgern herstellt, einführt, verbreitet oder anbringt;
3. die Freundschafts- und Bündnisbeziehungen der Deutschen Demokratischen Republik diskriminiert;
4. Verbrechen gegen den Staat androht oder dazu auffordert, Widerstand gegen die sozialistische Staats- und Gesellschaftsordnung der Deutschen Demokratischen Republik zu leisten;
5. den Faschismus oder Militarismus verherrlicht oder Rassenhetze treibt,
wird mit Freiheitsstrafe von einem bis zu acht Jahren bestraft.
(2) Wer zur Durchführung des Verbrechens mit Organisationen, Einrichtungen oder Personen zusammenwirkt, deren Tätigkeit gegen die Deutsche Demokratische Republik gerichtet ist oder das Verbrechen planmäßig durchführt, wird mit Freiheitsstrafe von zwei bis zu zehn Jahren bestraft.
(3) Vorbereitung und Versuch sind strafbar.

§ 107
Verfassungsfeindlicher Zusammenschluß
(1) Wer einer Vereinigung, Organisation oder einem sonstigen Zusammenschluß von Personen angehört, die sich eine verfassungsfeindliche Tätigkeit zum Ziele setzen, wird mit Freiheitsstrafe von zwei bis zu acht Jahren bestraft.
(2) Wer einen verfassungsfeindlichen Zusammenschluß herbeiführt oder dessen Tätigkeit organisiert, wird mit Freiheitsstrafe von drei bis zu zwölf Jahren bestraft.
(3) Wer einen verfassungsfeindlichen Zusammenschluß fördert oder in sonstiger Weise unterstützt, wird mit Freiheitsstrafe von einem bis zu fünf Jahren bestraft.
(4) Der Versuch ist strafbar.

§ 214
Beeinträchtigung staatlicher oder gesellschaftlicher Tätigkeit

(1) Wer die Tätigkeit staatlicher Organe durch Gewalt oder Drohungen beeinträchtigt oder in einer die öffentliche Ordnung gefährdenden Weise eine Mißachtung der Gesetze bekundet oder zur Mißachtung der Gesetze auffordert, wird mit Freiheitsstrafe bis zu drei Jahren oder mit Verurteilung auf Bewährung, Haftstrafe, Geldstrafe oder mit öffentlichem Tadel bestraft.

(2) Ebenso wird bestraft, wer gegen Bürger wegen ihrer staatlichen oder gesellschaftlichen Tätigkeit oder wegen ihres Eintretens für die öffentliche Ordnung und Sicherheit mit Tätlichkeiten vorgeht oder solche androht.

(3) Wer zusammen mit anderen eine Tat nach den Absätzen 1 oder 2 begeht, wird mit Freiheitsstrafe bis zu fünf Jahren bestraft.

(4) Ist die Tatbeteiligung von untergeordneter Bedeutung, kann der Täter mit Verurteilung auf Bewährung, Haftstrafe oder Geldstrafe bestraft werden.

(5) Der Versuch ist strafbar.

§ 218
Zusammenschluß zur Verfolgung gesetzwidriger Ziele

(1) Wer eine Vereinigung oder Organisation bildet oder gründet oder einen sonstigen Zusammenschluß von Personen herbeiführt, fördert oder in sonstiger Weise unterstützt oder darin tätig wird, um gesetzwidrige Ziele zu verfolgen, wird, sofern nicht nach anderen Bestimmungen eine schwerere Strafe vorgesehen ist, mit Freiheitsstrafe bis zu fünf Jahren, Verurteilung auf Bewährung, mit Haftstrafe oder mit Geldstrafe bestraft.

(2) Rädelsführer werden mit Freiheitsstrafe von einem bis zu acht Jahren bestraft.

(3) Der Versuch ist strafbar.

§ 219
Ungesetzliche Verbindungsaufnahme

(1) Wer zu Organisationen, Einrichtungen oder Personen, die sich eine gegen die staatliche Ordnung der Deutschen Demokratischen Republik gerichtete Tätigkeit zum Ziele setzen, in Kenntnis dieser Ziele oder Tätigkeit in Verbindung tritt, wird mit Freiheitsstrafe bis zu fünf Jahren, Verurteilung auf Bewährung oder mit Geldstrafe bestraft.

(2) Ebenso wird bestraft
1. wer als Bürger der Deutschen Demokratischen Republik Nachrichten, die geeignet sind, den Interessen der Deutschen Demokratischen Republik zu schaden, im Ausland verbreitet oder verbreiten läßt oder zu diesem Zweck Aufzeichnungen herstellt oder herstellen läßt;
2. wer Schriften, Manuskripte oder andere Materialien, die geeignet sind, den Interessen der Deutschen Demokratischen Republik zu schaden, unter Umgehung von Rechtsvorschriften an Organisationen, Einrichtungen oder Personen im Ausland übergibt oder übergeben läßt.
(3) Der Versuch ist im Falle des Absatzes 2 Ziffer 2 strafbar.

§ 220
Öffentliche Herabwürdigung
(1) Wer in der Öffentlichkeit die staatliche Ordnung oder staatliche Organe, Einrichtungen oder gesellschaftliche Organisationen oder deren Tätigkeit oder Maßnahmen herabwürdigt, wird mit Freiheitsstrafe bis zu drei Jahren oder mit Verurteilung auf Bewährung, Haftstrafe, Geldstrafe oder mit öffentlichem Tadel bestraft.
(2) Ebenso wird bestraft, wer Schriften, Gegenstände oder Symbole, die geeignet sind, die staatliche oder öffentliche Ordnung zu beeinträchtigen, das sozialistische Zusammenleben zu stören oder staatliche oder gesellschaftliche Ordnung verächtlich zu machen, verbreitet oder in sonstiger Weise anderen zugänglich macht.
(3) Ebenso wird bestraft, wer in der Öffentlichkeit Äußerungen faschistischen, rassistischen, militaristischen oder revanchistischen Charakters kundtut oder Symbole dieses Charakters verwendet, verbreitet oder anbringt.
(4) Wer als Bürger der Deutschen Demokratischen Republik die Tat nach Absatz 1 oder 3 im Ausland begeht, wird mit Freiheitsstrafe bis zu fünf Jahren, Verurteilung auf Bewährung oder mit Geldstrafe bestraft.

Diese politischen Paragraphen waren im Prinzip auf alles und jeden anwendbar. Die Frage, wann ein Ermittlungsverfahren eingeleitet wurde, war daher keine juristische sondern eine politische. Oft verzichtete die Stasi ganz darauf, sich bei der Formulierung von Verdachtsmomenten auf das Strafgesetzbuch zu beziehen. So stand seit 1987 am Anfang jedes Zwischenberichtes zum Teilvorgang „Entomologe" als Begründung für die „OV-Bearbeitung":

Im TOV VI wird der Bürger der DDR
BELEITES, Michael
6500 Gera, Georg-Büchner-Straße 01
z.Z. ohne Arbeitsrechtsverhältnis

wegen Verdacht intensiver Aktivitäten in der sogenannten Friedens-, Ökologie- und Umweltschutzbewegung mit der Zielstellung des Unterlaufens staatlicher Maßnahmen, verbunden mit der Nachweisführung, daß auf diesen Gebieten – besonders Umweltschutz/Ökologie – in der DDR zu wenig getan wird, operativ bearbeitet.

Hier wird deutlich, daß sich die Stasi nicht primär dem Gesetz verpflichtet fühlte, sondern in erster Linie gegen die Friedens- und Umweltbewegung vorgehen wollte. Nicht eine mögliche „Herabwürdigung" der offiziellen DDR-Umweltpolitik, sondern der „Verdacht ... der Nachweisführung, daß auf diesen Gebieten – besonders Umweltschutz/Ökologie – in der DDR zu wenig getan wird", war der Stein des Anstoßes. Der Stasi war offenbar völlig klar, daß auf dem Gebiet des Umweltschutzes in der DDR „zu wenig getan" wurde, es war aber verdächtig, dies im Zusammenhang mit der Friedens- und Umweltbewegung nachweisen zu wollen.

Zur „OV-Bearbeitung" wurde regelmäßig (meist halbjährlich) ein „Operativplan" erstellt, der die Aufgaben der unterschiedlichen Abteilungen sowie der hauptamtlichen und inoffiziellen Mitarbeiter festlegte. Die daraufhin bei der „vorgangsführenden" Abteilung eingehenden Abhörprotokolle, Briefkopien und Spitzelberichte sind dann in die entsprechende Akte eingeheftet worden. Vor der Ausarbeitung eines neuen Operativplans wurden die bis dahin gewonnenen Informationen und die „Ergebnisse im Zurückdrängungsprozeß" jeweils in einem Zwischenbericht zusammengefaßt.

Die über mich angelegte Hauptakte soll zum Schluß acht oder neun Bände umfaßt haben – insgesamt über einen halben Meter Akten. Diese wurden im November 1989, infolge der „Erneuerungspolitik" bei SED und Stasi, zusammen mit vielen anderen Akten durch den „Reißwolf" geschoben und zu Papiermaché verkollert. Lediglich zwei Aktendeckel und der handgeschriebene Vernichtungsbeschluß blieben übrig. In der Auswertungs- und Kontrollgruppe (AKG) der Geraer MfS-Bezirksverwaltung fand sich jedoch noch die Kontrollakte zum OV „Entomologe", in der Kopien der Operativpläne, Zwischenberichte sowie ausgewählter „Operativinformationen" und IM-Berichte enthalten sind. Diese Kontrollakte, die mit zwei Bänden einen Umfang von knapp 300 Seiten hat, enthält nur Materialien ab Ende 1985.

Zur Vorgeschichte

Als die Hohenmölsener Stasi-Kreisdienststelle 1985 den „Operativen Vorgang Entomologe" an die Geraer Stasi übergab, schrieb man den folgenden Bericht über das Zustandekommen des Konflikts:

KD Hohenmölsen Hohenmölsen, 27.11.1985

Einschätzung des Standes der Bearbeitung des OV „Entomologe", Reg.-Nr.: VIII 1072/82

Beleites, Michael

geb. am:	30.09.1964 in Halle
wohnhaft:	HW Gera, Georg-Büchner-Str. 1
PKZ:	300964-4-14610
Tätigkeit:	Zoologischer Präparator im Museum für Naturkunde – Gera

In der OV-Bearbeitung bestehen folgende politisch-operative Zielstellungen:

- Schaffung und Dokumentierung von Beweismitteln gem. §§ 106, 107 und 219 StGB sowie Straftaten der allgemeinen Kriminalität zur Nachweisführung strafrechtlich relevanter Handlungen,
- Aufklärung und Dokumentierung des Charakters der Verbindungen sowie der Verbindungswege in das Operationsgebiet zur Herausarbeitung von Inspiratoren zur Durchsetzung der feindlich-negativen Zielstellung,
- ständige Schaffung und Nutzung von Ansatzpunkten und Voraussetzungen zur Disziplinierung und Einschränkung des negativ-feindlichen Wirksamwerdens der OV-Person und vorbeugende Verhinderung von Demonstrativhandlungen.

Zur Person:

Der B. entstammt einer Pfarrerfamilie aus Trebnitz, Kreis Hohenmölsen. Er ist der mittlere von 3 Geschwistern.

Auf Grund pluralistischen Tendenzen in der elterlichen Erziehung entwickelte er frühzeitig negativ-feindliche Ansichten zu den gesellschaftlichen Verhältnissen in der DDR, ohne daß diese im Rahmen der Schule sonderliche Beachtung fanden.

Sein Interesse galt von Kindesbeinen der Natur und Umwelt ...

Auf kirchlichem Gebiet betätigte er sich im Kreis Zeitz im Rahmen der „Jungen Gemeinde" der SOFD-Bewegung kirchlicher Kräfte und hatte hier unter negativ-feindlichen Personen seinen Umgangs- und Verbindungskreis.

Charakterlich ist der B. sehr willensstark, dabei jedoch eigensinnig und im gewissen Rahmen sporadisch und unberechenbar ...

Aktivitäten des B. und operative Wertung:
Der B. ist Mitglied des sogenannten „Leiterkreises" unter dem Provinzialjugendpfarrer Curt Stauß (OV „Diplomat", Magdeburg) der KPS. Er ist hier schlußfolgernd verantwortlich für die Organisierung von Aktivitäten auf dem sogenannten Gebiet der kirchlichen „Umweltschutz- und Friedensbewegung".
Es zeichnet sich ab, daß diese Aktivitäten eine Erweiterung in Fragen der sogenannten Menschenrechtsproblematik erfuhren.
Seine Handlungen sind gekennzeichnet von offenen Forderungen nach Einhaltung und Durchsetzung der Bestimmungen des Natur- und Umweltschutzes, dem Schreiben von Eingaben zu Anlässen, wie Gegenmaßnahmen der soz. Staaten in Folge Raketenstationierung in der BRD.
Unter seiner aktiven organisatorischen Teilnahme fanden die Radsternfahrten 1983 und 1984 in Potsdam-Herrmannswerder statt. Er ist Organisator des sogenannten „Bitterfelder Ökowochenendes" (1984).
Beim Treffen der „Friedenskreise" der DDR „Frieden konkret III" 1985 vertrat er offen die feindlich-negativen kirchlichen Kräfte der ev. Kirche, indem er zu stärkerem Druck „von unten" auf die Synoden aufrief, die Umwelt- und Friedensproblematik noch verstärkter in den Mittelpunkt ihrer Beschlüsse zu stellen (Arbeitspapiere) ...
Es kann eingeschätzt werden, daß negativ-feindliche Kirchenkräfte, insbesondere der KPS, in „Entomologe" die Person gefunden haben, welche bereit und in der Lage ist, die Forderungen der sogenannten Kirchenbasis zu artikulieren und ihn zielgerichtet auch über den Rahmen der KPS hinaus einzusetzen.
Gegenwärtig ist „E." bemüht, in Verbindungen mit dem Jugendlichen Marc Lehmann, Wittenberg, eine Neuauflage der sogenannten Radsternfahrten Potsdam-Herrmannswerder für 1986 zu inszenieren.
Der „E." genießt das Vertrauen folgender Kirchenkräfte:

- Dr. Peter Gensichen	- erfaßt BV Halle, XX/4, Ltr. des kirchl. Forschungsheimes Wittenberg
- Schorlemmer	- erfaßt KD Wittenberg Dozent Seminar Wittenberg
- Curt Stauß	- erfaßt BV Magdeburg
- Probst Dr. Heino Falcke	- Erfurt

Weiter kann dies schlüssig aus dem Verhalten des Landesbischof Leich, LK – Thüringen und dem Kreisjugendwart Meiningen Töpfer, entnommen werden.

Trebnitz - Nahtstelle zwischen naturnaher Landschaft und ökologischem Katastrophengebiet. Ansicht von Südwesten (oben) und Nordosten (unten).

Das von der Stasi beschriebene Hineinwachsen in die Friedensbewegung über die kirchliche Jugendarbeit erklärt meine Mitarbeit in oppositionellen Gruppen nur zum Teil. Ein tiefergehendes Motiv für mein Umweltengagement waren die Begegnungen mit lebendiger Natur am Rande eines ökologischen Katastrophengebietes während meiner Kindheit und Jugend in Trebnitz. Hier lernte ich bei Wanderungen mit dem Luckenauer Vogelberinger, Herbert Gehlhaar, die vielfältige Tier- und Pflanzenwelt der südwestlich an Trebnitz angrenzenden abwechslungsreichen Landschaft kennen, über die meist riesige Rauchwolken aus der Braunkohleindustrie zogen. Rund um den nordöstlichen Nachbarort Deuben befanden sich drei Brikettfabriken, eine Braunkohleschwelerei und ein Braunkohlekraftwerk – mit den dazugehörigen Abwasserseen in der Umgebung. In Trebnitz war jedes Naturerlebnis ein Erlebnis des Gegensatzes von Naturschönheit und Naturzerstörung. Die Pfützen am Sumpf, in denen die Kreuzkröten laichten, waren immer mit einem trüben Staubfilm bedeckt, der nächtliche Schlag der Nachtigall ging unter in dem permanenten Dröhnen der Turbinen aus dem Kraftwerk und dem Getöse der Brikettpressen, und der Duft der blühenden Sommerwiesen vermischte sich mit dem Gasgeruch aus der Schwelerei. Aus der Trebnitzer Perspektive mußte die in der DDR übliche Trennung von Natur- und Umweltschutz absurd erscheinen und zur Kritik herausfordern.

Ich glaube, mein Lebensweg kam in dem Moment auf eine für DDR-Verhältnisse politische Ebene, als sich eine Verbindung aus Naturschutzengagement und kirchlicher Jugendarbeit ergab. Mit der Teilnahme an einer von Curt Stauss initiierten „Baumpflanzaktion“ 1981 in Weißenfels und an dem von Jörn Mothes organisierten Schweriner Ökologieseminar im Februar 1982 fand ich Anschluß an die kirchliche Umweltbewegung. Und die Umweltgruppen fühlten sich ebenso der unabhängigen Friedensbewegung zugehörig – sie waren ein Teil der oppositionellen Szene in der DDR.

Die Raketendiskussion des Jahres 1983 führte zu einer Verbreiterung der kirchlichen Friedensbewegung und brachte viele Engagierte in den Konflikt zwischen Handlungszwang und Ohnmacht. Ich empfand die Stationierung der Atomraketen wirklich als eine existentielle Bedrohung, weil mir dabei klar wurde, daß diese Form der „Friedenssicherung“ das Risiko des millionenfachen Tötens und der Vernichtung der menschlichen Zivilisation bewußt einplant. Deswegen hielt ich die Mitarbeit an der Rüstung mit Atom- und anderen Massenvernichtungswaffen in Armee und Rüstungsindustrie sowie bei den entsprechenden Kriegsvorbereitungen in der Zivilverteidigung für ein mit den Nazi-Verbrechen vergleichbares Verbrechen. Innerhalb der Kirchen haben vor allem die evangelischen Synoden das Gespräch über die Verantwortbarkeit der Raketenstationierung in Gang gebracht. Eine entscheidende Rolle in der innerkirchlichen Diskussion spielte die 1983 in Vancouver verabschiedete Erklärung des Ökumenischen Rates der Kirchen.

Selbstgefertigte Postkarte von 1983

In ihr heißt es: „Die Herstellung und Stationierung von Kernwaffen sowie deren Einsatz sind ein Verbrechen gegen die Menschheit." In diesem Zusammenhang versuchte ich bereits 1983 in einer Eingabe an die Synode der Kirchenprovinz Sachsen, die Urangewinnung der SDAG Wismut zur Diskussion zu stellen. Das fand damals jedoch nirgendwo Anklang. Zusammen mit meinem Bruder Johannes gestaltete ich gegen die Raketenstationierung und gegen die Militarisierung des Lebens in der DDR gerichtete Foto-Text-Collagen, die wir als Postkarten verschickten.

Mit drei Freunden aus der Zeitzer Jungen Gemeinde stellten wir sogar einige hundert Flugblätter her. Darin zitierten wir aus dem Gedicht Wolfgang Borcherts „Sagt nein" und forderten die Leser dazu auf, zu Kriegsspielzeug, vormilitärischer Ausbildung, Kampfgruppen und zu einer Politik, der die Erhaltung einer Gesellschaftsordnung wichtiger ist als die Erhaltung des Lebens auf der Erde, nein zu sagen. Wir haben die Flugblätter jedoch nie verteilt, weil wir erst nach ihrer Fertigstellung darauf kamen, daß man eine Handschrift erkennen könnte und wir damit möglicherweise leicht zu finden wären. Wir wollten nicht wegen eines „Formfehlers" ins Gefängnis gehen. Sonst hatten wir allerdings fast professionell gearbeitet: mit Gummihandschuhen und Pinzetten und unter absoluter Geheimhaltung. Zur gleichen Zeit lasen wir ein Buch über Hans und Sophie Scholl.

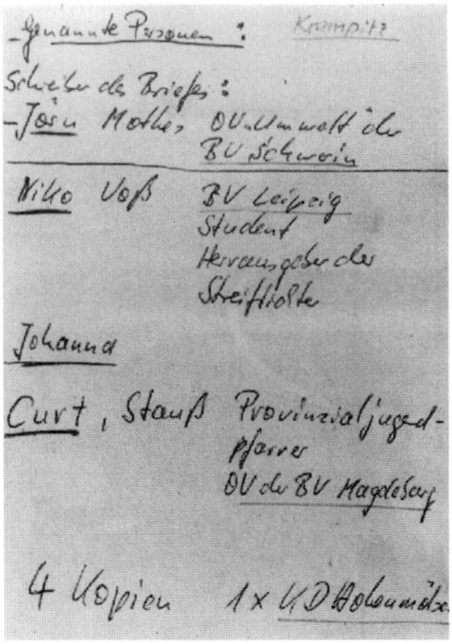

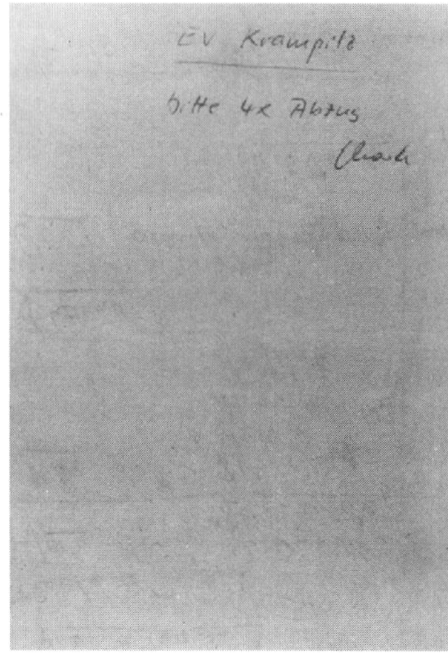

Stasi-Zettel in der Post. Einen Hinweis, daß sich die Stasi schon damals für unser Tun interessierte, fand ich 1984 in einem Brief: Sie hatten nach der Kontrolle vergessen, ihren Notiz-Zettel wieder aus dem Brief herauszunehmen.

Der Freundeskreis, dem ich die wichtigsten Impulse für mein Engagement verdanke und der mir immer wieder die Kraft gab, die vom Staat aufgezwungenen Konflikte durchzustehen, war kein Geraer. Es gab so etwas wie eine überregionale Gruppe, obwohl wir uns nie so bezeichneten. Wir wohnten in den verschiedensten Orten und waren uns doch nahe, Entfernungen spielten keine Rolle. Mein häufigster Weg in Gera wurde der zum Bahnhof.

Von den 15 Bezirksstädten in der DDR war Gera die einzige, in der es in den 80er Jahren keine einzige Basisgruppe bei der evangelischen Kirche gab. Dies lag nicht nur an der sozialen Struktur dieser Stadt, sondern wohl vor allem an der bei evangelischen „Würdenträgern" Geras ausgeprägten Bereitschaft zur Kollaboration mit den Staatsorganen. Der Leiter der Geraer MfS-Bezirksverwaltung schrieb zu diesem Thema:

Hervorzuheben sind die durch IM der Abt. XX in innerkirchlichen Schlüsselpositionen erzielten Ergebnisse im Zurückdrängungsprozeß feindlich-negativer Kräfte ...

(Aus der Information des Leiters der Bezirksverwaltung Gera des MfS über „politisch-operative Erfordernisse zur weiteren Bekämpfung und Zurückdrängung der politischen Untergrundtätigkeit im Verantwortungsbereich der Bezirksverwaltung Gera", vom 19. Mai 1989, S. 6)

Das Scheitern einer blockübergreifenden Friedensaktion

Die Idee kam aus dem Westen. Während des Potsdamer Radsternfahrt-Treffens im Juli 1984 lernte ich Reinhard Falter aus München kennen. Er erzählte, daß er bei der Vorbereitung der zentralen Herbstdemonstration der bundesdeutschen Friedensbewegung mitarbeitete und sich dort dafür einsetzen wollte, über die Atomraketendiskussion hinausgehend, auch die Überwindung der Militärblöcke zum Thema zu machen. Die geplanten Großdemonstrationen sollten am 29. September 1984 in Osthessen, in und um Fulda, stattfinden, weil dort, nahe der Grenze zur DDR, die höchste Militärkonzentration der US-Armee vorhanden sein sollte. Die Frage war nun, ob die DDR-Friedensbewegung in irgendeiner Form in die Aktion einbezogen werden könnte, um damit ein blockübergreifendes Zeichen zu setzen. Ich erklärte mich sofort dazu bereit, eine östliche Parallelaktion vorzubereiten. Bei einem Treffen in Ungarn einigten wir uns darauf, in der DDR zeitgleich zur bundesdeutschen Friedensdemonstration einen Friedensgottesdienst durchzuführen und gegenseitig Grußworte auszutauschen, die dann auch veröffentlicht werden sollten. Schließlich nahmen wir uns eine Landkarte und suchten die DDR-Stadt, die am nächsten an Fulda liegt – und fanden Meiningen.

Am 17. August 1984 fuhr ich nach Erfurt, um dem Erfurter Propst, Dr. Heino Falcke, unser Projekt vorzustellen. Er sagte zu, sich mit einer Ansprache an dem Friedensgottesdienst zu beteiligen und empfahl mir, mich wegen des Veranstaltungsortes an Pfarrer Vater aus Viernau bei Meiningen zu wenden. Am darauffolgenden Tag wollte ich über Meiningen nach Viernau fahren. Doch das war nicht so einfach, wie ich dachte. Ich geriet in eine sehr unangenehme Auseinandersetzung mit der Transportpolizei, die ich danach im folgenden Gedächtnisprotokoll beschrieben habe:

▶ Michael Beleites 19. August1984
4851 Trebnitz, Dorfstr. 135

Gedächtnisprotokoll
Festnahme durch die Transportpolizei Meiningen

Am Sonnabend, dem 18.8.84, fuhr ich mit dem Personenzug Nr. 7021 (ab Eisenach 10.15 Uhr) von Eisenach nach Meiningen.
Im Zug verlangten zwei Angehörige der Transportpolizei meinen Personalausweis. Einer fragte, wohin ich will, ob ich schon mal dort war und zu wem. Ich sagte: zu Herrn Victor, und daß ich noch nicht in Meiningen war. Ich fragte nach Namen und Dienstgrad der Polizisten. Einer sagte daraufhin undeutlich und unverständlich etwas vor sich hin. Weil

ich als Adresse von Herrn Victor nicht mehr sagen konnte als „Pfarrhaus" wurde mir eine Überführung zum Transportpolizeiamt Meiningen ausgeschrieben. Begründung: Widersprüchliche Angaben. Ich bat nochmals, mir Namen und Dienstgrad deutlich zu nennen. Die Polizisten lehnten dies ab. Als sie zum zweiten Mal fragten, wohin und zu wem ich will, sagte ich, daß ich nicht verpflichtet bin, hier Namen zu nennen.
Nun hatte ich Bedenken wegen eines Briefes, den mir Herr Propst Dr. Falcke aus Erfurt für Herrn und Frau Vater aus Viernau mitgegeben hatte, dessen Inhalt ich nicht kannte. Ich griff in meine Tasche, zerknüllte im Inneren der Tasche den Brief und wickelte ihn in ein Taschentuch, welches ich mir in die Hosentasche steckte. So wollte ich den Brief vor einer möglichen Durchsuchung auf der Toilette verschwinden lassen. Die Transportpolizisten hatten dies aber offenbar mitbekommen. Als ich auf die Toilette gehen wollte, sagte man mir mehrmals, ich dürfe dies nicht. Ich ging dennoch in Richtung Toilette. Die zwei Transportpolizisten stürzten auf mich zu und sagten, ich solle die Hosentaschen leer machen. Ich sah das nicht ein. Ein Transportpolizist zog mir mein Portemonnaie aus der Hosentasche und sagte, ich solle den Rest herausnehmen. Dies tat ich nicht, woraufhin er sofort meine Taschentücher und den verschlossenen Brief an Herrn und Frau Vater aus der Hosentasche zog. Ich wurde gewaltsam in das Abteil zurückgestoßen und nicht auf die Toilette gelassen.
Vor der Ankunft in Meiningen wurde ich belehrt, daß ich festgenommen sei und bei Widerstand von der Schußwaffe gebrauch gemacht werde. Ich bekam eine Knebelkette um das rechte Handgelenk gelegt und wurde so gegen 12 Uhr über die Bahnsteige zum Transportpolizeiamt des Bahnhofs Meiningen geführt.
Auf dem Transportpolizeiamt des Bahnhofs Meiningen mußte ich mich an die Wand stellen und mich völlig ausziehen, sogar die Strümpfe umkrempeln. Ein Angehöriger der Abteilung Kriminalpolizei der Transportpolizei (Schernekow) sagte mir, es bestände der Verdacht, daß ich über die Staatsgrenze gehen wollte, und dies müsse nun überprüft werden. Ich wurde in ein extra Zimmer gebracht, wo ich unter Bewachung eines Transportpolizeiangehörigen warten sollte. Dort verlangte ich, daß man meine Sachen zur mir bringt, damit nicht in der Zwischenzeit Dinge vervielfältigt werden, die mit dem Tatverdacht nichts zu tun haben. Man brachte, außer dem Brief und meinem Adreßbuch und Kalender, alle Sachen zu mir. Nach einer fünf Minuten dauernden Diskussion brachte man mir auch das Adreßbuch und den Brief, der inzwischen von dem Kriminalpolizisten geöffnet worden war. Dieser sagte mir dann auch, daß es im kirchlichen Bereich zwei Richtungen gäbe:

die einen, die nur in die Kirche gingen, um ihr Gebet zu verrichten, und die anderen, die die Kirche gebrauchen, um gesetzwidrige Ziele zu verfolgen. Und er wisse, zu welcher Richtung ich gehöre.
Aus meinem Portemonnaie wurde ein Foto herausgenommen und eingezogen. Dieses Foto zeigte die Aufschrift „Atomwaffenfreie Zone" und das Motiv des Aufnähers „Schwerter zu Pflugscharen". Die Begründung für die Beschlagnahme war: „Schwerter zu Pflugscharen" stehe unter Einziehung. Vom Bahnhof aus wurden von der Transportpolizei noch sämtliche Pfarrhäuser in Meiningen angerufen und gefragt, ob sie mich erwarten.
Dann wurde ich, zusammen mit dem Polizisten, der mich zu bewachen hatte, gegen 13 Uhr, von dem Angehörigen der Kriminalpolizei der Transportpolizei, Hauptmann Jankowski, zum Transportpolizei-Bezirksamt Suhl in Meiningen (Thälmannstraße) gefahren. Dort sagte mir Hauptmann Jankowski, ich brauche nur die Adresse oder Telefonnummer von den Leuten zu sagen, die ich besuchen will, man würde das überprüfen und dann könnte ich gehen. Nachdem ich erreicht hatte, daß ich bei dem Telefongespräch dabei sein kann, nannte ich die Telefonnummer von Pfarrer Vater aus Viernau. Frau Vater wußte Bescheid, daß ich mich angemeldet hatte und sagte, daß ich von Propst Falcke geschickt sei.
Als ich fragte, auf was wir nun noch warten, sagte Hauptmann Jankowski, er müsse noch auf einige Anrufe warten. Ich fragte: Kreisdienststelle Hohenmölsen? – woraufhin er sagte: Ja auch. Nach ca. einer Stunde, gegen 15.30 Uhr, kam ein Herr im „Wartburg" mit Suhler Kennzeichen zum Transportpolizei-Bezirksamt gefahren. Der Transportpolizist, der mich zu bewachen hatte, sagte mir, daß dieser Herr nicht zur Transportpolizei gehöre und ihm unbekannt sei. Etwa 25 Minuten danach kam Hauptmann Jankowski wieder zu mir, gab mir meinen Personalausweis zurück und sagte mit ärgerlichem Blick, daß ich mir das alles hätte ersparen können, wenn ich gleich gesagt hätte, daß ich von Propst Falcke geschickt wäre. Gegen 16 Uhr verließ ich das Transportpolizei-Bezirksamt Suhl in Meiningen.

Michael Beleites

Nun war es zu spät geworden, um noch nach Viernau zu fahren. So besuchte ich in Meiningen den Kreisjugendwart Ulrich Töpfer. Er hielt einen „Friedensgottesdienst mit Rahmenprogramm" in Meiningen parallel zur Fuldaer Friedensdemonstration für wünschenswert und auch für durchführbar. Am gleichen Abend begannen wir mit der Ausarbeitung einer Veranstaltungskonzeption. Neben Propst Falcke konnten wir auch die Landesjugendpfarrer aus Thüringen und der Kirchenprovinz Sachsen, Jürgen

Friedrich und Curt Stauss, sowie die katholische Liedergruppe „Ofenrohre" aus Gotha für eine Mitwirkung an der Veranstaltung gewinnen.

Für den 15. September war in Ost-Berlin ein Treffen mit den Münchener Freunden geplant, wobei wir das östliche Grußwort übergeben wollten, das am 29. September bei der Großdemonstration in Fulda verlesen werden sollte. Am Tag vorher sind Ulrich Töpfer und ich zu Curt Stauss nach Magdeburg gefahren. Meinen Grußwort-Entwurf haben wir zu dritt überarbeitet, dann mit nach Berlin genommen und den Leuten von der Münchener Friedensgruppe mitgegeben. Die für die Münchener beantragten Einreisepapiere für den 29. September hatte ich bereits erhalten, der blockübergreifenden Friedensaktion stand eigentlich nichts mehr im Wege.

Eine knappe Woche später, am Freitag, dem 21. September, wurde ich zu einer hastig einberufenen „Krisensitzung" nach Eisenach gebeten. Als ich dort ankam, warteten bereits der Eisenacher Landesjugendpfarrer Jürgen Friedrich, der Meininger Superintendent Victor, zwei mir unbekannte Kirchenvertreter und Ulrich Töpfer. Es herrschte eine äußerst gespannte Atmosphäre, so als ob die Existenz der Thüringer Landeskirche auf dem Spiel stände – und Ulrich Töpfer und ich daran schuld seien. Die „Staatsorgane" hatten nun offenbar mitbekommen, worauf unsere Veranstaltung hinauslaufen sollte und die Verantwortlichen bei der evangelischen Kirche unter Druck gesetzt. Diesen Druck hat man dann an uns weitergegeben: Der geplante Friedensgottesdienst wurde jetzt von der thüringischen Kirchenleitung als eine rein politische Aktion gewertet. Es dürfte auf keinen Fall dazu kommen, daß am 29. September in Fulda über die Meiningener Veranstaltung berichtet wird. Nach dem Grund für diese plötzliche Aufregung befragt, entgegnete man uns lediglich, der Bischof bekäme einen Herzanfall, wenn abends in der Tagesschau neben Fulda auch der Name Meiningen erscheint und die Thüringer Landeskirche mit einer blockübergreifenden Friedensbewegung in Verbindung gebracht wird – und das wollten wir doch sicher nicht verantworten! Mit der Begründung, es könne in Fulda kein Grußwort aus Meiningen verlesen werden, das nicht von den Meiningener Veranstaltungsteilnehmern beschlossen worden ist, wurde ich schließlich gezwungen, den Münchener Freunden telefonisch mitzuteilen, daß unser Grußwort nicht bekannt gemacht werden darf. Jetzt war klar, daß die gemeinsame Aktion keine Publizität erhalten würde. Die Chance, durch eine blockübergreifende Friedensaktion die Überwindung der militärischen Konfrontation und der Militärblöcke zu fordern und damit einen Ausweg aus dem bedrohlichen Wettrüsten und der Spaltung Europas in der breiten Öffentlichkeit zu thematisieren, war vor allem wegen der Ängstlichkeit und Kollaborationsbereitschaft einiger „Würdenträger" der Thüringer Kirche geplatzt.

Am 28. September 1984 wurde ich zur Geraer Kriminalpolizei bestellt, wo man mir verbieten wollte, überhaupt nach Meiningen zu fahren. Nachdem ich mich auf die Verfassung berufen hatte – die Teilnahme an einem Gottesdienst durfte gemäß der DDR-Verfassung nicht behindert werden – nahm man das Verbot tatsächlich zurück, und ich konnte ungehindert nach Meiningen reisen.

Zum Friedensgottesdienst am 29. September 1984 waren ungefähr 150 Teilnehmer nach Meiningen gekommen, jedoch die Münchener kamen nicht. Man hatte sie trotz gültiger Papiere nicht in die DDR einreisen lassen. In einem Gespräch am Abend des 29. September konnten wir nach langen Diskussionen mit den örtlichen Pfarrern wenigstens erreichen, daß das geplante Grußwort als „Arbeitspapier aus Meiningen" herausgegeben wurde – allerdings erst nach einer mehrwöchigen Sperrfrist, damit auch wirklich kein aktueller Bezug mehr vorhanden war. Es war ein Fehler, mit dieser Veranstaltung überhaupt in die opportunistische Thüringer Landeskirche zu gehen. In Viernau, das zur Propstei Erfurt und damit zur Kirchenprovinz Sachsen gehört, wären wir sicher nicht auf solche Schwierigkeiten gestoßen.

Hier der Wortlaut unseres Textes:

▶ Arbeitspapier aus Meiningen vom 29. September 1984

„Leben gegen den Tod" – unter diesem Motto sind heute christliche Gruppen aus Thüringen, aber auch aus anderen Landeskirchen der DDR in Meiningen zu einem Friedensgottesdienst zusammengekommen.

„Leben gegen den Tod" – das ist das Motto der Friedensdekade der evangelischen Kirchen der DDR in diesem Jahr.

Nicht nur jenseits der Grenzen, auch in unserer Nähe werden Raketen stationiert, die kein Leben übrig lassen, wenn sie eingesetzt werden. Wir wissen von der heutigen Aktion der Friedensbewegung in der Bundesrepublik Deutschland in Osthessen, 50 km von hier entfernt. In beiden Militärblöcken setzen sich immer mehr Menschen für eine wirksame Abrüstung ein, jeder gegen die eigenen Raketen, damit die Menschen auf der anderen Seite nicht sterben müssen. Wir danken Euch für Eure beharrlichen Bemühungen gegen die Stationierung und für den Abbau der bereits stationierten neuen Atomraketen in Westeuropa, die auf uns gerichtet sind und vor denen wir Angst haben. Eure gewaltfreien Aktionen geben uns Kraft und Mut, hier das Unsere zu tun. Wir setzen uns gegen die weitere Stationierung und für den Abbau der bereits stationierten Atomraketen bei uns ein, z.B. durch Eingaben an die Synoden unserer Kirchen oder persönliche Briefe an Staatsvertreter.

Uns scheint die Zeit gekommen zu sein, daß wir über die Grenzen der

Militärblöcke hinweg unsere Verbundenheit deutlich machen, gerade weil wir in beiden Blöcken oft als verlängerter Arm der jeweils anderen Seite hingestellt werden. Unsere Wege sind verschieden. Aber sie gehören zusammen und streben zum gleichen Ziel: „Leben gegen den Tod".

Wir sind nach Meiningen gekommen, um zusammen über die gegenwärtige Weltsituation nachzudenken und nach weiterführenden Schritten im persönlichen und gesellschaftlichen Bereich zu suchen. Nach einem einführenden Referat und Gesprächsgruppen feiern wir am Abend in der evangelischen Stadtkirche in Meiningen einen Friedensgottesdienst. Während dieses Gottesdienstes werden wir aus vielen einzelnen Fäden ein Friedensnetz knüpfen, das durch die ganze Kirche reicht. Wir tun dies

- um die Vernetzung der großen Gegenwartsprobleme der Menschheit wie Hochrüstung, Umweltzerstörung und Ungerechtigkeit ineinander und miteinander symbolisch zu verdeutlichen,
- und zum Zeichen der Verbundenheit der Menschen in Ost und West und Nord und Süd.

Wir beten für den Frieden und suchen nach weiteren Möglichkeiten, uns in unserem Land sinnvoll für das Leben einzusetzen.

Christen nehmen in der DDR eine eigenständige Friedensverantwortung wahr. Wir stimmen mit einem Teil der Friedenspolitik unseres Staates überein, aber zu einigen Punkten vertreten wir eine andere Meinung:

- Wir sind mit unseren politisch Verantwortlichen darin einig, daß mehr Waffen nicht mehr Sicherheit bedeuten, und daß von deutschem Boden nie wieder ein Krieg ausgehen soll. Daß unsere Regierung den schwedischen Vorschlag zur Schaffung einer atomwaffenfreien Zone in Mitteleuropa und das friedenspolitische Konzept der gemeinsamen Sicherheit aufgegriffen hat, begrüßen wir.

Es ist uns aber, wie die Thüringer Synode es im Dezember 1983 formuliert hat, „unmöglich, die Aufstellung von neuen Raketenkomplexen in unserem Lande gutzuheißen, geschweige denn mit unserer Zustimmung zu unterstützen".

Durch die Stationierung dieser Raketen setzt sich die aus dem Sicherungswahn entstehende Rüstungsdynamik gegen die bessere politische Einsicht durch.

- Die Bereitschaft unserer Regierung, auf allen Ebenen über Abrüstung zu verhandeln, nehmen wir ernst. Darum bedauern wir, daß der Besuch unseres Staatsratsvorsitzenden in der Bundesrepublik jetzt abgesagt wurde.
- Wir sind dankbar, daß es in der DDR seit 20 Jahren die Möglichkeit

gibt, den Wehrdienst ohne Waffe als Bausoldat abzuleisten. Aber wir suchen weiterhin nach einer zivilen Alternative zum Wehrdienst.

- Wir stimmen unserem Staatsratsvorsitzenden zu, wenn er sagt, daß die Erhaltung des Friedens Voraussetzung für alle Bemühungen im Umweltschutz ist. Wenn wir wirklich weiterleben wollen, sind jedoch gleichzeitig umfassende Maßnahmen zum Abbau der Ursachen der Umweltzerstörung nötig. Wir sind bereit, Einschränkungen des Lebensstandards zugunsten der bedrohten natürlichen Umwelt in Kauf zu nehmen und anderen verständlich zu machen.

- Wir unterstützen den Vorschlag zum Abschluß eines Gewaltverzichtvertrages in der Prager Deklaration der Warschauer Vertragsstaaten und die dabei erhobene Forderung der Verbreitung „wahrheitsgetreuer Informationen", die „der Vertiefung des Wohlwollens und der gegenseitigen Achtung" dienen.

Darum verurteilen wir jede Erziehung zu blindem Gehorsam, Feindeshaß und zu gewaltsamer Lösung von Konflikten und die gefährliche Verharmlosung eines Nuklearkrieges bei Zivilverteidigungs-Ausbildung und -Übungen.

Wir finden, daß in der heutigen Situation einseitige, kalkulierte Abrüstungsschritte zwingend notwendig geworden sind. Es gibt keinen Grund, der es rechtfertigen würde, das Risiko eines Nuklearkrieges einzugehen oder gar zu vergrößern. Wir erklären, daß wir darauf verzichten, mit Massenvernichtungswaffen beschützt zu werden.

Leben gegen den Tod – jetzt, angesichts der enormen Vergrößerung der tödlichen Gefahren, kommt es unserer Meinung nach vor allem darauf an, weiterzuleben und das Scheitern nicht selbst vorwegzunehmen, ein Ziel zu haben und Wege dorthin zu suchen und sie zu gehen.

Daß trotz allen menschlichen Versagens noch Leben möglich ist, läßt uns etwas ahnen von dem guten Willen und der Kraft Gottes, auch und gerade in unserer Zeit.Wir wünschen Euch Frieden, den einzigen Weg zum Weiterleben.

– innerkirchlich –

Bei der Stasi schrieb man zum Meiningener Friedensgottesdienst die folgende Bewertung:

Die operative Bedeutsamkeit der o.g. geplanten Absichten und Vorhaben wird durch eine Information der Hauptabteilung XX/4 vom 26.09.84 hervorgehoben. Nach Auskunft der HA XX/4 wurde streng vertraulich bekannt, daß die OV-Person bei einer Zusammenkunft feindlich-negativer Personen am 15.8.84 in der Wohnung des
NAGORSKI, Lutz
wh. 1034 Berlin, ...
erfaßt für BV Berlin, Abt. XX/2
anwesend war. Diese Zusammenkunft, an der die Bürger der BRD
KASPAR, Justus
wh. 8000 München, ...
erfaßt für BV Gera
ANKE, Charlotte
wh. 8000 München, ...
nicht erfaßt
teilnahmen, fand in Vorbereitung einer provokatorischen Aktion zum „Friedenstag" am 29.9.84 in Meiningen statt. Dabei wurde durch die OV-Person der Entwurf einer Grußadresse des „Friedenstages" Meiningen an die Bürger-Initiative „Fulda Gap" (amerikanische Bezeichnung für Mittel- und Osthessen/BRD), der die Personen Kaspar und Anke angehören, verlesen. Diese Grußadresse sowie Adressenmaterial von in der DDR inhaftierten Personen und solchen, die mit Strafverfahren zu rechnen haben, wurden durch die OV-Person an die Anke zur Ausschleusung aus der DDR übergeben. Gleichzeitig übergab die OV-Person mündliche Informationen an den Kaspar, welche
- die Situation in der Wismut,
- Produktionsprobleme in den chemischen Kombinaten Buna und Leuna,
- den Bau von Bunkeranlagen und zu vermeintlichen Raketenstellungen im Thüringer Raum beinhalteten.
Nach den damaligen Erkenntnissen war die OV-Person einer der Hauptorganisatoren für die provokatorische Aktion am 29.9.84 in Meiningen und hatte bereits seit längerer Zeit Kontakt zu dem Bürger der BRD Kaspar. Im Zusammenhang mit der geplanten Veranstaltung war die Einreise des Kaspar, Justus zur OV-Person vorgesehen ...
Daraufhin wurde in Abstimmung mit der BV Gera durch die KD Hohenmölsen die Einreise des K. mit seiner Begleitung zentral gesperrt.
(Aus der Zwischeneinschätzung zum OV „Entomologe" der KD Gera des MfS, vom 26. Januar 1987)

Ost-West-Treffen und Reisesperren

Die 1984 entstandenen Kontakte zu Angehörigen der westdeutschen Friedensbewegung blieben bestehen. Sie waren der Ausgangspunkt für regelmäßige Ost-West-Begegnungen politisch interessierter Leute aus Basisgruppen der DDR und entsprechenden Initiativgruppen in der Bundesrepublik. Im Laufe der Zeit bildete sich ein fester Kreis, der die Treffen inhaltlich vorbereitete und organisierte. Zeitweilig ergaben sich Verbindungen zu andern Gruppen, die ähnliche Treffen durchführten. Für solche Ost-West-Begegnungen – die immer mehr oder weniger heimlich geplant werden mußten – hat es ja keine feste Organisationsform gegeben. Es ist auch schwierig hier zwischen Friedens- und Umweltbewegung, Studentengemeinden, Opposition, Alternativkultur, Philosophiezirkeln und anderen Interessengruppen zu unterscheiden. Die Initiatoren und Träger dieser Ost-West-Treffen waren in erster Linie Freundeskreise, in denen Menschen mit einem gemeinsamen Interesse an systemübergreifender thematischer Arbeit zusammenkamen und dabei auch unterschiedliche Ideen einbrachten.

Unser Kreis traf sich zwei- bis dreimal jährlich für ein Wochenende in Prag, um dort die Sommertreffen vorzubereiten und uns über aktuelle Dinge auszutauschen. Zu dieser Gruppe gehörten unter anderen Waltraud Knaier, Reinhard Falter und Karlemann Timm auf der westlichen Seite, sowie Michaela und Martin Jankowski, Christian Matthes und Jörn Mothes auf der östlichen Seite. In jedem Sommer führten wir ein ein- bis zweiwöchiges Treffen mit 15 bis 20 Teilnehmern durch; bis 1987 auf einem Zeltplatz in Pannonhalma in Ungarn, 1988 und 1989 auf einem Landgrundstück bei Biskupiec/Bischofsburg in Polen. Während wir 1984 und 1985 die Ost-West-Treffen auch mit Veranstaltungen der Basisgruppen in der DDR verbinden konnten, wie z.B. den mecklenburgischen Friedensseminaren bei Eckart Hübener in Rambow und Markus Meckel in Vipperow, so konnten wir uns ab Ende 1985 aufgrund der Einreisesperren für die Westdeutschen nur noch im Ausland treffen. Martin Jankowski und ich wurden später auch mit Ausreisesperren bedacht. Für uns war ein Treffen mit den westdeutschen und osteuropäischen Freunden dann zeitweilig völlig unmöglich geworden.

Obwohl jedes der Sommertreffen gleichzeitig unser Urlaub war, haben wir viel und intensiv in seminaristischer Form bestimmte Themen besprochen, so z.B. Möglichkeiten der Überwindung der Militärblöcke und der politischen Teilung Europas, Modelle eines „dritten Weges“ zwischen Sozialismus und Kapitalismus, die Reformpolitik Gorbatschows, den Zusammenhang zwischen Kultur und Politik und die Gefahren der Kernenergieanwendung. Einige Male hatten wir ein europäisches Ost-West-Treffen ins Auge gefaßt, was uns jedoch nie gelang. Die Gespräche zwischen Ost- und

Westdeutschen boten auch ohne ausländische Beteiligung die Möglichkeit, Überlegungen gegeneinander zu halten, die aus den Erfahrungen zweier völlig unterschiedlicher Systeme erwachsen sind. Meine grundsätzlichen Zweifel an der Reformierbarkeit des „sozialistischen Systems" vermittelten mir jedoch nicht die deutsch-deutschen Ost-West-Treffen, sondern die Diskussionen mit tschechischen und litauischen Freunden in Prag und Vilnius.

Die Stasi schrieb dazu folgendes:

Der Verdächtigte gehört ferner zu den Organisatoren sogenannter Ost-West-Treffen in Prag und auf dem Territorium der DDR, wobei organisatorische und inhaltliche Probleme des gemeinsamen Wirkens abgestimmt werden, die sich auf
- die Herstellung von stabilen Kontakten zu operativ bekannten BRD-Personen und Berlin-West,
- die Verknüpfung von „Basisgruppen" innerhalb der DDR und mit anderen sozialistischen Ländern,
- die Anleitung der „Basisgruppen" und
- die Gestaltung des Informationsflusses richten.

Anhand eingeleiteter operativer Maßnahmen und in Zusammenarbeit mit der HA XX/4 konnte z.B. dokumentiert werden, daß sich der Verdächtigte in den Zeiträumen
05.12.1986 bis 07.12.1986,
16.03.1987 bis 18.03.1987 und
29.05.1987 bis 31.05.1987
mit dem Vertreter der Partei der Grünen in der BRD
FALTER, Reinhard
erf. BV Frankfurt, Abt. XX
Vertretern der „Charta 77" wie
Dr. Balaban
Uhl
Blattny
aus der CSSR und anderen operativ-bekannten DDR-Bürgern in Prag getroffen hat. Weitere Treffen des Verdächtigten waren am 14.02.1987 und 16.05.1987 mit dem Bürger von Berlin-West
HESSEL, Matthias
wh.: 1000 Berlin-West 20, ...
Aktivist der Organisation „Grean Peace" WB
erf. KD Gera
in der Hauptstadt der DDR – Berlin – zu verzeichnen.

(Aus dem Eröffnungsbericht zum TOV „Entomologe" der KD Gera des MfS, vom 17. Juli 1987)

Ost-West-Treffen: Im Frühjahr 1987 am Stadtrand von Prag; im Sommer 1989 am Dadeysee in Polen.

Kreisdienststelle Gera — Gera, 19.02.88

Einschätzung

der politisch-operativen Ergebnisse zu Vorkommnissen/Erscheinungen in Richtung PUT/Vorfeld/PUT

Erkenntnisse aus operativen Materialien:

TOV VI „Entomologe" 1072/82

Der Verdächtigte entwickelt nach wie vor umfangreiche Aktivitäten im Sinne der Bearbeitungsrichtung des Vorganges. Sie waren lediglich zeitweilig eingeschränkt, bedingt durch seine Krankheit.

Aus dokumentierten Überlegungen, die er gegenüber einer Verbindungsperson im Operationsgebiet äußert läßt sich schlußfolgern, daß das weitere Vorgehen offensichtlich gegen verfassungsmäßige Grundlagen der DDR gerichtet ist. Man sucht nach einem „dritten Weg" zwischen Kapitalismus und Sozialismus.

Darauf sind mit hoher Wahrscheinlichkeit die weiteren Pläne und Absichten ausgerichtet und die Aktivitäten sind Bestandteil derselben.

Trotz Fehlschläge, die der Verdächtigte und seine Kontaktpartner in kauf nehmen mußten, wird aus dem Informationsaufkommen in der Vorgangsbearbeitung sichtbar, daß man keinesfalls die Absicht hat, von der vorgenannten Zielstellung abzugehen und es wird gegenwärtig nach Organisationsformen im weiteren Vorgehen gesucht, um das Endziel, „dritter Weg" zu erreichen ...

Eine Einreisesperre für Bundesbürger bedeutete, daß von einem bestimmten Zeitpunkt an sämtliche an die Polizei gestellten Einreisevisa-Beantragungen abgelehnt wurden. Eine Ausreisesperre für DDR-Bürger hatte zur Folge, daß die beantragten Visa für Auslandsaufenthalte nicht genehmigt wurden und im visafreien Reiseverkehr zur Tschechoslowakei der Betreffende während der Ausweiskontrolle anhand einer Fahndungsliste festgehalten und dann zurückgeschickt wurde. Den Betroffenen wurde dafür keine Begründung gegeben.

Reisesperren gegen „feindlich-negative Kräfte" sind nicht auf die Stasi allein zurückzuführen, sondern auch auf die SED-Führung. Dies geht aus dem Protokoll einer Arbeitsberatung der Abteilung XX der MfS-Bezirksverwaltung Neubrandenburg mit dem Leiter der Hauptabteilung XX/4 des MfS von 1985 hervor. Darin heißt es unter der Überschrift „Ausländerproblematik":

▶ Es hat sich bewährt und als richtig erwiesen, daß feindlich-negativen Kräften die Einreise nicht gestattet wird.
Forderung/Standpunkt ZK der SED, Genosse Krenz:
Erkannten feindlich-negativen Kräften ist die Einreise nicht zu gestatten.
(zitiert im Bericht der Arbeitsgruppe zur Untersuchung der nach innen gerichteten Tätigkeit des MfS in den 80er Jahren im Bezirk Neubrandenburg, vom März 1990)

Die Einreisesperren beruhten vor allem auf der Grundlage der Dienstanweisung Nr. 2/82 des Ministers für Staatssicherheit über die „Einleitung und Realisierung von Fahndungen im Reiseverkehr über die Staatsgrenze der Deutschen Demokratischen Republik". Daraus seien hier folgende Ausschnitte zitiert:

▶ 4.3. Reisesperren im übrigen Transitverkehr
Im übrigen Transitverkehr können über die im Abschnitt 4.2. genannten Gründe hinaus gesperrt werden:
...
(3) Personen aus nichtsozialistischen Staaten und Westberliner, die aufgrund ihrer feindlichen Einstellung zur DDR Hetze betreiben, provokatorische oder verleumderische Handlungen gegen die DDR begehen bzw. diese androhen, Bürger der DDR zum Stellen rechtswidriger Ersuchen auf Übersiedlung nach nichtsozialistischen Staaten oder Westberlin inspirierten oder von denen derartige Aktivitäten während ihres Aufenthaltes in der DDR zu erwarten sind ...
Reisesperren im übrigen Transitverkehr gelten gleichzeitig als Einreisesperren ...
4.11.2. Reisesperren im übrigen Transit- und Einreiseverkehr zu Bürgern der BRD und Westberlinern, entsprechend den Gründen des Abschnittes 4.3., Absatz (3) und (4), sind unbefristet einzuleiten.
Für alle anderen Reisesperren sind die Befristungen zu differenzieren.
...
Personen, zu denen kurzfristig aus aktuellem politischen Anlaß zur Absicherung politischer und gesellschaftlicher Ereignisse Einreisesperre für den Aktionszeitraum verfügt wurde, sind zurückzuweisen. Der Berechtigungsschein für diesen Zeitraum ist ungültig zu machen.
(Aus der MfS-DA 2/82)

Zu den Einreisesperren seien hier einige Ablehnungsschreiben, meine Eingaben, die darauffolgenden Antworten und die entsprechenden Aufzeichnungen aus der Stasi-Akte wiedergegeben:

MINISTERRAT
DER DEUTSCHEN DEMOKRATISCHEN REPUBLIK
MINISTERIUM DES INNERN
VOLKSPOLIZEI-KREISAMT GERA
- Paß- und Meldewesen -

Postanschrift: Siehe Absenderstempel

HERRN
BELEITES, MICHAEL

6500 G E R A
GEORG-BUECHNER-STR. 1

Unsere Zeichen 1912-1002-320014 Datum 24.12.85

Sehr geehrter HERR BELEITES!

Nach Abschluß der Bearbeitung des von Ihnen für

KNAIER, WALTRAUD

gestellten Ersuchens teilen wir Ihnen mit, daß diesem nicht entsprochen wird.

Hochachtungsvoll

MINISTERRAT
DER DEUTSCHEN DEMOKRATISCHEN REPUBLIK
MINISTERIUM DES INNERN

VOLKSPOLIZEI-KREISAMT GERA
- Paß- und Meldewesen -

Postanschrift: Siehe Absenderstempel

HERRN
BELEITES, MICHAEL

6500 G E R A
GEORG-BUECHNER-STR. 1

Unsere Zeichen 1912-1002-320015

Datum 24. 12. 85

Sehr geehrter HERR BELEITES!

Nach Abschluß der Bearbeitung des von Ihnen für

FALTER, REINHARD

gestellten Ersuchens teilen wir Ihnen mit, daß diesem nicht entsprochen wird.

Hochachtungsvoll

MINISTERRAT
DER DEUTSCHEN DEMOKRATISCHEN REPUBLIK
MINISTERIUM DES INNERN
VOLKSPOLIZEI-KREISAMT GERA
- Paß- und Meldewesen -

Postanschrift: Siehe Absenderstempel

=1002=

HERRN
BELEITES, MICHAEL

GEORG-BÜCHNER-STR. 1

G E R A

6 5 0 0

Unsere Zeichen | Datum des Poststempels

2312-1002-320013

Sehr geehrter HERR BELEITES!

Nach Abschluß der Bearbeitung des von Ihnen für

FOERSTER, CATLEEN

gestellten Ersuchens teilen wir Ihnen mit, daß diesem nicht entsprochen wird.

Hochachtungsvoll

MINISTERRAT
DER DEUTSCHEN DEMOKRATISCHEN REPUBLIK
MINISTERIUM DES INNERN
VOLKSPOLIZEI-KREISAMT GERA
- Paß- und Meldewesen -

Postanschrift: Siehe Absenderstempel

=1002=

HERRN
BELEITES, MICHAEL

GEORG-BÜCHNER-STR. 1

G E R A

6 5 0 0

Unsere Zeichen | Datum des Poststempels

1212-1002-320031
1212-1002-320046

Sehr geehrter HERR BELEITES!

Nach Abschluß der Bearbeitung des von Ihnen für

MITTELSTEN-SCHEID, JENS
und HORZ, KURT

gestellten Ersuchens teilen wir Ihnen mit, daß diesem nicht entsprochen wird.

Hochachtungsvoll

MINISTERRAT
DER DEUTSCHEN DEMOKRATISCHEN REPUBLIK
MINISTERIUM DES INNERN
VOLKSPOLIZEI-KREISAMT GERA
- Paß- und Meldewesen -

Postanschrift: Siehe Absenderstempel

=1002=

HERRN
BELEITES, MICHAEL

GEORG-BÜCHNER STR. 1

G E R A

6 5 0 0

Unsere Zeichen | Datum des Poststempels

2003-1002-320100
2003-1002-320109

Sehr geehrter HERR BELEITES!

Nach Abschluß der Bearbeitung des von Ihnen für

KNAIER, WALTRAUD
und FALTER, REINHARD

gestellten Ersuchens teilen wir Ihnen mit, daß diesem nicht entsprochen wird.

Hochachtungsvoll

MINISTERRAT
DER DEUTSCHEN DEMOKRATISCHEN REPUBLIK
MINISTERIUM DES INNERN
VOLKSPOLIZEI-KREISAMT GERA
- Paß- und Meldewesen -

Postanschrift: Siehe Absenderstempel

=1002=

HERRN
BELEITES, MICHAEL

GEORG-BÜCHNER-STR. 1

G E R A

6 5 0 0

Unsere Zeichen | Datum des Poststempels

0201-1002-320021
0201-1002-320022

Sehr geehrter HERR BELEITES!

Nach Abschluß der Bearbeitung des von Ihnen für

HAHN, MARION
und HAHN, LOTHAR

gestellten Ersuchens teilen wir Ihnen mit, daß diesem nicht entsprochen wird.

Hochachtungsvoll

▶ Michael Beleites
6500 Gera,
Georg-Büchner-Str. 1

Gera, am 7.1.1986

Eingabe
An das
Ministerium des Innern
1086 Berlin, Mauerstr. 29/32

Die von mir für die Bürger der Bundesrepublik Deutschland, Waltraud Knaier und Reinhard Falter, beantragten Einreisegenehmigungen zum Jahreswechsel sind beide ohne Begründung abgelehnt worden. (Ihre Zeichen 1912-1002-320014 u. ...15)
Ähnliche Schwierigkeiten gab es schon im vergangenen Jahr (Sept. '84), als drei anderen Münchener Freunden, für die ich beantragt hatte, an der Grenzübergangsstelle der DDR, Hirschberg, ohne Begründung die Einreise verweigert wurde, obwohl sie alle notwendigen Papiere vorgelegt hatten. Aufgrund meiner Eingabe wurde mir dann bei einem Gespräch am 4.12.1984 bei der Bezirksbehörde der Deutschen Volkspolizei in Gera durch Frau Hauptmann Droitzsch zugesichert, daß dies eine einmalige Maßnahme gewesen sei und keine Auswirkungen auf meine künftigen Beantragungen für Bürger der BRD sowie auf deren Einreisegenehmigungen hat.
Ich bitte um ein klärendes Gespräch über die Ursachen bzw. Gründe der jüngsten Ablehnungen mit einem für diese Angelegenheit verantwortlichen Entscheidungsträger Ihres Ministeriums.

Michael Beleites

MINISTERRAT
DER DEUTSCHEN DEMOKRATISCHEN REPUBLIK
MINISTERIUM DES INNERN
Leiter des Büros für
Paß- und Ausländerangelegenheiten

Postanschrift: Ministerium des Innern · 1086 Berlin · BPAA

Herrn
Michael Beleites

6500 Gera
Georg-Büchner-Str. 1

Ihre Zeichen | Ihre Nachricht vom | Fernsprecher: 22 57/ | Unsere Zeichen kr/1-218-86 | Datum 12 Feb. 1986

Betreff:

Sehr geehrter Herr Beleites!

Nach Abschluß der Bearbeitung Ihrer Angelegenheit teilen wir mit, daß die getroffene Entscheidung nicht geändert werden kann.

In diesem Zusammenhang erlauben wir uns darauf hinzuweisen, daß die Entscheidung über Ihren Antrag gemäß § 17 der Anordnung über Paß- und Visaangelegenheiten vom 28. Juni 1979 (GBl. I, Nr. 17, S. 151) keiner Begründung bedarf.

Sollten Sie dennoch ein Gespräch wünschen, können Sie, ohne Einfluß auf die Entscheidung, dienstags in der Zeit von 09.00 bis 18.00 Uhr in unserer Dienststelle vorsprechen.

Hochachtungsvoll
i. A.

Krause

Bei persönlicher Vorsprache: Büro für Paß- und Ausländerangelegenheiten, 1026 Berlin, Hans-Beimler-Straße 27-37

Fernsprechauskunft: 22 57 0 | Bankverbindung: Staatsbank der DDR, Konto-Nr.

▶ Michael Beleites
Georg-Büchner-Str. 1
Gera
6500

Gera, am 22. Mai 1986

An
Herrn Hermann Axen,
Mitglied des Politbüros und Sekretär des Zentralkomitees der SED
Haus des Zentralkomitees,
Am Marx-Engels-Platz
Berlin
1020

Sehr geehrter Herr Axen!

...Diesem Brief liegt die Abschrift meiner Eingabe an das Politbüro des Zentralkomitees der SED vom 18. März 1986 bei. Diese ist offenbar gar nicht beim Politbüro angekommen. Einen Zwischenbescheid erhielt ich von der „Abteilung -69-" des Zentralkomitees. Eine Antwort erhielt ich dann vom Büro für Paß- und Ausländerangelegenheiten (Meißner) ...
Ich bin sehr betroffen vom Inhalt und von der Art dieser Antwort, nicht nur wegen der Mitteilung, daß die zu Anfang dieses Jahres getroffene Entscheidung verbindlich sei und bestehen bleibt, sondern auch weil auf mein Hauptanliegen, ein klärendes Gespräch über die Ursachen bzw. Gründe der Ablehnungen mit den wirklichen Entscheidungsträgern zu führen, überhaupt nicht eingegangen wurde. Sie, Herr Axen, haben auf dem 8. Parteitag der DKP in Hamburg erklärt, daß die Bewegung der Friedensanhänger politisch und sozial noch nie so breit war wie heute, und daß über alle Grenzen von Ländern und Kontinenten hinweg sich aus der Verantwortung für das Schicksal der Menschheit jene weltweite Koalition der Vernunft und des Realismus formiert, die das atomare Inferno abzuwenden vermag.
Diese Sätze sind wahr. Sie verlieren aber leider an Glaubwürdigkeit, wenn durch Behörden unseres Staates die „Koalition der Vernunft und des Realismus über alle Grenzen von Ländern hinweg" einigen Menschen verwehrt wird und zusätzlich ein wirklich klärendes Gespräch nicht einmal innerhalb der Grenzen unseres Landes zustandekommt.
...Ich bitte Sie, diese Angelegenheit zu überprüfen und ein klärendes Gespräch mit den wirklichen Entscheidungsträgern zu vermitteln.

Mit freundlichem Gruß

Michael Beleites

SOZIALISTISCHE EINHEITSPARTEI DEUTSCHLANDS

HAUS DES ZENTRALKOMITEES AM MARX-ENGELS-PLATZ · 1020 BERLIN · RUF 202-0

ZENTRALKOMITEE

Büro Honecker

Berlin, den 13.6.1986
06/Ru/o

Herrn
Michael Beleites
Georg-Büchner-Str. 1
Gera
6500

Werter Herr Beleites!

Bezug nehmend auf Ihr Schreiben vom 22. Mai verweisen wir darauf, daß Ihr Anliegen durch das dafür zuständige zentrale staatliche Organ - das Ministerium des Innern - geprüft und entschieden wurde.
Sie haben am 2.5.1986 entsprechende Antwort erhalten.

Wir bitten um Ihr Verständnis, daß wir Ihnen keinen anderen Bescheid geben können.

Mit sozialistischem Gruß

H. Ruhmke

▶ Ein weiterer operativ-bedeutsamer Kontakt der OV-Person besteht zu einem

HESSEL, Matthias
wh. 1000 Berlin (West) 20, ...
Mitarbeiter der Umweltschutzorganisation „Greenpeace“,
Zentrale Berlin-West,

welcher ihm auf sein Ersuchen über seinen Onkel

BELEITES, Jörg
wh. 2000 Hamburg 67, ...

im März 83 vermittelt wurde.
Durch zentralen Entscheid wurde die beantragte ER des H. durch die OV-Person in die DDR abgelehnt und H. in die Reisesperre eingelegt. Daraufhin gab es mehrfach Versuche des H. und der OV-Person, über Drittpersonen aus der BRD die Kontaktbeziehungen herzustellen und zu stabilisieren zum Zwecke des Abstimmens gemeinsamen Vorgehens. Über ein Zusammentreffen in der CSSR oder anderen sozialistischen Ländern gab es keine Hinweise.
Durch eine Maßnahme der Abt. III wurde am 23.9.86 bekannt, daß die OV-Person den Kontakt zum Mitarbeiter der Greenpeace H. aufgenommen hat. Zu diesem Zeitpunkt hielt sich die OV-Person in der Hauptstadt der DDR auf. Die OV-Person hatte die ER des H. nach Gera bei den zuständigen Organen beantragt, welche abgelehnt wurde ...
In diesem Zusammenhang äußerte die OV-Person, daß sich H. an die

[KNAIER] Waltraud
tel. 089 München ...

[wenden] soll, wo er Näheres über seine Vorhaben im Oktober/November 86 in Erfahrung bringen könne ...
Die K. reiste zu einem

MOTHES, Jörn
erfaßt BV Rostock, Abt. XX
bereits in die DDR ein. M. ist ein enger Vertrauter unserer OV-Person. Beide wirken eng und intensiv zusammen.
Die Knaier nahm im Oktober 85 an Zusammenkünften der Berliner Gruppe „Frauen für den Frieden“ teil und inspirierte den Fortbestand dieser Gruppierung, einschließlich ihres feindlich-negativen Wirkens

gegen die sozialistische Gesellschaftsordnung in der DDR.Die K. und die OV-Person haben ebenfalls direkten Kontakt. Am 2.9.86 beantragte die OV-Person die Einreise der K. für den Zeitraum vom 3.10. bis 19.10.86 nach Gera gemeinsam mit dem Bürger der BRD

FALTER, Reinhard
wh. 8000 München 21, ...
besch. Ludwig-Maximilian-Universität München als Student.

Durch Einspruch unserer DE an die HA VI/AGV wurde die Einreise abgelehnt.
(Aus der Zwischeneinschätzung zum OV „Entomologe“ der KD Gera des MfS, vom 26. Januar 1987)

Von allen Repressalien, die die Stasi gegen mich organisiert hatte, empfand ich die Ausreisesperre als den einschneidendsten Eingriff in meine Persönlichkeitsrechte. Ausreisesperre bedeutete nicht nur Unfreiheit, sondern auch Isolation. Jetzt konnte ich auch mit meinen Freunden aus der DDR nicht mehr zusammen in den Urlaub fahren, weil ja alle im Ausland Urlaub machten. Die Wiedergabe entsprechender Auszüge meines Briefes an Reinhard Falter vom Dezember 1988 im darauffolgenden Stasi-Bericht (s.S. 64) zeigt, daß den Stasi-Mitarbeitern die menschliche Tragweite der Reisesperren nicht nur bekannt war, sondern sie die „gewisse Verunsicherung und vorübergehende Resignation beim Verdächtigten“ sogar als Erfolg ihrer „vielfältigen politisch-operativen Maßnahmen“ verbucht haben. Für mich war die Reisesperre, die von einigen Mitbetroffenen als „DDR-Arrest“ bezeichnet wurde, eine Bestrafung ohne Urteil. Die Tatsache, daß es unmöglich war, mit denen, die die Entscheidungen trafen, zu reden, machte mich immer wütender. Es war demütigend, nicht einmal einen Bescheid über die Dauer der Reisesperre zu erhalten. So mußte ich zwei Jahre lang immer wieder zur Grenze hinfahren, um zu erfahren, ob ich wieder reisen darf oder nicht. Auch diese „Testfahrten“ waren sehr unangenehm. Am Grenzbahnhof Bad Schandau holte man mich nach der Ausweiskontrolle jedesmal ohne Begründung aus dem Zug. Nach Abfahrt des Zuges wurde mir gesagt: „Die Weiterreise wird Ihnen nicht gestattet“. Wiederum ohne Begründung. Dann mußte ich auf dem gegenüberliegenden Bahnsteig oft stundenlang warten, bis der nächste Zug zurückfuhr. Diese Situation wurde für mich immer unerträglicher. Wenn die Reisesperre tatsächlich – wie vorgesehen – bis zum 30. November 1990 bestehen geblieben wäre, hätte ich bis dahin mit Sicherheit aus Resignation einen Übersiedlungsantrag in die Bundesrepublik gestellt, auch wenn ich im Osten bleiben wollte und dadurch wiederum von engen Freunden und Verwandten getrennt worden wäre.

Für die Ausreisesperren in sozialistische Länder existierte eine Regelung in der Dienstvorschrift Nr. 015/72 des Ministers des Innern und Chefs der Deutschen Volkspolizei. In der Festlegung MfS-Nr. 31/88 des Stellvertreters des Ministers für Staatssicherheit, Rudolf Mittig, vom 5. April 1988 heißt es dazu:

▶ Bürger der DDR können gemäß der Dienstvorschrift Nr. 015/72 des Ministers des Innern und Chefs der DVP zeitweilig vom paß- und visafreien Reiseverkehr ausgeschlossen werden, wenn
a) Tatsachen oder begründete Hinweise vorliegen, daß die Ausreise zur Begehung einer Straftat (z.B. § 213 StGB) mißbraucht werden soll, sich der Betreffende der Strafverfolgung entziehen will oder die Wiedereingliederung noch nicht abgeschlossen ist;
b) sie während ihres Aufenthaltes in diesen Staaten eine vorsätzliche Straftat begangen haben oder die zuständigen Organe dieser Staaten erklärten, daß ihre Wiedereinreise unerwünscht ist;
c) ausgehend von der Persönlichkeit zu erwarten ist, daß sie sich nicht den Sicherheitsinteressen und dem Ansehen der DDR entsprechend in diesen Staaten verhalten.

Nachfolgend die Dokumente zur Ausreisesperre:

▶ - Treffen des B. mit dem BRD-Bürger
FALTER, Reinhard
im Zeitraum vom 16.03. bis 18.03.1987 und vom 29.05. bis 31.05. in Prag/CSSR. Zum letztgenannten Zeitraum war eine SYLVIA – vermutlich Sylvia Henning
erf. KD Bernau, BV Frankfurt
am Treffen beteiligt. Zum Inhalt und Anliegen des Treffens liegen ggw. unserer DE noch keine weiteren Kenntnisse vor.
(Aus dem Bericht zum OV „Entomologe" der KD Gera des MfS, vom 6. Juli 1987)

-57-

Kreisdienststelle Gera
Stellv. Leiter

Gera, 9. Juli 1987
ma-st

O P E R A T I V I N F O R M A T I O N

Durch die operative Zusammenarbeit mit der HA XX/4 bei der Vorbereitung der Umregistrierung des OV "Enotmologe" zum TOV "Entomologe" 6 des ZOV "Konflikt" der HA XX/4, wurde folgender Sachverhalt bekannt:

"Entomologe" reiste vom 29. 05. - 31. 05. 87 in die CSSR und traf sich dort mit weiteren der HA XX/4 operativ bekannten DDR-Bürgern mit dem Vertreter der Partei der Grünen

FALTER, Reinhard

aus der BRD und den Vertretern der "Charta 77"

UHL und BLATTNY

aus der CSSR. Inhalt dieses Treffens oppositioneller Kräfte war die Vorbereitung der Zusammenkunft am 16. 08. 87 in Pannonhalma/UVR. An diesem Treffen sollen Vertreter aus der UVR, der VR Polen, der UdSSR, der DDR, der VR Bulgarien, der CSSR, der BRD und Dänemarks teilnehmen. Dabei soll die Politik des Gen. Gorbatschow in den Themenkreisen

- Ökonomie - Ökologie
- Kultur - Politik - Demokratieverständnis
- Arbeitsmotivation - Entfremdung
- Frieden - Dialektik - Neues Denken

"diskutiert" werden.

Aus dem Bezirk Gera sollen an diesem Treffen "Entomologe" und der

MOTHES, Jörn
PKZ: 05. 09. 62 4 0131 5/Stralsund
NW: Jena, Quergasse 12
HW: Schwerin, Schillerstr. 12
erfaßt im SiV KD Gera

teilnehmen.

Falter beauftragte den "Entomologe" mit der "Auswahl" der Teilnehmer des Treffens aus der DDR. "Entomologe" will dafür nach eigenen Angaben "Leute aus der zweiten Reihe" benennen.

Durch die HA XX/4 wurde orientiert, die Teilnahme an den Treffen in der UVR zu verhindern. Deshalb wurde zu "Entomologe" durch unsere DE die Ausreisesperre eingeleitet.

Mothes ist für unsere DE als Verbindungsperson des "Entomologe" erfaßt. Gegenwärtig bestehen jedoch keine operativen Bearbeitungsmöglichkeiten.

Wir bitten, über die Abt. XX/4 und die KD Jena zu veranlassen, daß die Ausreise des Mothes zum Treffen am 16. 08. 87 in die UVR verhindert wird.

Markgraf
Major

Mündliche Eingabe im VPKA Gera, Abt. PM, am 17.11.87, mit der Forderung der Benennung der Gründe der ständigen Rückweisung an der Staatsgrenze Süd – insgesamt dreimal – im Zeitraum von Mai bis November 1987 und damit der Ausschließung vom Reiseverkehr.
Die Zurückweisungen sind das Ergebnis der eingeleiteten Reisesperre – Fahndungsmaßnahme GLZ 7626 – einschließlich des paß- und visafreien Reiseverkehrs mit einer Laufzeit bis 30.11.90.
(Aus dem Zwischenbericht zum TOV „Entomologe“ der KD Gera des MfS, vom 24. November 1987)

VOLKSPOLIZEI-KREISAMT
Gera
– Paß- und Meldewesen –

VPKA · 65 Gera · Amthorstraße 6

Herr
Michael Beleites
Georg-Büchner-Str. 1
Gera
6 5 0 0

Ihre Zeichen	Ihre Nachricht vom	Hausapparat	Unsere Zeichen	Datum
			Ka	05.05.88

Betreff:

Werter Herr Beleites!

Nach Abschluß der Prüfung Ihres Reiseersuchens nach der UdSSR wird mitgeteilt, daß diesem nicht entsprochen werden kann.

Hochachtungsvoll

Michael Beleites
G.-Büchner-Str. 1
6500 Gera,

am 14.Mai 1988

Leiter des Volkspolizei-Kreisamtes Gera
Amthorstraße 6
6500 Gera

Mit dem Schreiben vom 5.5.88 teilte mir das Geraer Volkspolizei-Kreisamt – Paß- und Meldewesen – mit, daß der von mir beantragten Reise in die UdSSR „nicht entsprochen werden kann". Meine private Einladung in die Sowjetunion, die durch die zuständigen Organe in der UdSSR amtlich bestätigt worden ist, wurde von einer Behörde der DDR nicht genehmigt. Bereits im Juli 1987 wurde mir eine private Reise in die UdSSR nicht genehmigt. Seitdem wird mir auch die Ausreise in die CSSR verweigert. Die Angehörigen der Paßkontrolle sagen: „die Ausreise aus der DDR wird ihnen nicht gestattet", über die Gründe könne ich mich bei meinem „Heimat-VPKA" erkundigen ...
Die erneute Reiseablehnung ist nun Anlaß, mich mit der Bitte an Sie zu wenden, daß Sie ein klärendes Gespräch vermitteln mit einem Verantwortlichen, der über die Gründe und Ursachen dieses Vorgehens tatsächlich informiert ist ...

Hochachtungsvoll

Michael Beleites

Bei diesem Gespräch mit dem IMS „Peter Winkler" erklärte der Verdächtigte, daß er gegenwärtig mehrere Eingaben eingereicht hat. So hatte er am gleichen Tag beim VPKA Gera vorgesprochen, um Auskunft darüber zu erlangen, warum „man ihn nicht außer Landes läßt". (Wirksamkeit der eingeleiteten Reisesperre bis 12/90)
Die Überprüfung ergab, daß am 21.06.1988 durch das VPKA Gera, Gen. Major Buchholz, ein Gespräch geführt wurde. Vor ca. 14 Tagen hatte der Verdächtigte eine Eingabe an das VPKA Gera wegen „Reisebeschränkungen" gerichtet und bereits eine Woche später bei Gen. Major Buchholz deswegen vorgesprochen.
In Abstimmung mit dem VPKA Gera wurde die Reisesperre aufrechterhalten und im Gespräch die Begründung dafür abgelehnt. Nach Angaben des IM vermutet der Verdächtigte, daß die Reisebeschränkung mit dem MfS zusammenhängt, erregte sich außerordentlich stark darüber und möchte endlich mit „jemanden reden", warum er nicht reisen darf.
(Aus dem Zwischenbericht zum TOV „Entomologe" der KD Gera des MfS, vom 5. Juli 1988)

▶ Michael Beleites Gera, am 27. Juni 1988
Georg-Büchner-Str. 1, 6500 Gera

An das
Zentralkomitee der
Sozialistischen Einheitspartei Deutschlands
Haus des Zentralkomitees – Am Marx-Engels-Platz
1020 Berlin

... Am 14.5.1988 schrieb ich an den Leiter des Geraer VPKA eine Eingabe, mit der Bitte, ein klärendes Gespräch mit einem Verantwortlichen, der über die Gründe und Ursachen dieses Vorgehens tatsächlich informiert ist, zu vermitteln. Daraufhin kam es am 14.6.1988 zu einem Gespräch mit Major Buchholz vom VPKA Gera. Major Buchholz sagte, das VPKA Gera habe die Reiseablehnung zwar ausgestellt, aber die Entscheidung darüber sei nicht vom VPKA getroffen worden. Bei seiner Nachfrage bei den „dafür zuständigen Organen" (so Major Buchholz) sei die Entscheidung bestätigt aber kein Grund genannt worden. Er sagte, für Reiseablehnungen gebe es drei mögliche Gründe: 1. gegen mich würde ein Strafverfahren laufen, 2. ich hätte gegen die Zollbestimmungen verstoßen oder 3. ich hätte bei einem Auslandsaufenthalt gegen die Gesetze des Auslands verstoßen. Ich sagte, daß diese Gründe alle drei nicht zutreffen. Major Buchholz versprach daraufhin, sich nochmals um eine Klärung zu bemühen. Bei einem zweiten Gespräch am 21.6.1988 sagte er mir, daß das VPKA nicht imstande ist, die Gründe für die von ihm ausgestellten Reiseablehnungen zu ermitteln. Wenn das VPKA – die Ausstellungsbehörde – nicht in der Lage ist, mir den Grund für die Reiseablehnungen zu nennen oder mir den Entscheidungsträger zu nennen und mit ihm ein Gespräch zu vermitteln; die Deutsche Volkspolizei also lediglich dazu verurteilt ist, einen hilflosen Eindruck zu machen, dann kann von Rechtssicherheit keine Rede sein.
„Der Sozialismus braucht alle und hat Platz für alle" sagte Erich Honecker in seiner Februarrede vor den 1. Kreissekretären der SED. Falls es in der DDR dennoch ein „zuständiges Organ" gibt, welches will, daß ich einen Ausbürgerungsantrag stelle, dann sollen sie mir das bitte direkt sagen; wenn das nicht der Fall ist, bitte ich Sie, daß Sie das „zuständige Organ" veranlassen, diese Angelegenheit bald zu klären. Das bedeutet, daß dieses Organ mir die Möglichkeit geben sollte, über die Gründe der Reiseablehnungen direkt zu sprechen, um eventuelle Fehlinformationen oder Mißverständnisse ausräumen zu können.
Hochachtungsvoll M. Beleites

MINISTERRAT
DER DEUTSCHEN DEMOKRATISCHEN REPUBLIK
MINISTERIUM DES INNERN
Leiter des Büros für
Paß- und Ausländerangelegenheiten

Postanschrift: Ministerium des Innern · 1086 Berlin · BPAA

Herrn
Michael Beleites
Georg-Büchner-Straße 01
Gera

6 5 0 0

Ihre Zeichen	Ihre Nachricht vom	Fernsprecher:	Unsere Zeichen	Datum
		22 57/	LO	11. Juli 1988

Betreff:

Sehr geehrter Herr Beleites!

Ihr an das Zentralkomitee der Sozialistischen Einheitspartei Deutschlands gerichtetes Schreiben vom 27.06.1988 wurde dem Ministerium des Innern als dem für diese Angelegenheit zuständigen staatlichen Organ übergeben.
Es wurde eine Überprüfung Ihres Anliegens veranlaßt.
Nach Abschluß erhalten Sie eine entsprechende Information.

Hochachtungsvoll
i.A.
Lubinetz

Bei persönlicher Vorsprache: Büro für Paß- und Ausländerangelegenheiten,
1026 Berlin, Hans-Beimler-Straße 27–37

Fernsprechauskunft:
22 57 0

Bankverbindung:
Staatsbank der DDR, Konto-Nr.

MINISTERRAT
DER DEUTSCHEN DEMOKRATISCHEN REPUBLIK
MINISTERIUM DES INNERN
Leiter des Büros für
Paß- und Ausländerangelegenheiten

Postanschrift: Ministerium des Innern · 1086 Berlin · BPAA

Herrn
Michael Beleites
Georg-Büchner-Str. 1
Gera
6500

08 Aug. 1988

Ihre Zeichen	Ihre Nachricht vom	Fernsprecher	Unsere Zeichen	Datum
		22 57/	Lu	

Betreff:

Sehr geehrter Herr Beleites!

Die abschließende Bearbeitung Ihres Ersuchens ist erfolgt.

Im Ergebnis einer Überprüfung der von Ihnen geschilderten Angelegenheit, teilen wir Ihnen mit, daß die getroffene Entscheidung bestehen bleibt.

Wir bitten um Verständnis, daß auch unter Berücksichtigung Ihrer persönlichen Belange keine Änderung der Entscheidung herbeigeführt werden konnte.

In diesem Zusammenhang erlauben wir uns darauf hinzuweisen, daß die Entscheidung über Ihren Antrag gemäß Paragr. 17 der Anordnung über Paß- und Visaangelegenheiten vom 28. Juni 1979 (GBL I, Nr. 17, S. 151) keiner Begründung bedarf.

Hochachtungsvoll
i.A.
Lubinetz

Bei persönlicher Vorsprache: Büro für Paß- und Ausländerangelegenheiten, 1026 Berlin, Hans-Beimler-Straße 27–37

Fernsprechauskunft:
22 57 0

Bankverbindung:
Staatsbank der DDR, Konto-Nr.

Im Ergebnis der eingeleiteten vielfältigen politisch-operativen Maßnahmen zur Realisierung der Zielstellungen der operativen Bearbeitung des Verdächtigten konnten Einschränkungen seines Wirkens, vor allem in der Öffentlichkeit, eine gewisse Verunsicherung und vorübergehende Resignation beim Verdächtigten erreicht werden.
Das wurde besonders aus der M-Kopie vom 28.12.88 an den BRD-Bürger
FALTER, Reinhard
deutlich, wo der Verdächtigte u.a. formulierte:

„... Etwas geärgert habe ich mich über Deine Argumentation bzw. Rat in Deinem letzten Brief, wir sollen hier (DDR) bleiben, weil die nächste Generation Vorbilder braucht. Den Fakt wissen wir selbst, das ist aber überhaupt nicht unsere – jedenfalls nicht meine – Fragestellung. Als wir uns kennenlernten, war ich sehr dafür empfänglich, mein Leben völlig zu politisieren und private Dinge für sekundär zu halten. Ganz davon abgesehen, daß die Raketendiskussion 83/84 auch etwas Kurzatmiges an sich hatte. Das waren trotzdem alles keine sinnlosen Aktionen und keine vertane Zeit. Nur mit dem einem Unterschied: Derartiger Aktionismus bedeutet bei Euch allenfalls eine Verzögerung Eurer beruflichen Entwicklung, nie aber deren Verhinderung. Unsereiner wird dann nicht nur seiner Karriere beraubt, er wird nichtmal eine ihm angemessene Bildung erfahren können, ganz zu schweigen von dem Reiseverbot, das ja nicht nur zur Isolation gegenüber den ausländischen Freunden führt, sondern auch ein Stück weit gegenüber den inländischen, denn ich kann ja auch mit meinen hiesigen Freunden nicht zusammen in den Urlaub – das Ausland – fahren. Warten auf Veränderungen – Durchhalten – ist auch ein ausschließlich politisches Argument ...
... Wir wollen irgendwann einmal unseren Vorstellungen entsprechend leben und arbeiten. Wenn unsere Biographien hier z.B. der Bildung und der Reisen amputiert werden und wir dennoch hierbleiben, dann nur weil wir das Gefühl haben, daß wir nicht unser gesamtes Leben vor uns herschieben, daß auch das gegenwärtige Leben sinnvoll und lebenswert ist. Und genau an dieser Grenze bewegen wir uns jetzt. Es geht um die Frage, was wir aus unseren besten Jahren machen bzw. machen lassen ...
... Ich habe irgendwie Angst, daß mir die Zeit davonläuft. Von der politischen Notwendigkeit hierzubleiben, sind wir selbst überzeugt genug, es geht darum, ob sich das durchhalten läßt, ohne persönlich auf der Strecke zu bleiben. Und hier könnt Ihr uns (Du mir) wirklich helfen, die auferlegte Isolation ein kleines Stück zu überwinden. Mir waren unsere Gespräche immer sehr wichtig und ich glaube daraus auch Kraft ge-

schöpft zu haben, die weit über den grünen Aktionismus hinausgeht ..."
Insgesamt kann eingeschätzt werden, daß trotz der zeitweiligen Verunsicherung und vorübergehenden Resignation der Verdächtigte weiterhin umfangreiche Aktivitäten/Initiativen zur Erreichung seiner Zielstellungen unternehmen wird.
(Aus dem Zwischenbericht zum TOV „Entomologe" der KD Gera des MfS, vom 9. Mai 1989)

▶ Michael Beleites 14. April 1989
Georg-Büchner-Str. 1
Gera
6500

An das
Zentralkomitee der Sozialistischen
Einheitspartei Deutschlands
Haus des Zentralkomitees
Am Marx-Engels-Platz
Berlin
1020

Am 13. April 1989 wollte ich in die ČSSR reisen, wurde aber von den Angehörigen der DDR-Paßkontrolle am Grenzbahnhof Bad Schandau zurückgeschickt. Mir wurde lediglich gesagt, meine Ausreise aus der DDR sei nicht gestattet. Selbst der diensthabende Oberstleutnant der Grenzsicherungsorgane am Bahnhof Bad Schandau wollte und konnte mir keine Begründung für diese Maßnahme geben.
Mir wird nunmehr seit knapp zwei Jahren jegliche Ausreise aus der DDR verweigert. Ich habe mich diesbezüglich bereits an das Volkspolizei-Kreisamt Gera, die Abteilung Inneres beim Rat der Stadt und beim Rat des Bezirkes Gera, das Ministerium des Innern sowie das Zentralkomitee der SED und die Bezirksleitung Gera der SED gewandt. Keine der Behörden konnte mir auch nur den Entscheidungsträger nennen, geschweige denn die Gründe dieser Maßnahmen. Die Organe der SED, die schließlich die Macht in diesem Land ausübt, sind nicht willens oder nicht in der Lage, eine Klärung zwischen den zuständigen Vertretern der Arbeiter- und Bauernmacht und mir als Bürger des Arbeiter- und Bauernstaates zu vermitteln. Ich bitte Sie hiermit nochmals ein klärendes Gespräch über die Gründe der Ausreisesperre mit einem Vertreter des Organs, das die Ausreisesperre gegen mich veranlaßt hat, und der über die Ursachen dieser Maßnahme tatsächlich infor-

miert ist, zu vermitteln. Sollte ein solches Gespräch bis zum 7. Mai 1989 nicht zustande kommen, werden die Kandidaten der Nationalen Front am 7. Mai nicht meine Stimme erhalten, da sie dann nicht in der Lage wären, mein Recht als Bürger dieses Landes durchzusetzen bzw. meine Interessen zu vertreten. Wenn diese Ausreisesperre trotz der neuen Reiseverordnung, die seit 1.1.1989 gilt und Begründungen bei ablehnenden Bescheiden vorschreibt, bestehen bleiben und wiederum nicht begründet werden sollte, sehe ich mich gezwungen, mich wegen dieser Willkürmaßnahmen an internationale Menschenrechtsorganisationen zu wenden.

M. Beleites

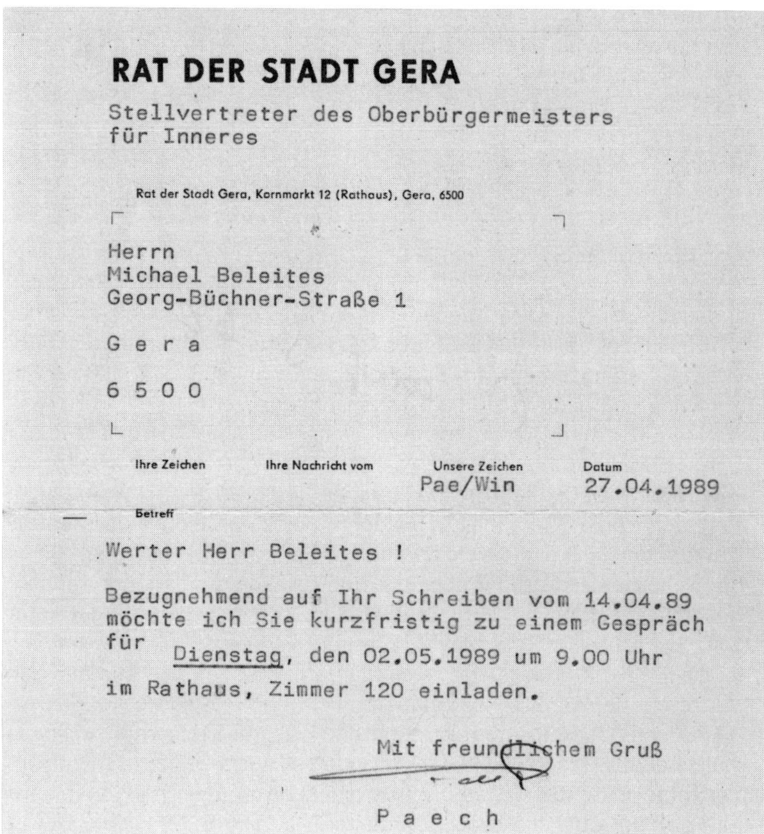

RAT DER STADT GERA

Stellvertreter des Oberbürgermeisters
für Inneres

Rat der Stadt Gera, Kornmarkt 12 (Rathaus), Gera, 6500

Herrn
Michael Beleites
Georg-Büchner-Straße 1

G e r a

6 5 0 0

Ihre Zeichen | Ihre Nachricht vom | Unsere Zeichen Pae/Win | Datum 27.04.1989

Betreff

Werter Herr Beleites !

Bezugnehmend auf Ihr Schreiben vom 14.04.89 möchte ich Sie kurzfristig zu einem Gespräch für

Dienstag, den 02.05.1989 um 9.00 Uhr

im Rathaus, Zimmer 120 einladen.

Mit freundlichem Gruß

P a e c h

▶ Am 17.04.89 richtete der Verdächtigte eine Eingabe an den Rat der Stadt Gera, Abteilung Inneres, worin er die Klärung der ständigen Zurückweisung an der Staatsgrenze Süd – eingeleitete Reisesperre in Abstimmung mit der Hauptabteilung XX/4 – und somit den Ausschluß vom paß- und visafreien Reiseverkehr in die CSSR bis zu den Kommunalwahlen am 07. Mai 1989 fordert.
Anderenfalls werde er auf eine Stimmabgabe verzichten, da die Kandidaten der Nationalen Front in diesem Falle nicht seine persönlichen Rechte/Interessen durchsetzen/vertreten würden. Außerdem würde er bei einer nichtbefriedigenden Antwort sich wegen dieser „Willkürmaßnahmen" an internationale Menschenrechtskommissionen wenden.
Eine weitere Eingabe gleichen Inhaltes richtete er an das Zentralkomitee der SED.
Um den Verdächtigten, welcher bisher an keiner Wahl in der DDR teilgenommen hat, keinen Vorwand für weitere Aktivitäten zu liefern, erfolgte die zeitweilige Aussetzung der Reisesperre und die Durchführung eines Gespräches durch den Stellvertreter des Oberbürgermeisters für Inneres von Gera zur Beantwortung der Angelegenheit.
Ihm wurde mitgeteilt, daß er keinen Reiseeinschränkungen unterliegt und darauf verwiesen, bei seinen Aufenthalten im Ausland entsprechend der Rechte und Pflichten eines Staatsbürgers der DDR aufzutreten. Durch den Verdächtigten wurde daraufhin
- eine Reise nach Vilnius – SU – eingereicht, genehmigt und
- von seinem Wahlrecht kein Gebrauch gemacht.

Vom 11.06. bis 23.06.89 reiste er nach Vilnius/UdSSR aus. Ab 01.07.89 ist die Reisesperrmaßnahme wieder wirksam.
(Aus der Ergänzung zum Sachstandsbericht vom 9.5.89 zum TOV „Entomologe" der KD Gera des MfS, vom 23. Juni 1989)

Mitte August 1989 durfte ich allerdings wieder nach Polen ausreisen, zum Sommertreffen unserer Ost-West-Initiative. Der Stasi war die Vorbereitung dieses Treffens auch bekannt gewesen, doch man hatte meinen Bruder Johannes mit mir verwechselt und deswegen ihn verdächtigt. Anfang Oktober durfte ich auch wieder nach Litauen ausreisen.

Der Vergleich der Reaktionen auf meine Eingaben vor 1989 mit der Reaktion auf die Eingabe vom April 1989, so die Begründung der Aussetzung der Reisesperre im Mai 1989, macht deutlich, daß nicht Entgegenkommen und Dialogangebote, sondern die Androhung von öffentlichem Druck die geeignete Sprache war, die man bei der Stasi verstand.

Berlin-Verbote

Zweimal hat man sogar versucht, mir innerhalb der DDR eine Reisesperre aufzuerlegen. Mit dem Verbot, nach Berlin zu fahren, sollte im Juni 1987 meine Teilnahme am Berliner Kirchentag und im November 1987 die Teilnahme an Solidaritätsaktionen mit festgenommenen Umweltgruppenmitgliedern der Berliner Zionsgemeinde verhindert werden. Die Aufregung wegen des Berliner Kirchentages im Juni 1987 herrschte offenbar nur, weil einige Basisgruppen parallel zum offiziellen Kirchentag einen „Kirchentag von unten“ organisiert hatten. Eigentlich hatte ich mich noch gar nicht entschlossen, nach Berlin zu fahren. Doch als mir das Berlin-Verbot erteilt wurde, dachte ich, wenn ich jetzt nicht fahre, könnten solche Maßnahmen von der Stasi für effektiv gehalten und zur Gewohnheit werden. So fuhr ich am 26. Juni 1987 nach Berlin, war aber nur kurz beim „Kirchentag von unten.“

Hier die Eingabe, die ich wegen des Berlin-Verbots an das Volkspolizei-Kreisamt Gera geschrieben habe:

▶ Michael Beleites
G.-Büchner-Str. 1
6500 Gera

Gera, am 26. Juni1987

An den
Leiter des Volkspolizei-Kreisamtes Gera
Amthorstr.
6500 Gera

Am Dienstag, dem 23.6.1987 wurde mir auf meiner Arbeitsstelle, dem Naturkundemuseum, durch die Museumsdirektorin, Frau Heckmann, mitgeteilt, es hätte jemand vom VPKA angerufen und ihr gesagt, daß ich am selben Tag um 14.00 Uhr ins VPKA kommen soll. Die Abteilung oder Namen waren ihr nicht gesagt worden. Daraufhin rief ich beim VPKA an, um Näheres zu erfahren, aber dort war niemand darüber informiert. Als ich um 14.00 Uhr dort war, sagte mir der Polizist an der Wache, er wüßte davon erst seit 10 Minuten. Ich wurde in ein Zimmer in der obersten Etage geführt. Dort waren Hauptmann Schröder und Hauptmann Lehmann, die sich beide als Angehörige der Abteilung Kriminalpolizei des VPKA vorstellten. Hauptmann Schröder legte mir einen Text zur Unterschrift vor, der sich auf § 11 (1) des VP-Gesetzes bezog und die Forderung enthielt, daß ich während der Zeit vom 24. - 28.6.1987 Reisen nach Berlin zu unterlassen habe. Als ich nach der Begründung für dieses Vorgehen fragte, sagte Hauptmann Schröder, dies würden sie auch nicht wissen, sie würden dies im Auftrag der Abteilung Kriminalpolizei der Bezirksbehörde der Deutschen Volkspolizei (BDVP) Gera machen. Ich unterschrieb dieses Papier nicht und ging daraufhin zur BDVP und sprach dort mit Major Werner von der Abteilung Kriminalpolizei. Er sagte mir, es gibt einen solchen Auftrag seiner Abteilung nicht, und die Herren Schröder und Lehmann sind ihm unbekannt. Am Donnerstag, dem 25.6. sagte mir der Leiter der Abteilung Kriminalpolizei des VPKA Gera: Hauptmann Schröder und Hauptmann Lehmann sind gar nicht Angehörige seiner Abteilung, auch nicht des VPKA, und er sei über ein solches Vorgehen nicht unterrichtet. Auch wenn der Leiter der Abteilung Kriminalpolizei des VPKA die Forderung, Reisen nach Berlin zu unterlassen, mündlich zurücknahm, beschwere ich mich gegen eine solche Forderung und möchte einige Fragen geklärt wissen.

- Mit der Vorladung hätten sich die Zuständigen an mich selbst wenden und gleich korrekt vorstellen sollen.
- Der § 11 (1) des VP-Gesetzes beinhaltet weiter nichts, als daß die Polizei befugt ist, zur Durchsetzung gesetzlicher Bestimmungen Forderungen zu stellen. Ich möchte wissen, welche gesetzlichen Bestimmungen mit dieser Forderung durchgesetzt werden sollten und warum diese Forderung dann an mich gestellt wurde. Nach § 11 (5) des VP-Gesetzes sind schriftliche Forderungen zu begründen und haben eine Rechtsmittelbelehrung zu enthalten. Es ist selbstverständlich, daß solche Forderungen nicht anderen Gesetzen oder gar den Grundsätzen der Verfassung zuwider laufen dürfen.
- Da in der Zeit vom 24. - 28.6. in Berlin der Evangelische Kirchentag stattfindet und man mich mit der Forderung, vom 24. - 28.6. Reisen nach Berlin zu unterlassen, von der Teilnahme an diesem Kirchentag abhalten wollte, läuft diese Forderung nicht nur Artikel 32 der Verfassung, dem Recht auf Freizügigkeit innerhalb der DDR, sondern auch Artikel 39 der Verfassung, dem Recht auf Religionsfreiheit, zuwider. Das Strafgesetzbuch der DDR sieht im § 133 eine Strafe für diejenigen vor, die einen Menschen von der Teilnahme an einer religiösen Handlung in dem dazu bestimmten Bereich abhalten.

Ich halte es für sehr wichtig, daß diese Fragen bald geklärt werden, da sonst der Eindruck entstehen kann, daß Sicherheitsorgane der DDR gesetzwidrige und willkürliche Maßnahmen durchführen.

Mit freundlichem Gruß | Michael Beleites

Die Herren „Schröder“ und „Lehmann“ waren MfS-Mitarbeiter, die sich mir mit falschem Namen und falscher Dienstbezeichnung vorgestellt hatten. Hier sah ich zum ersten und bis 1990 einzigen Mal den für mich zuständigen MfS-Mitarbeiter, Herrn P. Als er als „Hauptmann Lehmann“ im Warteraum des Volkspolizei-Kreisamtes auf mich zukam und sagte „Herr Beleites, kommen Sie bitte mit“, fiel mir bereits auf, daß er meinen Namen sicher aussprach, was ich von Polizisten sonst nicht gewöhnt war. Auf meine Eingabe erhielt ich zunächst keine Antwort.

Schließlich ging ich noch einmal zum Leiter der Abteilung Kriminalpolizei des VPKA, Herrn Major Winter. Er versprach mir, die „zuständigen Genossen“ wegen der Eingabenbeantwortung anzumahnen und ließ deutlich erkennen, daß diese nicht der Polizei angehörten. Am 15. September 1987 kam schließlich ein Gespräch zustande. Herr Markgraf stellte sich mit seinem wirklichen Namen, aber als Mitarbeiter der Kriminalpolizei vor. Er stritt einen Zusammenhang zwischen dem Berlin-Verbot und dem Kirchentag ab, konnte allerdings auch keine andere Erklärung dafür geben. Herr Markgraf versprach mir aber, sich für eine Aufhebung der Reisesperren einzusetzen, und ich hatte den Eindruck, daß er es ernst meinte – obwohl ich wußte, daß er dem MfS angehörte. Gerade wegen seiner Zugehörigkeit zur Stasi nahm ich an, daß seine Bemühungen eher eine Chance haben könnten als die der Polizei.

Zu der Auseinandersetzung um das Berlin-Verbot vom Juni 1987 steht folgendes in der Stasi-Akte:

▶ Auf Weisung der HA XX wurde am 23.06.1987 die Belehrung des B. im VPKA Gera – Legende K – verbunden mit der Forderung Berlin im Zeitraum vom 24.06. bis 28.06.1987 nicht aufzusuchen durchgeführt.
B. weigerte sich die Belehrung auf der Grundlage des § 11 VP-Gesetz zu unterzeichnen. Er erkundigte sich am gleichen Tag bei der BdVP Gera, Abt. K, nach der Richtigkeit dieses Vorgehens und wollte sich in der SED-BL Gera beschweren.
Ferner setzte er sich telefonisch mit
Pfarrer Stauß
und den Rechtsberater von Bischof Dehmke, da er diesen selbst nicht erreichte, in Verbindung. Er schilderte detailliert das Vorgehen bei der Belehrung und erkannte das als Maßnahme des MfS.
(Aus dem Zwischenbericht zum OV „Entomologe“ der KD Gera des MfS, vom 6. Juli 1987)

Neben allen genannten Aktivitäten und Initiativen ist beim Verdächtigen die Verwirklichung der „Strategie" die staatlichen und gesellschaftlichen Organe, Einrichtungen mit Eingaben zu beschäftigen, deutlich erkennbar. Das zeigt sich bei ihm u.a. darin:
Eingabe an das VPKA Gera vom 26.06.87 zur Klärung der Gründe und des Vorgehens der DVP bei der Beauflagung – § 11, Abs. 1 VP-Gesetz – vom 23.06.87 im Zeitraum vom 24.06.87 bis 28.06.87 nicht in die Hauptstadt der DDR – Berlin – zu reisen.
In einer Aussprache am 15.09.87 durch Gen. Major Markgraf konnte unter der Legende DVP die Eingabe abgewiesen werden. Der Verdächtige erhielt seine Vermutung – die Verhinderung der Teilnahme am Kirchentag – nicht bestätigt.
(Aus dem Zwischenbericht zum TOV „Entomologe" der KD Gera des MfS, vom 24. November 1987)

Am 27. November 1987 kam es in Ost-Berlin zur von der Stasi organisierten „Aktion Falle". Die Räume der Umweltbibliothek der Berliner Zionsgemeinde sind nachts überfallartig von der Stasi durchsucht worden, und Angehörige des dortigen Umweltkreises wurden festgenommen. Man hatte vermutet, daß dort der von der Initiative für Frieden und Menschenrechte herausgegebene „Grenzfall" gedruckt wurde und wollte damit gegen die einzige sich als kirchenunabhängig verstehende oppositionelle Gruppe vorgehen. Doch die Stasi hat dabei offenbar auf eine Fehlinformation reagiert und ist selbst in die Falle gelaufen, denn es wurde nichts gefunden, was die Initiative für Frieden und Menschenrechte belastet hätte. Obwohl etliche Basisgruppen wegen der oft oberflächlichen Öffentlichkeitsarbeit der Umweltbibliothek ein gespanntes Verhältnis zu dem dortigen Umweltkreis hatten, solidarisierten sich viele sofort mit den Betroffenen und fuhren zu Mahnwachen und Solidaritätsveranstaltungen zur Berliner Zionskirche. So versuchte die Stasi wieder, bestimmte Leute an Berlin-Fahrten zu hindern. Über den zweiten Versuch, mir ein Berlin-Verbot zu erteilen, habe ich das folgende Gedächtnisprotokoll geschrieben:

Michael Beleites
Georg-Büchner-Str. 1
6500 Gera

Gedächtnisprotokoll
Am 27. und 28. November 1987 hielt ich mich in Trebnitz im Hause meiner Eltern auf. Am Morgen des 28. November wurde ich von zwei Angehörigen der Polizei abgeholt und zum Volkspolizei-Kreisamt Hohenmölsen gefahren.

Dort stellten sich mir Herr Major Heinsch als stellvertretender Leiter des VPKA Hohenmölsen und Herr Wundes als „Zivilbeschäftigter und Sachbearbeiter des VPKA" vor. Herr Major Heinsch sagte, sie hätten Informationen, daß ich aufgefordert wurde oder noch aufgefordert werde, nach Berlin zu fahren, um dort an einer polizeilich nicht genehmigten Veranstaltung teilzunehmen. Ich erhalte die polizeiliche Aufforderung, vom 27. bis 29. November 1987 nicht nach Berlin zu fahren. Mir wurde ein diesbezügliches Schreiben (mit einem Durchschlag), welches sich auf den § 11 des VP-Gesetzes bezog, zur Unterschrift vorgelegt.

Ich unterschrieb nicht und fragte, um welche Veranstaltung es geht, und warum ich damit in Verbindung gebracht werde. Herr Major Heinsch sagte, daß er mir das beides nicht sagen kann. Ich sagte, daß ich, wenn ich nach Berlin fahre, zu einer kirchlichen Veranstaltung fahre und eine kirchliche Veranstaltung nicht polizeilich genehmigt werden muß, was er bestätigte. Deshalb fühle ich mich an die polizeiliche Aufforderung nicht gebunden. Major Heinsch sagte, nach § 11 des VP-Gesetzes könnte die Volkspolizei Forderungen stellen, und daran müßte ich mich halten.

Ich sagte daraufhin, daß die schriftliche Forderung eine falsche Adressenangabe enthält (ich bin in Trebnitz nicht mehr gemeldet, deshalb ist das VPKA Hohenmölsen für mich nicht zuständig), und daß der § 11 des VP-Gesetzes vorschreibt, schriftliche Forderungen zu begründen. Das ist nicht der Fall, demzufolge handelt die Volkspolizei rechtswidrig. Herr Major Heinsch schien den Inhalt des VP-Gesetzes nicht so genau zu kennen, er erklärte sich bereit, die Adresse zu ändern, aber begründen wollte er die schriftliche Forderung nicht.

Nachdem ich nochmals sagte, daß das Vorgehen, mir „Berlin-Verbot" zu erteilen, rechtswidrig ist, weil mir keine Begründung gegeben werden kann und weil dies die Verhinderung der Teilnahme an einer kirchlichen Veranstaltung bedeutet, sagte Major Heinsch: „Na dann können wir auch nichts machen. Aber lesen sie sich die Gesetze, die sie offenbar so gut kennen, nochmal ganz genau durch." Ich sagte, „ja, das tun sie aber bitte auch". Darauf er: „Ja, so können wir verbleiben."

Ich mußte dann noch 1 1/2 Stunden warten, dann kam Major Heinsch wieder und sagte, daß ich nun gehen könne und: „wir behalten uns weitere Maßnahmen vor." Ich sagte noch einmal, daß ich die ganze Aktion für unsinnig halte, von dem Einbruch in die Umweltbibliothek der Berliner Zionsgemeinde bis hin zu diesem „Berlin-Verbot". Der „Zivilbeschäftigte" und ein weiterer Polizist fuhren mich dann mit einem „Trabant 600" wieder nach Trebnitz.

Michael Beleites

Die Stasi schrieb dazu:

Die politisch-ideologische Haltung des Verdächtigten wurde im Rahmen der Ereignisse der negativ-feindlichen Aktivitäten in der Zionskirche Berlin im November 1987 und deren Nachfolgeerscheinungen erneut deutlich sichtbar.
In Folge von vorbeugenden Maßnahmen zur Verhinderung der Anreise des Verdächtigten nach Berlin kam es nach dem Verhinderungsgespräch am 28.11.1987 gegenüber einem Angehörigen des VPKA Hohenmölsen zu nachstehenden Äußerungen durch den Verdächtigten:
- Es reicht doch, daß die Aktion (der Sicherheitsorgane) in Berlin ein Schlag ins Wasser war, da braucht man das doch nicht auf das ganze Land ausdehnen;
- was sie gesucht haben, haben Sie sowieso am falschen Ort gesucht;
- das jetzt die falschen Leute verdächtigt werden, ist beruhigend, da man merkt, daß es sowieso noch nicht so hinhaut, wie manche Leute sich das vorstellen und das gerne möchten;
- Sagen Sie mir doch, was in Berlin geplant ist und ich sage Ihnen, ob ich hinfahre oder nicht.

Im Rahmen der eingeleiteten Präzisierung o.g. Äußerungen konnte keine strafrechtliche Relevanz herausgearbeitet werden.
Außerdem, wie bereits im Juni 1987, hielt sich der Verdächtigte erneut nicht an die durch das VPKA Hohenmölsen in diesem Zusammenhang ausgesprochene Beauflagung und reiste anschließend nach Berlin.
Über seinen Aufenthalt in Berlin tauschte er sich mit dem
Pfarrer Franke, Jörg OV „Pädagoge" KD Zeitz
am 01.12.1987 aus.
Er legte dar, daß am Vorabend heiße Diskussionen über die Weiterführung der Mahnwachen zur Erfüllung der Forderung der Herausgabe der Vervielfältigungsgeräte der Umweltbibliothek geführt wurden. Über 75% haben sich für die Fortsetzung der Mahnwachen ausgesprochen. Während Stolpe und Fork zum Ausdruck brachten, daß die Mahnwachen den erforderlichen Erfolg gesichert haben. Werden die Mahnwachen jetzt für weitere Forderungen eingesetzt, verlieren sie ihren Zweck und werden als Mittel praktisch abgewertet.
Der Verdächtigte selbst hatte auf Grund dessen den Vorschlag unterbreitet, sich in diesem Falle nicht nur auf eine Aktionsform zu „stürzen", sondern für die verbleibenden Forderungen weiter Aktionsformen auszudenken. In diesem Zusammenhang entwickelte er den Gedanken als eine Möglichkeit eine Aufstellung an einer Außenwand von einem kirchlichen Gebäude vorzunehmen, wo die „Gummiparagrafen" vorgestellt und ihre Kommentierung erfolgt, da es im eigentlichen Sinne um diese geht.

(Erneut eine Bestätigung für seine abwertende Haltung/Mißachtung staatlicher/gesetzlicher Normen der Gesellschaft.)
Wenn die Forderungen durch die staatlichen Organe/Sicherheitsorgane erfüllt sind, wird diese Aktion eingestellt .Trotz Ansprechen „verschiedener Leute" waren seine Bemühungen erfolglos geblieben und man habe sich den Auffassungen von Fork angeschlossen, nachdem dieser versicherte, ebenfalls mitzuwirken, wenn weitere Personen inhaftiert werden. Ausgehend davon kann abgeleitet werden, daß der Verdächtigte somit an einer Konfrontation Staat/Kirche zur Durchsetzung politischer Ziele interessiert war.
Im Ergebnis des Gespräches waren sich beide einig, daß es hoffnungsvoll ist, daß „Massen" da waren, die aus ihren inhaltlichen und persönlichen Differenzen zu den Betroffenen nie einen Hehl daraus gemacht haben und sich dennoch sofort solidarisiert haben.
Auf diese Weise müssen „die" (staatlichen und Sicherheitsorgane) ihre Grenzen erkennen und bei weiterem Vorgehen mit entsprechenden Gegenreaktionen rechnen.
In diesem Zusammenhang wurde bekannt, daß

FRANKE
die ausgesprochene Beauflagung des Verdächtigten und einer weiteren weiblichen Person aus Zeitz der

FREYA, Klier
mitgeteilt hat, welche diese Kenntnisse an eine „zentrale Stelle" weiterleitete.
B. erklärt, daß auf diese Weise der Name Hohenmölsen noch eine Rolle spielen wird.
Nach seinen Angaben waren

KRAWCZYK, Stephan
und

FREYA, Klier,
sowie weitere Personen der „Initiative" ebenfalls „vor Ort".
(Aus dem Zwischenbericht zum TOV „Entomologe" der KD Gera des MfS, vom 5. Juli 1988)

Anfang und Ende einer Kulturbund-Umweltgruppe

Mit der Nachricht von der Reaktorkatastrophe in Tschernobyl, im April 1986, breitete sich auch unter der DDR-Bevölkerung Angst aus. Die Erkenntnis, daß eine radioaktive Umweltbelastung auch im Niedrigdosisbereich mit langfristigen Gesundheitsgefahren verbunden ist, erreichte das öffentliche Bewußtsein. Vor diesem Hintergrund stellte sich vielen Geraern die Frage nach möglichen Auswirkungen des Uranbergbaus der SDAG Wismut in einer ganz neuen Dimension. Östlich an die Stadt Gera grenzt das größte europäische Uranbergbaugebiet, das unter Geologen auch als die „mitteleuropäische Uranprovinz" bezeichnet wird.

„Wismut" war nicht nur der Firmenname für die nach dem zweiten Weltkrieg vom sowjetischen Militär aufgebaute Uranbergbauindustrie in Ostdeutschland,Wismut war ein Staat im Staate DDR. Neben der Territorialstruktur der 15 Bezirke in der DDR gab es noch eine „Gebietsleitung Wismut" der SED, eine „Objektverwaltung Wismut" der Stasi und auch ein separates „Gesundheitswesen Wismut". Obwohl die Wismut der größte Arbeitgeber in Ostthüringen und Westsachsen war, war sie einer der geheimnisumwittertsten Bereiche in der DDR. Man wußte nur, daß hier ganze Landschaften und die Gesundheit tausender Menschen dem sowjetischen Atombombenprogramm geopfert wurden. Sobald das Wort „Wismut" fiel, verstummten viele Gespräche, denn Wismut war ein Tabu-Thema. Eine Thematisierung der uranbergbaubedingten Umweltprobleme war daher ein sehr heikles Unternehmen, weil klar war, daß die Stasi dies als einen Angriff auf die von ihr bestens beschützte Wismut auslegen würde. Daß diese Befürchtungen nicht unbegründet waren, bestätigt das folgende Zitat aus dem Zwischenbericht zum OV „Entomologe" vom 24. November 1987:

> Aus gegenwärtiger Sicht bestehen die günstigsten Voraussetzungen den Verdächtigen zur – strafrechtlichen – Verantwortung zu ziehen auf dem Gebiet seiner Handlungen/Angriffe gegen den Industriezweig der SDAG Wismut.

Trotz aller Risiken entschloß ich mich, das Tabu-Thema Uranbergbau anzugehen. Dazu war es notwendig, in Gera eine Umweltgruppe zu gründen. Bei der evangelischen Kirche Geras, die bisher eine Etablierung von Basisgruppen als „kirchenfremd" abgelehnt hatte, war dafür keine Unterstützung zu erwarten. In Halle existierte seit einiger Zeit ein „Arbeitskreis Umweltschutz" bei der offiziellen Gesellschaft für Natur und Umwelt des Kulturbundes der DDR, dem auffallend viel Freiheiten gewährt wurden. So kam ich auf die Idee, in Gera ähnliches zu versuchen. Mit dem offiziellen Status der „gesellschaftlichen Organisation" Kulturbund war auch die

Chance gegeben, von den Behörden Informationen über die reale Umweltsituation zu erhalten.

Bei der Kulturbund-Kreisleitung wurde das Anliegen, neben den auf einzelne naturwissenschaftliche Bereiche spezialisierten Fachgruppen (wie Ornithologen, Entomologen und Botaniker), eine offene Umweltgruppe zu gründen, zunächst mit Begeisterung aufgenommen. Man erhoffte sich eine Erhöhung der Mitglieder-Zahlen und auch die Neugründung einer „Fachgruppe“ brachte sicher Pluspunkte für die dortigen Funktionäre. Die Bezeichnung „Arbeitskreis“ wurde uns allerdings nicht erlaubt, beim Geraer Kulturbund gäbe es nur „Fachgruppen“ oder „Interessengemeinschaften“. Wir nannten unsere Gruppe dann „Interessengemeinschaft Umweltschutz“, bei der Stasi hieß sie auch „Gruppe Natur und Umwelt“.

In einer kleinen Gruppe begannen wir, Konzeptionen für unser Vorhaben zu diskutieren. Von Anfang an überlegten wir, wie wir mit der Diskrepanz zwischen wollen und dürfen umgehen können. Wir verständigten uns darüber, welche Pläne vorerst im engeren Kreis bleiben müssen und welche wir in der Öffentlichkeit und den Kulturbund-Funktionären vorstellen. Doch auch der engere Kreis war nicht frei von Stasi-Spitzeln. So finden sich aus der Gründungszeit unserer Kulturbund-Umweltgruppe folgende Informationen in einem Stasi-Bericht:

▶ Am 6.11.1986 wurde in Vorbereitung der Schaffung der Fachgruppe Natur und Umwelt im Kulturbund Gera-Stadt ein Treffen, an dem die Personen

BELEITES, Michael
GRASEMANN, Michael
THALMANN, Wolfgang

teilgenommen haben, durchgeführt. Während der Abstimmung zu den Inhalten der Arbeit der Fachgruppe äußerte B., daß er ein „heißes Eisen“ vorhabe, welches den Uranabbau und somit die Wismut betrifft. Er warf hierbei die Frage auf, wer Beziehungen zu Hauern und zu Personen aus der „Uranwäscherei“ in Seelingstädt habe, um über diese „Material“ zu beschaffen. Grasemann erklärte sich bereit, von der Halde (wahrscheinlich Ronneburg) uranhaltiges Gestein zu besorgen. Damit soll u.a. geprüft werden, ob die Schadstoffe gefiltert werden oder unbehandelt über die Wipse in die Weiße Elster gelangen.
... Anhand der entstehenden Schatten auf Röntgenplatten – Basis fotochemische Prüfung – soll der Nachweis der Schädigung der Umwelt erbracht werden, welche auch ohne Geigerzähler präzise Rückschlüsse auf die vorhandene Strahlendosis zulassen.

Nach Auskunft von Experten der SDAG Wismut ist diese Methode des Vorgehens geeignet, hinreichend genau Daten zu liefern, die konkrete Schlußfolgerungen zulassen. Die Wipse, auf die sich das Interesse der Personen richtet, ist ökologisch geschädigt.
Die OV-Person betonte in diesem Rahmen: „Wenn das alles, was wir besprechen und vorhaben, irgendwie bekannt wird, sind wir weg vom Fenster. Das ist wichtig für uns zu wissen. Es darf keiner außenstehenden Person bekannt werden, daß wir über die vorgenannte Problematik ‚Verarbeitung in Seelingstädt', Transportsicherheit, Filteranlagen und Abwässer Kenntnis erhalten wollen."
Ferner brachte er sinngemäß zum Ausdruck, daß er die „erarbeiteten" Feststellungsergebnisse weiterleiten/verbringen will, um somit die DDR in der Öffentlichkeit anzuklagen ...
Im Verlauf des Gespräches erklärte er, daß die legalen Möglichkeiten der Fachgruppe Natur und Umwelt des Kulturbundes zur Durchsetzung geplanter Ziele genutzt werden sollen, wie z.B. Erhalt von Druckgenehmigungen usw., welche sonst nicht erreichbar wären. Ferner äußerte er, daß die Wismut eine maßgebliche Rolle in der Umweltverschmutzung spielen würde ...
Durch den IMS „Eberhard" konnte innerhalb der Gruppe Natur herausgearbeitet werden, daß Beleites und Grasemann intensive persönliche Kontakte zu gleichgelagerten ÖKO-Gruppen in Leipzig, Halle und Erfurt unterhalten. Die Besonderheit ergibt sich aus dem Umstand, daß beide nicht über diese Kontakte in der Fachgruppe Natur und Umwelt sprechen bzw. eine Auswertung mit entsprechenden Schlußfolgerungen für die eigene Arbeit vornehmen.
(Aus der Zwischeneinschätzung zum OV „Entomologe" der KD Gera des MfS, vom 26. Januar 1987)

Über die weitere Arbeit der Umweltgruppe schrieb man im darauffolgenden Stasi-Bericht:

▶ Neben dem überörtlichen Wirken des Verdächtigten versuchte dieser im Zeitraum der letzten acht Monate die legalen Möglichkeiten des Kulturbundes in Gera-Stadt für seine Zwecke zu nutzen. Auf sein Betreiben konnte er als Verbindungsmann des Museums für Naturkunde Gera zur Gesellschaft für Natur und Umwelt im Kulturbund Gera erreichen, daß für die Durchführung praktischer Arbeiten eine Interessengemeinschaft für Natur und Umwelt der Gesellschaft für Natur und Umwelt gegründet wurde, deren Leitung der Verdächtigte übernahm. Innerhalb der Interessengemeinschaft versuchte der Verdächtigte, eine interne Gruppe zu bilden mit deren Hilfe er seine Ziele durchsetzen

wollte, während die Gesamtheit der Interessengemeinschaft als „Aushängeschild" dienen sollte. Der Verdächtigte beabsichtigte, die legalen Möglichkeiten des Kulturbundes zu nutzen, um Daten und Informationen, welche nicht veröffentlicht werden, zu erfassen. Insbesondere beabsichtigte er mit dem „internen Kern" die Angriffe auf den Industriezweig der SDAG Wismut zu richten, um Daten für Uran- und Radonkonzentrationen zu „erarbeiten", welche in die BRD verbracht werden sollten. Die bisherigen Ergebnisse der operativen Bearbeitung belegen, daß es dem Verdächtigten nicht gelang, seine Absichten zu realisieren. Die operative Bearbeitung bleibt auf die vorbeugende Verhinderung und beweismäßige Dokumentierung dieser Absichten ausgerichtet.
(Aus dem Eröffnungsbericht zum TOV „Entomologe" der KD Gera des MfS, vom 17. Juli 1987)

Zu Pfingsten 1987 sollte das zentrale Pfingsttreffen der FDJ als Freundschaftstreffen mit dem Komsomol der Sowjetunion in Gera stattfinden. Erich Honecker und Michail Gorbatschow waren dazu nach Gera eingeladen. Letztlich kam keiner von beiden, Honecker hat die Gera-Fahrt erst einen Tag vorher abgesagt. Zunächst sah jedenfalls alles so aus, als würde Pfingsten 1987 Gera im Mittelpunkt des internationalen Medieninteresses stehen. Ich dachte, dies wäre ein geeigneter Zeitpunkt, um das Thema ‚Uranbergbau und seine Folgen' wirkungsvoll in die öffentliche Diskussion zu bringen. So versuchte ich, eine vom Kulturbund veranstaltete umweltpolitische Podiumsdiskussion für den 4. Juni 1987 zu organisieren und bemühte mich sogar darum, diese Podiumsdiskussion im Veranstaltungsplan des FDJ-Pfingsttreffens unterzubringen. Der zuständige – etwa 50 Jahre alte – FDJ-Funktionär war anfangs interessiert, dann sehr abweisend. Die Stasi-Aktion „Junge Garde" hatte das Pfingsttreffen bereits im Vorfeld unter vollständiger Kontrolle. Aus dem Plan, das Thema Wismut-Folgen aus dem deutsch-sowjetischen Jugendtreffen heraus „platzen zu lassen", wurde nichts. Selbst die von mir offiziell vorgeschlagenen Themen waren der Stasi zu gefährlich. Von allen Seiten kamen plötzlich Verbote und Behinderungen. In der Stasi-Akte steht dazu:

▶ Am 10.04.1987 und fortlaufend wurde durch eingesetzte Quellen und Maßnahmen der Abt. 26 bekannt, daß B. mit der Organisierung der Veranstaltung des Kulturbundes des Weltumwelttages beauftragt worden war. Die Veranstaltung sollte am 04.06.1987 im Aktionszeitraum „Junge Garde" durchgeführt werden.
Nach Vorstellungen des B. sollte eine Art Podiumsgespräch durchgeführt werden. Als Referenten sollten ein Philosoph, ein Politiker (Ver-

treter der SED-Kreisleitung) und ein Ökologe/Landschaftsgestalter (Prof. Weitnitschke – Halle) auftreten. Als „Gegenspieler" im Rahmen der angestrebten Diskussionen waren durch B. die Personen Probst Falcke, Pfr. Schorlemmer und Pfr. Stauß angesprochen und als Teilnehmer vorgeschlagen worden.
Durch politisch-operative Einflußnahme wurde das Vorhaben abgelehnt und der Termin auf den 18.06.1987 verschoben.
B. wurde erneut die Möglichkeit gegeben, eine Konzeption für die Veranstaltung zu erarbeiten. Diese Konzeption entsprach im wesentlichen o.g. Absichten, wobei als Theologen Pfr. Stauß, Sup. Grosse (Saalfeld) und Dr. Gensichen – Wittenberg in Erscheinung treten sollten.
Als Themenkomplexe waren vorgesehen:
1. Ist für die Lösung der komplexen und ineinander vernetzten Probleme der Menschheit eine Synthese von Natur- und Gesellschaftswissenschaften notwendig? Wie könnte das konkret aussehen?
2. Welche Rolle spielt Mitteleuropa und die DDR bei der Lösung der globalen Probleme, wie Kriegsgefahr, Weltwirtschaftsordnung, Bevölkerungswachstum und ökologische Krise?
Neues Denken, auch in der Umweltpolitik?
3. Verantwortungsgemeinschaft von Volk, Wissenschaft und Politik
- Kriterien für verantwortungsbewußtes Handeln.
- Welche Informationen sind nötig, um die Folgen unseres Tuns rechtzeitig einschätzen zu können?
- Einbeziehung der Bevölkerung und der Wissenschaft in die Entscheidungsfindung einer ergebnisorientierten Politik?
Aus der Konzeption war desweiteren ersichtlich, daß er als Gesprächsleiter in Erscheinung treten wollte.
Durch operative Einflußnahme wurde die Konzeption ebenfalls verworfen.
Die Organisierung der Veranstaltung wurde durch den Sekretär des Kulturbundes übernommen.
Aufgrund der Durchführung der Landeskulturkonferenz wurde von der Veranstaltung am 18.06.1987 ganz Abstand genommen.
B. war darüber ungehalten. Es war erkennbar, daß er die Durchsetzung der Veranstaltung und seiner Konzeption unbedingt erreichen wollte. Dazu versuchte er den Kulturbund mit den Mitteilungen, daß die Referenten bereits eingeladen sind unter Druck zu setzen.
(Aus dem Bericht zum OV „Entomologe" der KD Gera des MfS, vom 6. Juli 1987)

Nach der gescheiterten Veranstaltung im Juni 1987 war mir klar geworden, daß eine Thematisierung der brisanten Umweltprobleme mit dem Kulturbund nicht zu erreichen ist. Ich gab meine Funktion als Vorsitzender der Interessengemeinschaft Umweltschutz des Geraer Kulturbundes ab und nahm an keiner der offiziellen Veranstaltungen mehr teil. Über den weiteren Werdegang dieser Gruppe schrieb die Stasi folgendes:

Durch operative Einflußnahme hat ein IM unserer DE die Leitung der Interessengemeinschaft übernommen, womit die Voraussetzungen zur Änderung der Ziel- und Aufgabenstellung sowie Zusammensetzung im Interesse unserer Gesellschaft geschaffen wurden.
(Aus dem Eröffnungsbericht zum TOV „Entomologe“ der KD Gera des MfS, vom 17. Juli 1987)

Nach dem Ausscheiden des Verdächtigten des TOV VI „Entomologe" und dem Übernehmen der Leitung der GNU durch den IMS „Eberhard" war ein stetiger Rückgang der Mitglieder zu verzeichnen.
(Aus dem Zwischenbericht zur OPK „Grün“ – über Jörg Gerisch – der KD Gera des MfS, vom 29. Februar 1988)

Obwohl die Gruppe Natur und Umwelt zersetzt ist und nicht mehr existiert, verfolgt die unter OPK stehende Person weiterhin eine solche Linie, die politische Linie und gesellschaftliche Normen zu unterlaufen.
(Auszug aus der „Einschätzung politisch-operativer Ergebnisse zu Vorkommnissen/Erscheinungen politischer Untergrundtätigkeit und Vorfeld“ – hier ebenfalls über Jörg Gerisch – der KD Gera des MfS, vom 19. Februar 1988)

Die Kulturbund-Umweltgruppe beim erlaubten Teil ihrer Arbeit: die Besichtigung und das Aufräumen vermüllter Landschaften im Naulitzer Grund und im Tinzer Park.

Uranbergbau in Sachsen und Thüringen: Halden und Schlammdeponien sind eine radioaktive Bedrohung für Luft und Grundwasser ganzer Regionen.

Charakteristisch für die Wismut: Stacheldraht und Landschaftszerstörung.

Das Zangenberger Uran-Seminar und ein abenteuerlicher Stasi-Bericht

Beim Kulturbund war eine Thematisierung der Uranbergbaufolgen allenfalls in Form eines öffentlichkeitswirksamen Eklats möglich, wenn überhaupt. Ein allmählicher und tiefgreifender Prozeß der Wahrheitsfindung wäre dort von vornherein verhindert worden. So entschloß ich mich Anfang 1987, die inhaltliche Auseinandersetzung mit der Uranbergbauproblematik im privaten oder kirchlichen Rahmen zu beginnen. Uns bekannt gewordene Fakten hätten wir ja dann gegebenenfalls über die Kulturbundebene – so zu Pfingsten 1987 – an die Öffentlichkeit bringen können. Da wir der Geraer evangelischen Kirche ein so „heißes Eisen" ebenfalls nicht zumuten konnten, fragte ich Jörg Franke, den Kreisjugendpfarrer des Kirchenkreises Zeitz, ob wir im Zangenberger Pfarrhaus ein Seminar über die Folgen des Uranbergbaus durchführen können. Er war einverstanden, und wir gingen gemeinsam daran, dieses Seminar vorzubereiten. Uns kam es zunächst vor allem darauf an, konkrete Informationen zu beschaffen und Zusammenhänge sichtbar zu machen. An die Öffentlichkeit wollten wir erst gehen, wenn wir genügend Informationen gesammelt und ausgewertet hatten. So haben wir zu dem Zangenberg-Seminar am 28. und 29. März 1987 nur einen kleinen Kreis von Fachleuten, Betroffenen (Wismut-Arbeiter und -Anwohner) sowie am Thema interessierten Freunden eingeladen, um die Fakten zur Uranbergbauproblematik sowohl von der theoretischen als auch von der praktischen Seite zusammenzutragen.
Die Stasi wußte nichts über das Thema des Seminars, doch die sich anbahnende Konzentration von „OV-Personen" war offenbar Grund genug, „Gefährliches" zu vermuten und die Einreise von westdeutschen Freunden zu verhindern. Die Wiesbadener Marion und Lothar Hahn sowie der Münchener Ernst Müller erhielten kein Visum und konnten nicht an dem Seminar teilnehmen. Bei der Stasi schrieb man dazu:

Wesentlich war der Verdächtigte an der Vorbereitung eines Treffens im Zeitraum vom 28.03. bis 29.03.1987 in Zangenberg (bei Zeitz) im Zusammenwirken mit dem Kreisjugendpfarrer

FRANKE, Jörg
wh.: 4901 Zangenberg, ...
erf. BV Halle, KD Zeitz, OV „Pädagoge"

beteiligt. In abgestimmten Vorgehen mit der KD Zeitz konnten die ER von mehreren BRD-Personen abgelehnt werden.

Lediglich der BRD-Bürger

GRAUPNER
wh.: 2300 Kiel 1, ...
Uni Kiel Student
erf. KD Gera

reiste zum Treffen an. Damit wurde eine Störung der inhaltlichen Gestaltung des Treffens erwirkt.
Insgesamt waren 17 Personen, wovon als Teilnehmer

FRANKE, Jörg	OV „Pädagoge" KD Zeitz, BV Halle
FIEGAS, Susanne	OPK „Rakete" KD Zeitz, BV Halle
HOFFMANN, Almut	erf. KD Zeitz
...	
PFLUGBEIL, Sebastian	Berlin
und	
BANITZ, Jörg	OV „Kreis", KD Zwickau, BV Karl-Marx-Stadt

personifiziert werden konnten, anwesend.
Nicht anreisen konnten

Dr. Krause, Joachim	OV – BV Karl-Marx-Stadt, Abt. XX
MATTHES, Christian	OV – BV Leipzig, Abt. XX

Zum Inhalt des Treffens konnten keine Informationen gewonnen werden, wobei es von operativer Bedeutsamkeit ist, daß mehrere der Anwesenden zur Arbeitsgruppe 7 des Seminars „Konkret für den Frieden V" gehören.
Im Zusammenhang mit der ER des Graupners konnte im Nachhinein über die Maßnahme der Abt. 26 am 06.05. und 19.06.1987 festgestellt werden, daß die Fiegas – abgestimmt mit dem Verdächtigten – Mineraluntersuchungen und Umrechnung der Werte auf der Basis von Unterlagen des G. durchgeführt hat.
Zur Zeit ist noch keine Aussage über die Art der „Analyse" möglich. Entsprechend operativer Maßnahmen zur Klärung sind eingeleitet.
(Aus dem Eröffnungsbericht zum TOV „Entomologe" der KD Gera des MfS, vom 17. Juli 1987)

Der Satz „Zum Inhalt des Treffens konnten keine Informationen gewonnen werden" zeigt, daß unter den von uns eingeladenen Teilnehmern kein Stasi-Informant war. Für derartige Treffen von mehr als zehn systemkritischen Leuten war es eine absolute Ausnahme, völlig „unter sich" zu sein! Wir hatten Andreas Graupner einige Proben zur Radioaktivitätsmessung an der Kieler Universität mitgegeben, doch Susanne Fiegas hat keine „Mineraluntersuchungen und Umrechnung der Werte auf der Basis von Unterlagen" durchgeführt. Dies war eine recht abenteuerliche Stasi-Hypothese. Im darauffolgenden Zwischenbericht wurde diese dann völlig ins Absurde gesteigert:

▶ Durch die KD Zeitz wurde am 28.07.87 und 03.08.87 bekannt, daß der

FRANKE, Jörg
Kreisjugendpfarrer
OV „Pädagoge", KD Zeitz

in Verbindung mit dem Verdächtigten sowie weiteren Bekannten seine ökologischen Erhebungen im Bereich der SDAG Wismut umsetzen will. Dazu sollen im Raum zwischen Kayna und Ronneburg durch „Leute", die sie im Industriezweig der SDAG Wismut hätten, mittels einer „illegalen Testmeßstrecke" die Radioaktivität der Wismut-LKW, welche den Abraum transportieren, gemessen werden und eine Prüfung der sich daraus ergebenden Belastungen für die Umwelt vorgenommen werden. Der Verdächtigte des OV „Pädagoge" möchte zur Erfassung von Daten auch an Halden der SDAG Wismut herangehen. Neben der Luft werden nach Angaben von „Pädagoge" auch Bodenproben untersucht. Im Herbst sollen diese Arbeiten intensiviert und forciert werden. Weitere Hinweise dazu wurden durch die KD Zeitz zur Aktivierung dieser Tätigkeit in den letzten drei Monaten nicht bekannt.
Am 09.07.87 traf sich die

FIEGAS, Susanne
Krankenschwester
OPK „Rakete", KD Zeitz

mit dem Verdächtigen in Gera. Die F. war durch „Pädagoge" beauftragt worden, sich mit der

HOFFMANN, Almut
Apothekenfacharbeiter
OPK „Hof", KD Zeitz

in Verbindung zu setzen, um deren „Ergebnisse" ebenfalls in Gera dem Verdächtigen zu übergeben ...
In der Operativinformation dcr KD Zcitz vom 15.07.87 wurde auf den

RÖHRBORN, Lutz
Leiter der Jungen Gemeinde Kayna
Evangelische Kirche Kayna, Krs. Zeitz
erfaßt KD Zeitz

verwiesen. Inoffiziell wurde zu R. bekannt, daß er eine politisch-negative Grundeinstellung zur DDR bezieht und eng mit dem Verdächtigen, „Pädagoge" und „Rakete" zusammenarbeitet ...
Nach Auffassung der KD Zeitz liegt es nahe, daß R. im Zusammenwirken mit o.g. Personen Mineralien und Erze von der SDAG Wismut besorgt, die von der „Rakete" untersucht werden, da er Beschäftigter der SDAG Wismut ist.
(Aus dem Zwischenbericht zum TOV „Entomologe" der KD Gera des MfS, vom 24. November 1987)

Nichts davon stimmte. Es gab keine Testmeßstrecke, keine Bodenproben, keine mir übergebenen Untersuchungsergebnisse und keine von Lutz Röhrborn besorgten und von Susanne Fiegas untersuchten Erze! Bei der Stasi-Kreisdienststelle in Zeitz wollte man offenbar das Defizit an Informationen mit Fantasie kompensieren. Die Zeitzer Freunde haben mir bei der Informationsbeschaffung für die Uranbergbau-Dokumentation tatsächlich mehr geholfen, als die Geraer Umweltgruppe – jedoch nicht in der von der Zeitzer Stasi angenommenen Weise.

Nach dem Zangenberger Seminar hatte ich mir vorgenommen, eine Zusammenfassung über dessen Ergebnisse zu schreiben. Schließlich überlegte ich, ob ich, ausgehend von den vorhandenen Fakten, eine umfangreichere Dokumentation zusammenstellen sollte. Sebastian Pflugbeil ermutigte mich dazu, und so begann ich mit der Ausarbeitung der Studie „Pechblende".

Unter Straftatverdacht: Vortrag vor der Ökumenischen Versammlung

Auf der 1. Vollversammlung der Ökumenischen Versammlung der DDR-Kirchen für Gerechtigkeit, Frieden und Bewahrung der Schöpfung sollten zu jedem dieser Themenbereiche drei Kurzvorträge als „Zeugnisse der Betroffenheit" gehalten werden. Ende 1987 wurde ich gefragt, ob ich am 13. Februar 1988 in Dresden einen solchen Vortrag halten würde. Ich sagte zu, denn es war nun an der Zeit, mit dem Uran-Thema an die Öffentlichkeit zu gehen, und ich glaubte, daß die inzwischen als Manuskript fertiggestellte Studie „Pechblende" bis dahin gedruckt sein würde und dort verteilt werden könnte.

Als ich am 13. Februar 1988 in Dresden vor der Ökumenischen Versammlung sprach, war die Uran-Studie jedoch immer noch nicht gedruckt. Es war noch nicht einmal geklärt, wer die Herausgeberschaft und den Druck übernehmen wird. So geriet ich in eine Situation, die ich eigentlich vermeiden wollte: Die erste öffentliche Thematisierung des Uranbergbauproblems in der DDR konnte – wegen der zeitlichen Begrenzung auf zehn Minuten – nicht ausreichend fundiert und mit Fakten belegt werden. Zudem hätte die Stasi den Vortrag als Vorwand benutzen können, um die Studie „Pechblende" vor ihrer Vervielfältigung zu konfiszieren. Abgesehen von einem Nachdruck des Vortrags in der „Frankfurter Rundschau" gab es zum Glück kein größeres Presse-Echo im Westen, das möglicherweise die Herausgabe der Studie gefährdet hätte. Dies lag in erster Linie an der größeren politischen Bedeutung des Vortrags von Hans-Jürgen Fischbeck über „auferlegte Abgrenzungen". Doch innerhalb der Kirchen breitete sich die Nachricht über den Uran-Vortrag schnell aus, und viele wollten den Text zugeschickt bekommen und weitere Informationen zum Uranbergbau-Thema erhalten.

Hier das „Zeugnis der Betroffenheit" zum Uranbergbau in der DDR, vom 13. Februar 1988:

▶ Ökumenische Versammlung
für Gerechtigkeit, Frieden
und Bewahrung der Schöpfung
1. Vollversammlung
Dresden, 12. bis 15. Februar 1988

Zeugnis der Betroffenheit im Wortlaut
Michael Beleites: Uranbergbau in der DDR
Uranbergbau in der DDR – das ist nichts völlig Neues. Seit 1946 wird auf dem Gebiet der DDR durch die Sowjetische – und später durch die

Sowjetisch-Deutsche Aktiengesellschaft Wismut Uranerz abgebaut. Anfangs konzentrierte sich der Uranabbau im westlichen Erzgebirge, um Johanngeorgenstadt, Schwarzenberg, Aue und Schneeberg. Heute ist ein kleineres Abbaugebiet im Elbsandsteingebirge und ein weitaus größeres im Gebiet um Gera und Ronneburg.

Ich wohne seit über sechs Jahren in Gera. Ich bin nicht direkt von den Folgen des Uranbergbaus betroffen, aber ich bin davon betroffen, daß ein so großer Problembereich bisher völlig verschwiegen wurde. In Gera und Umgebung kursieren immer wieder zum Teil unglaubliche Gerüchte über „die Wismut", wie die Leute hier sagen. Andererseits sind genaue Informationen über den Uranbergbau und seine Auswirkungen auf Mensch und Natur offiziell kaum zu erfahren. Das waren für mich Gründe, mich mit dem Thema Uranbergbau intensiver auseinanderzusetzen.

Daß die Energiegewinnung aus der Uran-Kernspaltung, selbst bei einer völligen Sicherheit der Kernkraftwerke, keine „saubere" Energiequelle ist, wird klar, wenn wir uns die Folgen des Uranbergbaus näher betrachten. Die bergbaulichen Folgen auf die Landschaft sind nicht wesentlich anders, als die im Kohlebergbau. Auch dem Uranbergbau mußten ganze Ortschaften weichen. Die Dörfer Schmirchau, Gessen, Lichtenberg, Culmitzsch und Helmsdorf, sowie die Altstadt von Johanngeorgenstadt sind Beispiele dafür. Quadratkilometergroße Abfallerzhalden, Tagebaue und Schlammdeponien prägen heute das Landschaftsbild.

Die Auswirkungen auf Menschen und auf die natürliche Umwelt sind beim Uranbergbau von ganz anderer Qualität, als beim übrigen Bergbau. Uran ist radioaktiv. Das natürliche Uran kommt nur in Verbindung mit seinen radioaktiven Zerfallsprodukten vor. Das sind Thorium, Radium, Radon, Polonium und andere radioaktive Elemente. Das Gefahrenpotential des Uranbergbaus ergibt sich daraus, daß das Uran und seine radioaktiven Zerfallsprodukte aus der Tiefe der Erde an die Erdoberfläche befördert werden und bei den einzelnen Prozessen des Uranbergbaus zum Teil an die Umwelt abgegeben werden und somit in die ökologischen Kreisläufe gelangen. Die radioaktiven Belastungen in den betreffenden Gegenden sind Langzeitbelastungen, die für kaum vorstellbare Zeiträume bestehen bleiben. Das Uran-238 – das hier die entscheidende Rolle spielt – hat eine Halbwertzeit von 4,5 Milliarden Jahren!

Bei Zwickau und bei Seelingstädt, südlich von Gera, befinden sich riesige Schlammteiche, in denen die radioaktiven Abfallstoffe aus den Uranerz-Aufbereitungsbetrieben deponiert werden. Bei trockenem Wetter trocknet der Schlamm an der Oberfläche aus – es bildet sich feiner

Staub. Dieser radioaktive Staub – der alle Zerfallsprodukte des Urans und einen Teil des Urans selbst enthält – wird dann vom Wind verweht. Bei stärkerem Wind entstehen hier regelrechte Sandstürme. Besonders betroffen sind davon die Menschen in Oberrothenbach bei Zwickau. Sie wohnen direkt neben der Schlammdeponie des Aufbereitungsbetriebes Crossen. Einwohner erzählen, daß bei starkem Westwind ununterbrochen riesige Staubwolken durch das Dorf geweht werden, und daß der feine Staub durch alle Fensterritzen in die Häuser dringt.

Das gasförmige Radon, das jederzeit aus dem Uranerz und den Erzabfällen entweicht, ist unsichtbar. Es ist jedoch ein entscheidender Faktor bei der radioaktiven Belastung der Atemwege.

Es gibt keine ungefährliche radioaktive Strahlung. Jede Erhöhung der Strahlenbelastung – und sei sie noch so gering – führt zu einer entsprechenden Erhöhung der Krebsrate.

Ein erschreckend großer Teil der Uranbergarbeiter stirbt an Lungenkrebs. Die offiziellen Statistiken werden geheimgehalten, unter der Bevölkerung ist jedoch überall im Gebiet große Beunruhigung. Es sind nicht nur Bergleute, sondern auch andere Menschen, die im Umfeld des Uranbergbaus wohnen, betroffen. Einwohner erzählen von einer auffallenden Häufigkeit von Krebs, Leukämie, Impotenz bei Bergarbeitern, Haarausfall und ständiger Müdigkeit.

Es ist nicht gerechtfertigt, diese Ängste der Bevölkerung als übertrieben oder unbegründet einzustufen, denn es wird über die gleichen Erscheinungen berichtet, die auch in der internationalen Fachliteratur mit dem Uranbergbau in Verbindung gebracht werden.

Die Problematik Uranbergbau hat noch eine andere, vielleicht viel bedeutendere Ebene. Das Uran ist nicht nur Rohstoff für Kernkraftwerke, Uran ist auch die Grundlage für die Herstellung von Atomwaffen. Viele unserer Mitmenschen – auch Gemeindeglieder unserer Kirchen – sind im Uranbergbau an der Gewinnung des Materials für Atomwaffen beteiligt. Hier ist unsere Friedensverantwortung angefragt.

1983 hat der Ökumenische Rat der Kirchen in Vancouver in der Erklärung zu Frieden und Gerechtigkeit formuliert:

„Die Herstellung und Stationierung von Kernwaffen
sowie deren Einsatz sind ein Verbrechen gegen die Menschheit."

Weiterhin wird in dieser Erklärung dazu ermutigt, die Mitarbeit an Projekten, die mit Atomwaffen oder atomarer Kriegsführung zu tun haben, zu verweigern.

Wenn wir diesen Beschluß mit den Fragen aufgreifen, wo wird das bei uns konkret, und welche Konsequenzen hat das für uns, dann müssen wir nicht nur über die militärischen Strukturen und die Wehrdienstfrage

eine offene Diskussion führen, sondern z.B. auch über die Beteiligung am Uranbergbau.
Für die Existenz der Atomwaffen und die Risiken der Kernenergieerzeugung sind nicht nur die führenden Politiker der Atommächte verantwortlich, sondern die gesamte Gesellschaft – die an der Förderung und Verarbeitung des Urans beteiligten Menschen natürlich in besonderem Maße.
Der Uranbergbau verdeutlicht den Zusammenhang von Friedens- und Umweltproblematik. Das Beispiel Uranbergbau zeigt, daß wir in unserem Land ganz konkret am Zustandekommen der globalen Bedrohung beteiligt sind.

Über die Vorbereitungen und die Konsequenzen des Uran-Vortrags vor der Ökumenischen Versammlung in Dresden fanden sich folgende Dokumente in der Stasi-Akte:

▶ DRINGEND 11.02.88
MFS BERLIN
- HA ROEM 20/4, GEN. BOEHM

BV GERA
- ABTEILUNG ROEM 20/4
- AKG

UEBER
BV GERA
- STELLVERTR. LEITER DER BV
GEN. OBERST SEIDEL

OPERATIVINFORMATION
INOFFIZIELL WURDE UNSERER DE AM 29.01.88 RPT 290188 BEKANNT, DASZ DER VERDAECHTIGTE DER TOV ROEM 6 „ENTOMOLOGE" DES ZOV „KONFLIKT" DER HA ROEM 20/4

BELEITES, MICHAEL RPT BELEITES

DIE VERBINDUNG ZUM
- PROBST FALCKE RPT PROBST FALCKE
AUFGENOMMEN HAT ...
B. MOECHTE SICH MIT PROBST F. VOR „DER SACHE IN DRESDEN" ABSTIMMEN. DAS WIRD NACH ANGABEN VON PROBST F. KAUM

MOEGLICH SEIN, DA ER FUER 10 RPT 10 TAGE IN URLAUB FAEHRT UND ERST AM 12. RPT 12. IN DRESDEN SEIN WIRD. ER EMPFIEHLT B. SICH AUF ETWA 10 RPT 10 MINUTEN EINZUSTELLEN, DA ES AUSZER IHM NOCH NEUN BERICHTE SIND, WELCHE AM SAMSTAG-VORMITTAG (13.02. RPT 1302) GEHALTEN ODER VORGELEGT WERDEN.
B. GEHT ES IM WESENTLICHEN UM INHALTLICHE FRAGEN.
ER SIEHT HIER SCHWIERIGKEITEN, DA ER NICHT SO EIN BETROFFENER IST, WIE DIE ANDEREN NEUN.
PROBST F. VERWEIST DARAUF, DASZ DIE VERANTWORTUNG VON JEDEM SELBST UEBER DEN INHALT DES BERICHTES GETRAGEN WIRD, WELCHER HIEB UND STICHFEST SEIN MUSZ; JEDOCH NICHT REGLEMENTIERT WIRD. ES SOLLEN NICHT NUR FAKTEN DARGESTELLT WERDEN, SONDERN DIE BETROFFENHEIT MUSZ ERKENNBAR WERDEN. DIE FAKTEN ABER SO KONKRET ALS MOEGLICH MIT ORTSANGABEN USW.
B. GLAUBT, DASZ ER ES IN DIESER RICHTUNG FORMULIEREN KANN.
AUSGEHEND VON DEN DATEN WIRD B. OFFENSICHTLICH EBENSO WIE PROBST FALCKE, AN DER „VOLKSVERSAMMLUNG DER OEKUMENE IM RAHMEN DES KONSILIAREN PROZESSES“, BEGINNEND AM 12.02.88 RPT 120288 IN DRESDEN, TEILNEHMEN UND DORT EINEN BERICHT GEBEN, DESSEN INHALTLICHE FRAGEN BISHER NICHT BEKANNT SIND ...

AN DIE HA ROEM 20/4 UND BV GERA, ABTEILUNG ROEM 20/4, ERFOLGTE ZUR VOLLVERSAMMLUNG IN DRESDEN, UND DER DAMIT ZU ERWARTENDEN AKTIVITAETEN VON B. EINE TELEFONISCHE VORINFORMATION.

BV GERA/ KD GERA
CFS 163 (DR) DER KD
MARKGRAF/P.

(Fernschreiben der KD Gera des MfS, vom 11. Februar 1988)

▶ Tatsächlich trat der Verdächtigte mit dem Diskussionsbeitrag

„Uranbergbau in der DDR"

am 13.02.1988 in der Dresdner Kreuzkirche in Anwesenheit zugelassener BRD-Journalisten in Erscheinung. Der Diskussionsbeitrag entstand auf der Basis seiner „Forschungsarbeit" über den Industriezweig SDAG Wismut. Der Beitrag stand den Besuchern/Teilnehmer der „Veranstaltung" als Abzug zur Verfügung.
Im Ergebnis wurden in der BRD Auszüge aus dem Diskussionsbeitrag am 16.02.1988 in einer Sendung des SFB ausgestrahlt und der gesamte Beitrag am 29.02.1988 in der „Frankfurter Rundschau" veröffentlicht.
Auf Grund der staatlichen Zulassung der BRD-Journalisten bei dieser Veranstaltung kann gegen den Verdächtigten der § 219 StGB nicht herangezogen werden.
Der Inhalt des Diskussionsbeitrages weist bestimmte Analogien zur ausgestrahlten „Kontraste"-Sendung des ARD im November 1987 über den Uranabbau in der DDR auf, besonders was die aufgeführten Krankheitserscheinungen und Ursachen der Todesfälle unter den Beschäftigten des Industriezweiges und der im Einzugsgebiet der Wismut lebenden Bevölkerung betrifft.
Der Diskussionsbeitrag ist aus der Sicht des Verdächtigten die folgerichtige Fortsetzung seiner „Forschungsarbeit" und der damit verbundenen Informationserschließung ...
Zum Inhalt des Diskussionsbeitrages „Uranbergbau" in der DDR wurde in Abstimmung mit der BV Karl-Marx-Stadt, Abt. Wismut, die Erarbeitung eines Sachverständigengutachtens veranlaßt, welches am 18.04.1988 zur Verfügung stand.
Im Ergebnis gelangte der Gutachter (Hauptstrahlenschutzbeauftragter der SDAG Wismut) zur Wertung, daß wichtige Faktoren, insbesondere der zeitlichen Differenz von Ursache und Wirkung, negiert werden, was letztendlich zu Verdrehungen und falscher Darstellung dieser Zusammenhänge führt. Die vom Autor getroffenen Aussagen sind zum anderen als teilweise unwahr einzuordnen. Der Gutachter geht von der Tatsache aus, daß die Darlegungen nur eine Zielrichtung haben, Unruhe und Unsicherheit in den vom Autor bezeichneten Gegenden und darüber hinaus zu erzeugen.
Die von der Abt. IX der BV Gera getroffene Einschätzung bezeichnet das bisher vorliegende Material – (Diskussionsbeitrag, Auszug aus der SFB-Sendung, Veröffentlichung der „Frankfurter Rundschau", Kurzdarstellung des operativen Sachverhaltes) – als nicht ausreichend für eine

strafrechtliche Bewertung der Handlungen des Verdächtigten des TOV VI „Entomologe".
Auf den gehaltenen Diskussionsbeitrag des Verdächtigten konnten umfangreiche Reaktionen festgestellt und herausgearbeitet werden. In der Regel bezeichnen sich die Interessenten als vom Diskussionsbeitrag erfaßte Betroffene, identifizieren sich mit seinen Ausführungen, nehmen Bezug auf die „Kontraste"-Sendung des ARD und verweisen auf die gewachsene Sensibilität unter den Beschäftigten des Industriezweiges und der Anwohner des entsprechenden Einzugsgebietes.
Neben der Anforderung weiteren Materials wird er oft als „Experte" für Gesprächs- und Diskussionsrunden, einschließlich der kirchlichen Gemeinden, eingeladen ...
Gegenüber dem Pflugbeil äußerte der Verdächtigte am 11.05.1988, daß durch den „Auftritt" in Dresden eine Lawine auf ihn zukommt und alle von ihm Informationen dazu haben wollen bzw. er zu Vorträgen eingeladen wird.
Daher geht es ihm vor allem darum, daß er „damit" bis Pfingsten 88 fertig wird.
(Aus dem Zwischenbericht zum TOV „Entomologe" der KD Gera des MfS, vom 5. Juli 1988)

Uran-Video und westliche Medienmentalität

Einige Monate vor der Ökumenischen Versammlung in Dresden hatte ich schon einmal große Befürchtungen, daß die öffentliche Thematisierung der Uranbergbauproblematik vor dem Erscheinen meiner Studie deren Fertigstellung gefährden könnte. In diesem Fall lernte ich die „Eigendynamik" der westlichen Medien kennen, die auf meine Bedenken keine Rücksicht nahmen.

Von Angehörigen der Berliner Zions-Umweltgruppe hatte ich mir im Sommer 1987 eine Videokamera geliehen, um eine Video-Dokumentation über die Umweltgefahren in den DDR-Uranbergbaugebieten herzustellen. Zusammen mit Jörg Franke filmte ich heimlich, zum Teil mit versteckter Kamera, in der unmittelbaren Umgebung der Wismut-Betriebe. Die Filmarbeiten waren ziemlich aufregend, denn wir wußten, daß die Wismut-Betriebe von der wismut-eigenen Polizei und von der Stasi bewacht wurden und man das Filmen von Uranbergbauanlagen der SDAG Wismut sicher als Spionage auslegen könnte.

Bei der Rückgabe der Kamera und des Videobandes an die Berliner sagte ich, daß ich auch eine Verwendung von Teilen dieses Films im westlichen Fernsehen für sinnvoll halten würde, allerdings erst nach der Veröffentlichung der „Pechblende". Die Westdeutschen wollten jedoch die Ersten sein. Einige Wochen später erfuhr ich, daß das Video zum SFB nach West-Berlin gegeben worden war und am 29. September 1987 in der Sendung „Kontraste“ gezeigt werden sollte. Darin sah ich damals eine Gefahr, weil auf dem Video genau die Anlagen und Landschaftsausschnitte aufgezeichnet waren, die ich auch im Manuskript der Studie „Pechblende“ detailliert beschrieben hatte. Wenn diese Filmausschnitte vor der Veröffentlichung der Studie gesendet worden wären, hätte bei einer möglichen Beschlagnahme meines Manuskripts der Urheber der Videos festgestellt werden können. Vielleicht war ich etwas zu ängstlich, aber man mußte damals mit allem rechnen. Schließlich erreichte ich – unter Ausschluß des Post- und Telefonweges –, daß der Beitrag aus der Sendung vom 29. September wieder herausgenommen wurde, doch den Uran-Film-Beitrag am 4. November 1987 konnte ich nicht auch verhindern. Dazu habe ich aber nur jene Aufnahmen „freigegeben“, die auch jeder Ortsunkundige machen konnte, meist Bilder, die wir von der Landstraße aus gefilmt hatten. Als Informationen schrieb ich nur die allgemein bekannten Tatsachen über Uran, Radioaktivität und Schneeberger Lungenkrankheit auf. Das brachte wiederum die SFB-Mitarbeiter dazu, noch jemanden mit Fotoapparat ins Erzgebirge zu schicken, der einige Dias von Uranerzhalden machte und Bilder von Menschen mit Haarausfall mitbrachte. Dann fand man noch einen ehemaligen Wismut-Kumpel in West-Berlin, der ein Interview gab.

Am 4. November 1987 wurde durch die „Kontraste“-Sendung der ARD die Öffentlichkeit zum Thema Uranbergbau in der DDR sensibilisiert – jedoch mit einem oberflächlichen, fachlich angreifbaren Bericht. Die auf Schnelligkeit ausgerichtete westliche Medienmentalität und meine Zurückhaltung bei der Informationsweitergabe verhinderten damals eine sachliche und konkrete Faktendarstellung.

Zum Glück hat die Geraer Stasi von der Herkunft des Videos nichts erfahren, wenn man auch einmal sehr nahe „dran“ war:

Die Angriffe des Verdächtigen des TOV VI auf bzw. gegen den Industriezweig der SDAG Wismut sind im engen Zusammenhang mit der Information der HA XX/1 vom 29.10.87 zu sehen, wobei deren operative Bedeutsamkeit hervorgehoben wird.
Der HA XX/1 wurde inoffiziell durch eine zuverlässige Quelle bekannt, daß im Rahmen einer internen Zusammenkunft von Organisatoren und Mitgliedern des alternativen Arbeitskreises „Ärzte für den Frieden – Berlin“ am 08.10.87 der
PFLUGBEIL, Sebastian
Diplom-Physiker
erfaßt HA XX/1

über die geplante Veröffentlichung eines Materials zu Aspekten und Problemen der Uranverwertung und des Uranabbaus in der DDR informierte. Hierbei handelt es sich um eine 52 Seiten umfassende Ausarbeitung eines Biologen aus Gera, welcher zur Zeit nicht berufstätig ist und bis vor drei Monaten in einem Museum in Gera beschäftigt war.
Durch Recherchen konnte der Verdächtige des TOV als der Biologe aus Gera ermittelt werden.
Pf. ersuchte die Mitglieder o.g. Arbeitskreises um Zustimmung zur Veröffentlichung des Materials, was jedoch nicht erfolgte, da keine Kenntnisse über konkrete inhaltliche Fragen vorlagen. Pf. verwies darauf, daß Zeitdruck bestünde, da die geplante Vervielfältigung und deren Verbreitung mit ihrer Wirkung auf die Öffentlichkeit/Bevölkerung im engen Zusammenhang mit einem im November im BRD-Fernsehen zur Ausstrahlung gelangenden Beitrag in der Sendereihe „Kontraste" stehe. Dieser Beitrag soll sich ebenfalls mit Fragen und Problemen der Urangewinnung/-verwertung befassen.
Dieser Beitrag wurde im ARD am 04.11.87 tatsächlich ausgestrahlt. Operativ interessant ist die Tatsache, woher Pf. bereits am 08.10.87 Kenntnisse über die Ausstrahlung dieser Sendung hatte, da zu diesem Zeitpunkt noch keine Hinweise über die geplante Sendung in der Öffentlichkeit bekannt waren bzw. in den Kommunikationsmitteln der BRD veröffentlicht wurden.
(Aus dem Zwischenbericht zum TOV „Entomologe" der KD Gera des MfS, vom 24. November 1987)

Der Druck eines „nichtgenehmigten Durckerzeugnisses“ war fast mit einem ebensolchen Aufwand verbunden, wie die Informationsbeschaffung zu einem Tabu-Thema. Bis zur Fertigstellung des Manuskripts im Oktober 1987 hatte ich mir nicht vorstellen können, welche organisatorischen und technischen Probleme sich einer schnellen Vervielfältigung der Uran-Studie noch entgegenstellten. Erst im Frühjahr 1988 kam es dazu, daß der kirchliche Arbeitskreis „Ärzte für den Frieden“ in Berlin und das Kirchliche Forschungsheim Wittenberg gemeinsam die Herausgeberschaft für die „Pechblende“ übernahmen. Doch damit waren die technischen Fragen noch nicht geklärt. Der Berliner Ärztekreis hatte kein Vervielfältigungsgerät, die Wittenberger Wachsmatrizen-Druckmaschine war kaputt und der Bund der evangelischen Kirchen in Berlin wollte sich nicht als „Dienstleistungsbetrieb“ für andere kirchliche Einrichtungen sehen. Schließlich wurden die mit Graphiken versehenen Seiten vom evangelischen Jungmännerwerk in Magdeburg im Offset-Verfahren gedruckt und die übrigen Seiten mit einer Wachsmatrizenmaschine in Berlin.

Ohne staatliche Genehmigung durfte in der DDR nichts gedruckt werden, und die Möglichkeiten, selbständig Texte zu vervielfältigen, waren auf das Äußerste beschränkt. Kopierer oder Kopierläden gab es nicht, Wachsmatrizen und Druckerschwärze nur in extrem schlechter Qualität und Klammern für mehr als 15 Blatt waren ebenfalls nicht erhältlich. In dieser Situation haben uns Mitglieder der westdeutschen IPPNW geholfen, indem sie dem Ost-Berliner Ärztekreis westliche Wachsmatrizen und Druckerschwärze schenkten.

Ende Mai 1988 habe ich dann eine Woche lang im Keller der Berliner Samariter-Gemeinde an einer alten, mit Handkurbel zu betreibenden Wachsmatrizen-Druckmaschine gestanden und die ca. 50 000 Seiten gedruckt. Im Anschluß daran haben wir bei Pflugbeils in der Wohnung die Hefte gelegt und geklammert. Als wir in Berlin die ersten fertiggestellten Hefte an Kirchenleitungsmitglieder verteilten, hat uns die Stasi bis zu den jeweiligen Haustüren verfolgt. Hans-Jürgen Röder sorgte für die Verbreitung der Studie im Westen. Nach seiner epd-Meldung wurde die „Pechblende“ bald zu einem größeren Thema in der westlichen Presse.

Am 2. Juni bin ich mit etwa 100 Heften von Berlin nach Trebnitz und Gera gefahren. Von Berlin, Wittenberg und Gera aus begannen wir dann mit der Verteilung der Uran-Studie.

Michael Beleites

Pechblende

Der Uranbergbau in der DDR und seine Folgen

Herausgegeben vom

Kirchlichen Forschungsheim Wittenberg

und dem

Arbeitskreis
"Ärzte für den Frieden - Berlin"
beim Landespfarrer für Krankenseelsorge der Evangelischen Kirche Berlin - Brandenburg

Titel und ...

▶ Geleitworte der Herausgeber

Inhaltsverzeichnis der Studie „Pechblende“.

Nach dem Erscheinen der „Pechblende“ schrieb man bei der Stasi die folgenden Meldungen, Bewertungen und Pläne für Gegenmaßnahmen:

▶ Bezirksverwaltung für Staatssicherheit Abteilung VIII/1 — Gera 17.6.1988 mu-zi

Beleites, Michael geb. 30.9.1964, Halle
Gera, Georg-Büchner-Str. 1
„Entomologe“ — 103/87

2.6. - 5.6.88 10.6.1988

Beobachtungsorte: Zeitz,...

Donnerstag, 2.6.1988 von 18.00 Uhr - 23.30 Uhr
20.35 Uhr fuhr der D-Zug Städteschnellverkehr Berlin – Gera auf dem Bahnsteig 6 des Bahnhofes Zeitz ein. „Entomologe“ verließ den Waggon Nr. 10. Als Beiwerk trug er einen blauen Campingsack bei sich. Die Tragweise, Körperhaltung und Fülle des Campingsackes ließ erkennen, daß größere und schwere Gegenstände sich darin befanden.
Beim Verlassen des Bahnsteiges wurde „Entomologe“ von einer Beobachtergruppe der HA VIII/12 übergeben. Diese unterstützte im weiteren Verlauf der operativen Beobachtung.
In der Bahnhofshalle orientierte er sich an dem Aushang der Zug-Abfahrtszeiten. Anschließend begab er sich in die dort befindliche Telefonzelle. Nach ca. 1 Minute suchte „Entomologe“ den Raum für Gepäckschließfächer auf. Hier öffnete er den Campingsack und entnahm einen weißen Stoffumhängebeutel. Danach verstaute er seinen Campingsack im Gepäckschließfach Nr. B 61.
20.45 Uhr verließ er mit dem genannten Stoffbeutel den Bahnhof. Er ging über die Fußgängerbrücke und setzte seinen Weg entlang der Weißen Elster in Richtung Karl-Marx-Brücke fort. Auf diesem Weg blieb er mehrmals stehen und schaute zurück. Da zu diesem Zeitpunkt kein Passantenverkehr herrschte, wurde „Entomologe“ nicht unmittelbar gefolgt. An der Karl-Marx-Brücke geriet „Entomologe“
20.50 Uhr außer Kontrolle. Vor diesem Zeitpunkt wurde das Gepäckschließfach abgesichert.
21.40 Uhr wurde „Entomologe“ beim Betreten des Bahnhofes wieder festgestellt. Er entnahm aus dem Gepäckschließfach seinen Campingsack und verstaute in diesem seinen weißen Stoffumhängebeutel. Anschließend erwarb er eine Fahrkarte am Fahrkartenschalter. Auf

dem Bahnsteig 4 stieg er in den P-Zug Zeitz – Teuchern ein. Dieser fuhr *21.45 Uhr* ab.
22.04 Uhr stieg er auf dem Bahnhof Luckenau aus dem Zug. Auf dem Bahnhofsvorplatz stand ein Pkw ...
22.06 Uhr fuhr das Fahrzeug in Richtung Trebnitz ab. Da zu diesem Zeitpunkt kein Beobachterfahrzeug vorhanden war, konnte die fahrende Beobachtung nicht aufgenommen werden.
In Absprache mit dem Auftraggeber wurde die operative Beobachtung *23.30 Uhr* unterbrochen.
(Aus einem Bericht der Abteilung VIII/1 der BV Gera des MfS, vom 17. Juni 1988)

▶ 7.6.88 15.30Uhr

DRINGEND
BV GERA
- 1. STELLVERTRETER DES LEITER DER BV
- ABTEILUNG ROEM 20
- AKG

OPERATIVINFORMATION

DURCH DEN IMS „EBERHARD" UNSERER DE WURDE AM HEUTIGEN TAG EIN EXEMPLAR DES PHAMPHLETS
„PECHBLENDE
DER URANBERGBAU IN DER DDR
UND SEINE FOLGEN"

HERAUSGEGEBEN VOM
KIRCHLICHEN FORSCHUNGSHEIM WITTENBERG
UND DEM ARBEITSKREIS
„AERZTE FUER DEN FRIEDEN – BERLIN"
BEIM LANDESPFARRER FUER KRANKENSEELSORGE
DER EVANGELISCHEN KIRCHE BERLIN-BRANDENBURG

VERFASSER: BELEITES, MICHAEL – TOV ROEM 6 „ENTOMOLOGE" KD GERA

BEIM TREFF AUSGEHAENDIGT
AM 06.06.88 RPT 060688 SUCHTE DER VERDAECHTIGTE „ENTOMOLOGE" IN DEN MITTAGSSTUNDEN DEN IM UNSERER DE IN DESSEN WOHNUNG AUF UND UEBERGAB DIESEM DAS O.G. EXEMPLAR ZUR

EINSICHT UND DESSEN INHALTLICHEN WERTUNG. DER VERDAECHTIGTE UND DER IM WIRKTEN IN DEN JAHREN V 1986 BIS 1987 RPT 1986/87 GEMEINSAM [IN] ... DER GRUPPE NATUR UND UMWELT DER GESELLSCHAFT FUER NATUR UND UMWELT DES KULTURBUNDES GERA-STADT.
BEI DER UEBERGABE DES PHAMPHLETS BRACHTE „ENTOMOLOGE" ZUM AUSDRUCK, DASZ DIESES „WERK" BEREITS VERVIELFAELTIGT WURDE MIT UNTERSTUETZUNG DES FORSCHUNGSHEIMES WITTENBERG UND NUR WENIGE VERTRAUENSPERSONEN EIN EXEMPLAR BESITZEN ...
„ENTOMOLOGE" FORDERTE DEN IM AUF GGW NIEMANDEN UEBER DIE EXISTENZ UND INHALT DIESES PHAMPHLETS ZU INFORMIEREN UND STELLTE GLEICHZEITIG FUER „WIRKLICH ZUVERLAESSIGE" PERSONEN WEITERE EXEMPLARE ZUR UEBERGABE AN DEN IM IN AUSSICHT ...
„ENTOMOLOGE" BRACHTE WEITERHIN ZUM AUSDRUCK IN FORTSETZUNG ZUM INHALT DES PHAMPHLETS WEITERE ERHEBUNGEN ZUM INDUSTRIEZWEIG SDAG WISMUT ANZUSTELLEN.
ER BAT DEN IM UM VERMITTLUNG EINES ZUVERLÄSSIGEN, AUSSAGEFAEHIGEN UND GEEIGNETEN BESCHAEFTIGTEN DER SDAG WISMUT – BEREICH GEOLOGIE/LABOR – ZUR REALISIERUNG SEINES VORHABENS.
„ENTOMOLOGIE" HAT AUS DER GEMEINSAMEN „UMWELTARBEIT" IN GERA KENNTNIS DAVON, DASZ DER IM KONTAKTE ZU BESCHAEFTIGTEN DER SDAG WISMUT HAT BZW. HATTE.
DAS EXEMPLAR DES PHAMPHLETS WIRD KOPIERT UND NACHGEREICHT.
BV GERA/ KD GERA
CFS 138 DER KD
MARKGRAF/WLASAK

(Fernschreiben der KD Gera des MfS, vom 7. Juni 1988)

▶ Im Ergebnis der eingeleiteten operativen Maßnahmen konnten bereits im November 1987 Aktivitäten/Handlungen des Verdächtigten zur Erarbeitung des Pamphlets

„Pechblende",
„Der Uranbergbau in der DDR und seine Folgen"
Autor: Beleites, Michael
Herausgegeben vom
Kirchlichen Forschungsheim Wittenberg
und dem Arbeitskreis „Ärzte für den Frieden – Berlin"

beim Landespfarrer für Krankenseelsorge der Evangelischen Kirche Berlin-Brandenburg

festgestellt werden, welches vor der Kontrastesendung im ARD über den Uranbergbau der DDR zur Verfügung stehen sollte, um nachhaltig die Wirkung der ausgestrahlten Sendung zu untermauern und große Teile der Bevölkerung zur Auslösung von Reaktionen zu erreichen.
Zu diesem Zeitpunkt verwendete sich der
PFLUGBEIL, Sebastian
für die Aktivierung des Pamphlets vor dem Arbeitskreis „Ärzte für den Frieden – Berlin", die jedoch ohne Kenntnis und Wertung der inhaltlichen Aussagen die Veröffentlichung nicht unterstützten ...
Die Veröffentlichung o.g. Pamphlets verzögerte sich auf Grund des Gesundheitszustandes erheblich. Deshalb waren, insbesondere in den Monaten März, April und Mai 1988 – vor allem auf Grund der Nachfragen wegen dem Diskussionsbeitrag in Dresden – fieberhafte Aktivitäten/Handlungen durch den Verdächtigten ...
zur Fertigstellung und Verteilung der „Pechblende" zu verzeichnen. Im Ergebnis der operativen Maßnahmen im Rahmen der Bearbeitung des
PFLUGBEIL, Sebastian
OV „Reaktor"
durch die HA XX/1 konnte die Fertigstellung der ca. 1 000 Exemplare der „Pechblende" und die Verbringung eines Teiles durch den Verdächtigten nach Trebnitz zum Wohnsitz seiner Eltern am 02.06.1988 festgestellt werden.
Gleichzeitig wurde durch die HA XX/1 ein Exemplar der „Pechblende" sichergestellt und zur inhaltlichen Wertung an die HA XVIII/5 und zur strafrechtlichen Einschätzung der HA IX/2 übergeben.
Auf die Ergebnisse der Wertung/Einschätzung wird in der strafrechtlichen Einschätzung zum TOV VI eingegangen.
Durch die HA XX/1 wurde veranlaßt, daß ein Vertreter des Staatssekretariats für Kirchenfragen den
PFLUGBEIL, Sebastian
aufsuchte. Daraufhin setzte sich Pf. mit dem Verdächtigten am 03.06.1988 in Verbindung und informierte ihn davon, daß das „Staatssekretariat für Kirchenfragen" und der „Magistrat" sich rühren und sich auch an Pfarrer Gensigen gewandt haben. Man habe die Befürchtungen ausgesprochen, daß zum Weltumwelttag (05.06.1988) mit dem Papier irgendwelche „Sachen" gemacht werden, zumal Hinweise vorliegen, wonach westliche Journalisten „in den Startlöchern" liegen und damit der DDR schaden könnten. Auf Grund dessen habe man über den „Verteilungsmodus" verhandelt.

Verteilg.

Beide einigen sich, daß die Verteilung
- erst ab Mittwoch (08.06.1988) beginnt;
- die Exemplare nicht postalisch versandt und
- nur an kirchliche Mitarbeiter zur Verwendung bei gleichzeitiger Kennzeichnung als Dienstexemplare ausgegeben werden.

Durch eingeleitete politisch-operative Maßnahmen konnte inoffiziell nachgewiesen werden, daß sich beide nicht an diese Vereinbarung gehalten haben.

Folgende Verteilung konnte bisher festgestellt werden:
- Nach Angaben der HA XX/1 verteilte Pflugbeil zum Kirchentag Erfurt für 5,- M je Exemplar das Pamphlet in Höhe der gewünschten Anzahl.
- Durch die KD Zeitz konnte herausgearbeitet werden, daß im Verlauf der „offenen Abende" am 16.06.1988 in Zeitz der Pfarrer
FRANKE, Jörg
OV „Pädagoge"
die anwesenden Personen informierte, daß die Broschüre „Uranbergbau in der DDR" jetzt fertig gestellt und in Wittenberg gedruckt worden sei. Sie wäre vom Beleites, Michael und anderen geschrieben worden und werde 5,- Mark je Exemplar kosten...
- Durch Pfarrer Franke Exemplare (unbekannte Anzahl) ins Kirchliche Forschungsheim Wittenberg (da Fertigstellung in Berlin erfolgte) gebracht wurden.
- Eine Verteilung – unbekannte Anzahl – durch Matthes, Christian in Dresden am 17.06.1988 durchgeführt wurde. Dazu holte M. einige Exemplare bei Pflugbeil in Berlin ab.
- Ebenfalls stellte der Verdächtigte (?) Exemplare dem
KRAUSE, Joachim
erf.: BV Karl-Marx-Stadt,
Abteilung XX
am 16.06.1988 zur Verfügung und beabsichtigte über Zwickau zur weiteren Verteilung zu fahren.
- Fünf Exemplare an IM (zwei KD Gera, eins Abt. XVIII, BV Gera) durch den Verdächtigten.

Neben der bisher bekannten Verteilung muß davon ausgegangen werden, daß sich weitere Interessenten an den Verdächtigten zum Erhalt eines Exemplares wenden, da
- im Pamphlet die Kontaktadresse des Verdächtigten angegeben ist;
- im Brief Nr. 17 (ca. 800 bis 1 000 Exemplare) des Kirchlichen Forschungsheimes Wittenberg zur Orientierung im Konflikt Mensch-Erde das Pamphlet als Neuerscheinung angeboten und – in der „Arche-Info I/88" – grün – ökologisches Netzwerk in der Evangelischen Kirche Ber-

lin-Brandenburg – der Diskussionsbeitrag vom Februar 1988 in Dresden in Abstimmung mit dem

JORDAN, Carlo
erf.: BV Berlin
veröffentlicht wurde.
Im Gegensatz dazu forderte der Verdächtigte am 06.06.1988 den IMS „Eberhard" – KD Gera – nach der Aushändigung eines Exemplares auf, gegenwärtig niemand über die Existenz und den Inhalt der „Pechblende" zu informieren ...

Politisch-strafrechtliche und operative Wertung:
Im wesentlichen bleibt zum Verdächtigten die im Zwischenbericht vom 24.11.1987 vorgenommene politisch-strafrechtliche Wertung zur Persönlichkeit bestehen.
Der Verdächtigte verstand es wiederum bei all seinen Handlungen und Aktivitäten unter der strafrechtlichen Relevanz zu bleiben.
Zum Pamphlet der „Pechblende" wurde am 02. Juni 1988 durch die HA IX/2 eine rechtliche Stellungnahme erarbeitet, die nachstehende Wertung trifft.
Der Inhalt der Schrift ist der in einem „Geleitwort der Herausgeber" hervorgehobenen Zielstellung untergeordnet, aufzuzeigen, daß insbesondere auch unter Beachtung der mit dem Uranerzabbau in der DDR auftretenden Probleme ein Verzicht auf die Anwendung der Kernenergie in der DDR und damit auch die Einstellung der Tätigkeit der SDAG Wismut notwendig sei.
Dabei bedient sich der Verfasser sowohl emotional unterlegter Darstellungen über Gefahren und Folgen für Mensch und Umwelt in den Abbaugebieten, als auch der Anwendung populärwissenschaftlicher Abhandlungen unter Verwendung von Zitaten und Datenmaterial aus Veröffentlichungen im NSW.
Durch die Art der Darstellung dieser Problematik ist es in der Gesamtheit möglich, beim Leser Zweifel an der Richtigkeit der Umweltschutzpolitik der DDR zu erzeugen.
Der politisch-operativ relevante Charakter der Schrift ergibt sich insbesondere aus ihrer Zielstellung, eine einseitig orientierte, mit den staatlichen Interessen kollidierende Umweltschutzdiskussion auszulösen. (Um auf diese Weise verbunden mit Eingaben durch die Bevölkerung die Zielstellung zu erzwingen.)
Es sind jedoch keine Texte oder Formulierungen enthalten, die objektiv geeignet sind, die gesellschaftlichen Verhältnisse in der DDR zu diskriminieren bzw. die staatliche oder gesellschaftliche Ordnung verächtlich

zu machen. Daher ist diese Schrift objektiv nicht geeignet, strafrechtliche Verantwortlichkeit der Verfasser bzw. Herausgeber wegen staatsfeindlicher Hetze gemäß § 106, Absatz 1, Ziff. 2 oder öffentlicher Herabwürdigung gemäß § 220, Abs. 2 StGB zu begründen.
Die Schrift ist jedoch entsprechend ihres Charakters bei ihrer Verbreitung zur Auslösung von Unruhe, Angstzuständen und unkontrollierbaren Reaktionen unter der Bevölkerung, insbesondere in den Abbaugebieten in der DDR, geeignet.
Damit bildet sie ihrer Zweckbestimmung nach eine dauernde erhebliche Gefahr für die öffentliche Ordnung und Sicherheit, so daß eine Einziehung, wenn sie in den Besitz der DVP gelangt, auf der Grundlage des § 13, Abs. 2 und 4 des Gesetzes über Aufgaben und Befugnisse der DVP möglich ist.
Ferner kann ein OSV durch die Abt. Kultur eingeleitet und die Schrift eingezogen werden, da ein Verstoß gegen die §§ 8 oder 9 der Anordnung über das Genehmigungsverfahren für die Herstellung von Druck- und Vervielfältigungserzeugnisse vorliegt.
Bei der Schrift handelt es sich um ein Vervielfältigungserzeugnis gemäß § 1 der Anordnung für dessen Herstellung die Einholung einer staatlichen Genehmigung gesetzlich vorliegt, welche nicht eingeholt wurde.

Durch die HA XVIII/5 wurde über den Vizepräsidenten des Staatlichen Amtes für Atomsicherheit und Strahlenschutz (SAAS), Dr. Scheel am 03.06.1988 eine Einschätzung zum Material „Pechblende" erarbeitet.
Demnach stützt sich das Material auf wissenschaftliche Publikationen von unterschiedlichem Wert (einige sind der „grünen" Richtung der BRD zuzuordnen), auf Gespräche mit Bewohnern der betroffenen Gebiete und vor allem auf Vermutungen.
Letzteres ist zweifellos darauf zurückzuführen, daß zu allen entscheidenden Fragen keine sich auf die Bedingungen in der DDR beziehende Informationen zur Verfügung standen.
Der Verfasser war bemüht, dem Papier den Charakter von Wissenschaftlichkeit und Objektivität zu geben. Viele Angaben, insbesondere zur Geschichte sowie zu naturwissenschaftlichen Grundlagen und technischen Prozessen, sind korrekt. Auch die geographischen Informationen dürften stimmen.
Nicht gelungen ist das in den Abschnitten, die sich mit biologischen Wirkungen und den sozialen Aspekten befassen, wobei Absicht nicht ausgeschlossen werden kann, da der Autor hier spekulativ und tendenziös wird.
Im Material sind keine Zahlen und Daten mit geheimzuhaltenen Cha-

rakter enthalten, so daß eine strafrechtliche Relevanz nicht begründet ist.
Die gesamte Darstellung ist im Zusammenhang mit der bereits Ende 1987 geführten Hetzkampagne gegen die SDAG Wismut in den BRD-Medien zu sehen.
Die Einschätzung des IMS „Schubert" der BV Gera, Abt. XVIII, deckt sich im wesentlichen in der Wertung mit o.g. Aussagen. Er bewertet den Inhalt der Broschüre
- als eine bewußte verzerrte Zusammenstellung von Wahrheiten, Halbwahrheiten, Annahmen und Verleumdungen, die in dieser Art nicht zu akzeptieren sind,
- die suggestiv-emotionale Wirkung der Aussagen ist als außerordentlich hoch einzuschätzen. Eine Publikation unter der Bevölkerung kann/wird entsprechend außerordentlich hohen psychisch-moralischen Schaden anrichten, was die eigentliche Gefährdung des Materials begründet,
- als billiges, oberflächliches, kirchliches, Propagandamaterial, wobei die Selbstdarstellung der kirchlichen Organisationen als edel, human, umweltschützend, lebenserhaltend, zukunftsweisend usw. erfolgt. Somit erscheint die Kirche als der wahre Interessenvertreter des Volkes im Kampf gegen Atomenergie und Uranbergbau in der DDR,
- aus gegnerischer Sicht als hervorragend geeignet, eine feindliche Polemik gegen die DDR auf umweltpolitischer Basis zu entfachen, um damit die angebliche menschen- und umweltfeindliche Politik eines sozialistischen Staates zu dokumentieren.
Der entstandene Schaden ist damit weniger auf „geheimdienstlicher" Ebene zu suchen, als vielmehr auf politisch-ideologischem, bewußtseinsmäßigem Gebiet.
Die Broschüre ist aus Sicht des IM grundsätzlich als schädigend mit hoher politischer Brisanz einzuschätzen.
Der IM führt weiter an, daß er den Autor der Broschüre persönlich kennt und ihn als einen potentiellen Gegner unseres Staates betrachtet, der unter dem Deckmantel der Kirche und der Umweltproblematik sein „eigenes Süppchen" kocht.
Der IM schließt daher die Möglichkeit der Mitwirkung eines großen Kollektivs sach- und fachkundiger „Mitarbeiter" nicht aus, wobei der Verdächtigte möglicherweise die „Strohmannfunktion" ausübt.

Trotz des jugendlichen Alters ist sich der Verdächtigte über seine Handlungen/Aktivitäten bewußt, läßt sich in Abstimmung mit kirchlichen Amtsträgern sowie Gleichgesinnten beraten, versucht gezielt Institutionen (Wasserwirtschaft, Abt. Umweltschutz – Rat der Stadt Gera

usw.) und Einzelpersonen abzuschöpfen und auszunutzen sowie zu Initiativen in seinem Sinne zu veranlassen.
In der Vergangenheit und gegenwärtig läßt er sich nicht beirren, „behindern", von seinen Zielstellungen abzugehen und hält hartnäckig, auch im Bewußtsein gegen bestehende Gesetze/Rechtsnormen zu verstoßen, fest. Seine subjektive Haltung wird ebenfalls daran sichtbar, daß er sich nicht an erteilte Auflagen durch die DVP hält.
Ausgehend von diesen Kenntnissen wurde, trotz objektiv gegebener rechtlicher Möglichkeit, von der Einleitung eines Ordnungsstrafverfahrens abgesehen, um seine Profilierung als „Führungspersönlichkeit" und/oder als „Experte" für Wismutangelegenheiten und damit verbundener Erhöhung seiner Autorität zu verhindern bzw. zu begünstigen.
Diese Auftretens- und Verhaltensweisen des Verdächtigten, verbunden mit der Verwirklichung/Realisierung seiner persönlichen Pläne und Absichten sind in der Zielstellung bei operativer Bearbeitung unbedingt zu beachten und die politisch-operativen Maßnahmen darauf auszurichten.
Zielstellungen der operativen Bearbeitung:
Entsprechend der vorliegenden operativen Ergebnisse der Bearbeitung des Verdächtigten des TOV VI „Entomologe" des ZOV „Konflikt" der HA XX/4 kann eingeschätzt werden, daß sich die weitere gezielte Bearbeitung auf der Basis der Konzeption des ZOV und des präzisierten Operativplanes in Abstimmung mit anderen DE erforderlich macht.
Die bisherigen ausgewiesenen Zielstellungen bleiben bestehen und werden erweitert auf
- die Verhinderung des Aufbaus des Verdächtigten mit oder ohne evangelische Landeskirche als „Experte in Wismutangelegenheiten" bei gleichzeitiger Entlarvung seiner Person als „Scharlatan";
- der Herbeiführung der Trennung der Aktivitäten/Initiativen/Auftreten und Verhalten des Verdächtigten von der Kirche mit dem Ziel alle Handlungen seiner „Persönlichkeit" anzulasten, um damit den Konflikt mit der Kirche zu vermeiden;
- die Profilierung als „Führungspersönlichkeit" auf dem Gebiet des Umweltschutzes/Umweltpolitik zu verhindern, damit seine „Ausstrahlung" und Wirkungsmöglichkeiten wesentlich zu beschränken sowie flexibel eine Disziplinierung, Zersetzung und Verunsicherung zu gewährleisten;
- Schaffung der dazu notwendigen tatsächlichen Werte/Daten auf dem Gebiet des Umweltschutzes/Umweltbelastungen und ihre Wirkungen auf den Industriezweig SDAG Wismut in Abstimmung über die HA XX/4 mit der BV Karl-Marx-Stadt, Abt. Wismut, und der BV Gera, Abt. XVIII mit der Zielstellung des Erhaltes von Kenngrößen für die eigene objek-

tive Argumentation und zur Einleitung der Maßnahmen zur Abstellung erkannter Mißstände im Industriezweig SDAG Wismut auf diesem Gebiet.

Leiter der Kreisdienststelle — Referatsleiter
Erhardt — Wlasak
Oberst — Major
P.
Hauptmann

(Aus dem Zwischenbericht zum TOV „Entomologe“ der KD Gera des MfS, vom 5. Juli 1988)

Die 1. Sekretäre der SED-Kreisleitungen Gera-Stadt und Gera-Land, Wolfgang Heiland und Roland Tschirpe, erhielten am 8. August 1988 die unten wiedergegebene „Parteiinformation“ der Geraer MfS-Kreisdienststelle über westliche Pressereaktionen. Diese bezogen sich jedoch fast alle gleichzeitig auf die ARD-Sendung vom 4. November 1987.

M I N I S T E R I U M F Ü R S T A A T S S I C H E R H E I T
Kreisdienstelle Gera — Gera 08.08.88
Leiter
Streng vertraulich!
Um Rückgabe wird gebeten!

INFORMATION — 006952
über
Reaktionen westlicher Medien auf das Machwerk
„Pechblende – der Uranbergbau in der DDR und seine Folgen“
Unserer Diensteinheit liegen Informationen vor, wonach vom Kirchlichen Forschungsheim Wittenberg und dem beim Landespfarrer für Krankenseelsorge der Evangelischen Kirche Berlin-Brandenburg etablierten Arbeitskreis „Ärzte für den Frieden-Berlin“ eine Broschüre mit dem Titel „Pechblende – der Uranbergbau in der DDR und seine Folgen“ herausgegeben wurde. Autor dieser nur für den innerkirchlichen Dienstgebrauch ausgeschriebenen und im Raum Gera bisher in mehr als 100 Exemplaren unter kirchlichen Kräften verteilten Schrift ist der

BELEITES, Michael
geb. am: 30.09.1964
wohnh.: 6500 Gera, Georg-Büchner-Str. 1
ehemaliger Präparator im Naturkundemuseum Gera.

Zu BELEITES ist bekannt, daß er gemeinsam mit dem Pfarrer der Evangelisch-Lutherischen Domkirchgemeinde Zwickau, Dr. KÄBISCH, im Zusammenhang mit dessen Eingabe bezüglich des Auffindens von totem Wildgeflügel im Territorium der Industriellen Absatzanlage Helmsdorf des Aufbereitungsbetriebes 101 Crossen der SDAG Wismut, in Erscheinung trat. Weiterhin ist er der Autor eines in der BRD-Zeitung „Frankfurter Rundschau" erschienenen Artikels, der sich mit dem Uranbergbau in der DDR beschäftigt.
Die von BELEITES verfaßte Broschüre enthält relativ detaillierte Aussagen über
- die Grobstruktur der Betriebe und die Infrastruktur des Gebietes Wismut;
- allgemeine technische Abläufe der Gewinnungs- und Aufbereitungsverfahren von Uran;
- die von der Urangewinnung sowie der Beseitigung der Produktionsrückstände ausgehenden gesundheitlichen Gefährdungen der Beschäftigten der SDAG Wismut und der Anwohner an Produktionseinrichtungen sowie die Entstehung von Umweltschäden.
Im weiteren werden die Strahlenschutzbestimmungen der DDR und die Entscheidung zur Nutzung von Kernenergie angegriffen, in dem, ausgehend von den Festlegungen der Strahlenschutzverordnung der DDR, Gesetzblatt I, Nr. 30, 1984, unterstellt wird, daß somit „zusätzliche Krebs-Todesfälle und Mißbildungen ‚wissenschaftlich vertretbar' werden, und daß Einzelpersonen festlegen, wieviel zusätzliche Krebstote und Mißbildungen ‚für die Gesellschaft annehmbar' sind."
Darüber hinaus erhebt der Verfasser in seinen Schlußfolgerungen provokatorisch die Forderungen,
- den Uranbergbau in der DDR in den nächsten Jahren einzustellen;
- die Bevölkerung genau über alle Gefahren im Zusammenhang mit der Urangewinnung und deren Folgen zu informieren.
In Verbindung damit diffamiert er die Forderungen nach hoher Effektivität und Qualität der Arbeit der Werktätigen der SDAG Wismut und argumentiert in bewußt falscher Auslegung entsprechender Aufrufe, daß durch hohe Effektivität in der Uranproduktion der Friedenspolitik der Sowjetunion Schaden zugefügt wird.
Quellen, die der Autor für dieses Machwerk nutzte, sind offensichtlich visuelle Recherchen an Wismuteinrichtungen, das Studium internationaler Fachliteratur und Übertragung der Erkenntnisse mittels Analogieschluß auf die Bedingungen der SDAG Wismut sowie Abschöpfungsgespräche mit Arbeitern aus den Betrieben der SDAG Wismut, mit Fachkadern aus dem medizinischen Bereich sowie mit Anwohnern der Wismut-Betriebe.

Verstärkt seit Juli 1988 ist zu verzeichnen, daß westliche Presseorgane, bezugnehmend auf das genannte Machwerk, Artikel mit unhaltbaren und verleumderischen Inhalt über angebliche Gesundheitsgefährdungen in den Bergbaugebieten der SDAG Wismut veröffentlichen.
Dabei handelt es sich u.a. um folgende Presseorgane, die derartige beleidigende und diffamierende Meldungen in Umlauf bringen:
- „Pechblende – Mehr Geld, aber auch mehr Krebs“
  (Evangelischer Pressedienst „epd“ vom 16.06.88)
- „In Uranabbaugebieten der DDR häufen sich die Krebstodesfälle“
  („Frankfurter Rundschau“ vom 09.07.1988)
- „Studie der Kirche über tödliche Folgen des Uranabbaus in der DDR“
  („Der Tagesspiegel“ vom 16.07.1988)
- „Urlaub, Schnaps – und Perücken für die Frauen“
  („BZ“ vom 16.07.1988)
- „Der real existierende Strahlentod“
  („Süddeutsche Zeitung“ vom 16.07.1988)
- „Unruhe in der DDR über Uran-Erkrankungen“
  („Berliner Morgenpost“ vom 16.07.1988)
- „DDR – Atomstaub: Menschen fielen die Haare aus“
  („Bild am Sonntag“ vom 17.07.1988)
- „Uranbergbau in der DDR – Krankheiten häufen sich“
  („Volksblatt Berlin“ vom 16.07.1988)
- „Uranabbau beunruhigt DDR-Bürger“
  („Nürnberger Nachrichten“ vom 18.07.1988).

In diesen Presseveröffentlichungen kommt zum Ausdruck, daß in den Uranabbaugebieten der DDR angeblich überdurchschnittlich hohe Krebstodesfälle bei Erwachsenen, Leukämie bei jungen Menschen, Hodenkrebs bei jungen Männern sowie Lungenkrebs und Haarausfall bei Bergarbeitern auftreten.
Weitere Formulierungen in diesen Artikeln gipfeln in Aussagen wie z.B.
- Unbeschreibliches Leid, das die Menschen dort zu tragen haben, weil sie allmählich zugrunde gehen.
- Erhöhte Beunruhigung unter der Bevölkerung in den betroffenen Gebieten, der von offizieller Seite mit Verharmlosung begegnet wird.
- Streng geheimgehaltene Angaben in den Wismut-Krankenhäusern zu den Gesundheitsgefährdungen, wie z.B. Fehlgeburten und angeborene geistige und körperliche Behinderung bei Kindern von Bergarbeitern.
- Erkrankte, so z.B. junge Frauen und Mädchen, erhalten Vitaminspritzen und von Staat kostenlos Perücken bei Haarausfall.
Dazu werden Auszüge aus dem genannten Machwerk des kirchlichen Forschungsheimes Wittenberg wiedergegeben.

Auch westliche Rundfunksender strahlen in ihren Sendungen Beiträge aus diesem Machwerk aus, so

- „Gesundheitliche Schäden durch Uranerzabbau in der DDR" (WDR vom 21.07.1988, 12.30 Uhr)
- „Beitrag über den Uranabbau in der DDR" (Deutschlandfunk vom 25.07.1988)
- „Radio Glasnost – außer Kontrolle" (Radio 100 vom 25.07.1988)

Wie bisher festgestellt werden konnte, spielt der angeführte Sachverhalt im Diskussionsgeschehen unter den Angehörigen der SDAG Wismut bisher keine wesentliche Rolle.

Unter dem Gesichtspunkt, daß viele Wismutangehörige Einwohner des Stadt- und Landkreises Gera sind, bitten wir um Kenntnisnahme, da nicht auszuschließen ist, daß sich das Diskussions- und Reaktionsgeschehen unter der Bevölkerung des Territorims infolge des Wirkens der westlichen Massenmedien verstärken und evtl. zu Unruheerscheinungen führen kann. Unsererseits werden zu dem Verfasser BELEITES rechtliche Disziplinierungsmaßnahmen vorbereitet.

Der 1. Sekretär der Gebietsleitung Wismut der SED wurde über den Sachverhalt ebenfalls informiert.

i.V.
Markgraf
Major

Bevor, ausgehend von den zitierten „Zielstellungen der operativen Bearbeitung", die „Disziplinierung, Zersetzung und Verunsicherung" gegen mich organisiert wurde, sind über die Abteilung Wismutangelegenheiten des Rates des Bezirkes von weiteren Institutionen Stellungnahmen und Gutachten zur „Pechblende" angefordert worden. Damit haben im Juli und August 1988 mindestens sechs staatliche Stellen halboffiziell auf die Studie reagiert:

- Argumentation des Zentralinstituts für Krebsforschung der AdW der DDR, Bereich Nationales Krebsregister und Krebsstatistik Berlin, vom 20. Juli 1988 (14 Seiten)
- Epidemiologische Analyse strahlenbedingter Erkrankungen, zusammengestellt vom Gesundheitswesen Wismut – Gebietsarzt – in Abstimmung mit dem Minister für Gesundheitswesen, Karl-Marx-Stadt, 27. Juli 1988
- Zur Strahlenschutzsituation in den Südbezirken der DDR – Informationsmaterial für die örtlichen Staatsorgane – Herausgegeben vom Staatlichen Amt für Atomsicherheit und Strahlenschutz der DDR im Juli 1988 (27 Seiten)
- Zu wasserwirtschaftlichen Verhältnissen der Betriebe der SDAG

Wismut im Thüringer Raum, Bericht der Oberflußmeisterei Gera, vom 29. August 1988 (5 Seiten)

- Informationen und Bemerkungen zur Ausarbeitung „Pechblende" von Michael Beleites, die behauptete Gesundheitsschädigung von Bergarbeitern und Bevölkerung betreffend, Bezirkshygieneinspektion und - institut Gera, vom 31. August 1988 (5 Seiten)
- Stellungnahme zum Bericht „Pechblende", abgegeben vom Ärztlichen Direktor des Bezirkskrankenhauses Gera, MR Prof. Dr. Kinzl (7 Seiten)

Diese Reaktionen bezogen sich zum Teil indirekt und zum Teil direkt auf die „Pechblende". In den konkreteren Stellungnahmen hat man die Grundaussagen der Studie für unwissenschaftlich und gefährlich erklärt. Dies lag wohl daran, daß die kritischen Aussagen zur DDR-Umweltpolitik und zur Wismut opportunistisch eingestellten „Sachverständigen" gar keinen Raum ließen, die Studie sachlich zu beurteilen, ohne sich selbst verdächtig zu machen. Außerdem hätte eine Bestätigung vorhandener Gefahren die Tätigkeit der zuständigen Kontrollbehörden, d.h. ihrer eigenen Institutionen, als unzureichend bloßgestellt. Einige der Stellungnahmen waren dann auch von vornherein mehr politisch als fachlich angelegt. Die Stasi ließ sich nicht informieren oder beraten, sondern nur ihre vorgefaßte Meinung bestätigen und „beweisen". Und die staatlichen „Gutachter" hielten sich an die Spielregeln – sonst hätten sie wohl auch nicht auf den entsprechenden Posten gesessen.

Der Hauptangriffspunkt waren meine Aussagen über die uranbergbaubedingten Gesundheitsgefährdungen. Die Aufzählung von Krankheitsbildern, die mit dem Uranbergbau in Zusammenhang stehen könnten, entsprach natürlich nicht einer wissenschaftlichen Herangehensweise. Mir kam es darauf an, auch ohne das Vorhandensein präziser Forschungsergebnisse, auf das Problem aufmerksam zu machen. Ich hatte geschrieben, daß die unter der Bevölkerung der betroffenen Gegenden vorhandenen Besorgnisse über ein offenbar überdurchschnittlich häufiges Auftreten bestimmter Krankheiten ernst genommen werden müssen, weil es sich dabei um Krankheitsbilder handelt, die auf eine erhöhte Strahlenbelastung zurückgeführt werden können.

Diese Krankheiten habe ich genannt und dazu entsprechende Hinweise aus der Fachliteratur zitiert, die ihr gehäuftes Auftreten mit erhöhten radioaktiven Belastungen durch Uran und seine radioaktiven Zerfallsprodukte in Verbindung brachten. Eine erhöhte Strahlenbelastung in den Uranbergbaugebieten konnte ich plausibel erklären, und ein ursächlicher Zusammenhang zwischen Strahlenbelastung und Krebs- und Mißbildungshäufigkeit – unabhängig von Grenzwerten – ist wissenschaftlich anerkannt. Mir wurde daraufhin vorgehalten, ich hätte unwahre epidemiologische Behauptungen aufgestellt. Diese versuchte man zu widerlegen und erklärte, es wäre in der DDR alles ausreichend untersucht; die Unbedenklichkeit des Uranbergbaus sei wissenschaftlich bewiesen.

Obwohl die „Sachverständigen“ – zumindest die Vertreter des Nationalen Krebsregisters – wußten, daß die DDR-Gesundheitsstatistiken wegen der zu groben Rasterung (ganze Kreise oder gar Bezirke), dem Zusammenspiel von sehr langen Latenzzeiten mit einer großen Bevölkerungsmigration sowie fehlender Daten des Wismut-Gesundheitswesens, für epidemiologische Bewertungen des uranbergbaubedingten Gesundheitsrisikos völlig unbrauchbar sind, wurden diese immer wieder als „Beweis“ für die absolute Ungefährlichkeit des Uranbergbaus zitiert. Damit haben die staatlichen „Experten“ nicht nur ihre eigene Wissenschaft auf den Kopf gestellt, sondern auch die Stasi fehlinformiert. Sie haben bewußt existierende Gefahren verleugnet, um der Stasi eine „wissenschaftliche“ Legitimation für ihr Vorgehen gegen den Unruhestifter in die Hand zu geben.

Hier einige Auszüge aus solchen „Gutachten“:

Auf medizinisch-hygienischem Gebiet wird vom Autor Beleites durch Vermischen von Fakten, Halbwahrheiten, Spekulationen, Falschdarstellungen und unbewiesenen Behauptungen ein verzerrtes, emotional düster gezeichnetes Bild dargestellt, das von der Realität weit entfernt ist, aber den Laien durch die pseudowissenschaftliche Darstellungsweise sicher beeindruckt. Fehlende Sachkenntnis wird durch Polemik ersetzt. Oberflächlicher und fachlich mehr oder minder falscher Umgang mit den medizinisch-biologischen Fakten und Aspekten weisen auf die Inkompetenz des Autors hin ...

Daß im Gegensatz zu den Behauptungen von Beleites keine Erhöhung der spezifischen Fallzahlen für die „uranbergbautypischen" Krankheiten bei den im Uranbergbau Beschäftigten und der Bevölkerung im angrenzenden Gebiet feststellbar ist, ergibt sich hauptsächlich aus dem Krebsatlas der DDR und dem vom Institut für medizinische Statistik und Datenverarbeitung des Ministeriums für Gesundheitswesen herausgegebenen Jahresbericht „Das Gesundheitswesen der DDR 1987". Nachfolgend die wesentlichen Zahlen:

1986 an bösartigen Neubildungen (Krebserkrankungen) Verstorbene:

DDR-Ø	134,4 je 10 000 Personen
Bez. Gera	128,9 „ „ „

Erkrankungen an Bronchial- u. Lungenkrebs je 100 000 männl. Personen:

DDR-Ø	1972	83,1	1984	77,2

Bezirk Gera	1984	75,0
„ KMSt	„	82,2
„ Schwerin	„	85,4
„ Frankfurt	„	85,5
„ Potsdam	„	91,8 ...

Die epidemiologische Analyse ergibt keine durch Uranbergbau verursachte Erhöhung der Erkrankungshäufigkeit, alle lokalen Werte liegen innerhalb des gesamtstaatlichen Streuungsbereiches. Die höchsten Werte liegen vor allem in der Mitte und im Norden der DDR ...
In Auswertung aller verfügbaren Daten wird seitens des SAAS ärztlich festgestellt: Bei Einhaltung der geltenden Strahlenschutzgrenzwerte, die unter umfassender und strenger Kontrolle steht, ist eine Krankheitsentwicklung, wie von Beleites behauptet, extrem unwahrscheinlich und angesichts der hohen Spontanrate bösartiger Neubildungen in der Durchschnittsbevölkerung statistisch nicht nachweisbar. Schäden des Erbgutes und des keimenden Lebens sind bei einer Strahlenbelastung durch Uran und seine Zerfallsprodukte nicht festzustellen.
(Aus der Stellungnahme der Bezirkshygieneinspektion Gera, vom 31. August 1988)

Die vorliegende Arbeit über Umweltschäden durch den Uranbergbau ist eine in vielen Fragen in sich widersprüchliche Darstellung eines auf den ersten Blick umfangreichen Faktenmaterials. Das Material besticht scheinbar bei einer ersten Sichtung durch eine straffe Gliederung, viele naturwissenschaftliche Details und internationale Literaturangaben. Durch ein vertiefendes Studium treten jedoch eine ganze Reihe Widersprüche, tendenziöse Aussagen und zweideutige Schlußfolgerungen hervor, die es näher zu untersuchen gilt. Durch die Untersuchung einzelner Punkte möchte ich schwerpunktmäßig auf Widersprüche und Unklarheiten in dieser Arbeit aufmerksam machen. Damit stelle ich das vorgelegte Material insgesamt in Frage und bin der Auffassung, daß es in dieser Form zur Irritation und politisch falschen Einordnung durch mögliche Leser oder Zuhörer beiträgt und nicht einer sachlichen Klärung anstehender Probleme dient. Damit negiere ich nicht eine Vielzahl von naturwissenschaftlichen Fakten, die in diesem Material enthalten sind.

1. Berechtigte politische Forderungen wie die Abschaffung der Atomwaffen bis zum Jahr 2000, die Verhinderung des Untergangs der menschlichen Zivilisation in einem atomaren Inferno usw. sind durchaus berechtigte Forderungen, die hier vertreten werden. Nur werden sie in falsche Zusammenhänge gebracht und politisch zum Teil falsch dargestellt. So kann die Forderung nach Einstellung des Uranbergbaus nicht in Übereinstimmung mit einer entsprechenden kirchlichen Feststellung als humanitärer Akt vertreten werden bzw. der derzeitige Uranabbau als Akt der Unmenschlichkeit deklariert werden (der Autor der Arbeit bezieht ja diese Feststellung auf die SDAG Wismut).
Des Autors Feststellung, daß die Deutschen mit dem 2. Weltkrieg viel Leid über die Völker der Sowjetunion gebracht haben, ist eine wichtige Aussage. Nur bringt er dazu unpassende Vergleiche und Gegenüberstellungen. So fehlt z.B. völlig, daß der Sowjetunion der Wettlauf um die Atombombe durch die USA aufgezwungen wurde, daß die Sowjetunion seit vier Jahrzehnten um die Abschaffung der Atomwaffen ringt, daß unsere Verantwortung in der Verhinderung eines nuklearen Weltkrieges durch die Sicherung des militär-strategischen Gleichgewichtes begründet ist, daß in den sozialistischen Ländern Friedenspolitik Staatspolitik ist usw ...
2. Die Verordnung über die Gewährleistung von Atomsicherheit und Strahlenschutz vom 11. Oktober 1984, die dazu bestehende Anlage mit Begriffsbestimmungen, die Durchführungsbestimmung zu genannter Verordnung sowie die hierzu geltenden Anlagen 1, 2 und 3 werden durch den Autor bis auf ein im Text in Klammer gesetztes pauschales Zitat nicht genannt, nicht ausgewertet und nicht dargestellt. Damit vergibt sich der Autor die Chance, auf die strengen Strahlenschutzbestimmungen der DDR einzugehen und den eigentlich positiven Nachweis für die Sicherung der Belange des Umweltschutzes und des Strahlenschutzes in der DDR zu führen. Ich muß also unterstellen, daß der Autor dieser Arbeit diese gesetzlichen Bestimmungen der DDR nicht kennt oder nicht kennen will oder für seine Arbeit nicht verwenden will ...
3. Die in dem vorliegenden Material durch den Autor aufgeworfenen Probleme der Gesundheitsschädigung sind – isoliert betrachtet und jedes Problem für sich genommen unter bestimmten Voraussetzungen Fakt, können jedoch nicht in diesem Gesamtzusammenhang betrachtet werden. Ich möchte nicht jeder einzelnen Aussage eine andere Interpretation entgegenstellen, sondern aus der vom Ministerium für Gesundheitswesen / Institut für medizinische Statistik und Datenverarbeitung herausgegebenen Jahresstatistik (Das Gesundheitswesen der DDR 1987) Fakten anführen, die nicht bewiesene Darstellungen aus dem vorliegenden Material widerlegen ...

- Je 100 000 der männlichen Bevölkerung erkrankten 1972 an Bronchial- und Lungenkrebs in der DDR 83,1, 1984 – 77,2 (Seite 84). Ebenfalls gerechnet auf 100 000 der männlichen Bevölkerung für das Jahr 1984 waren es an den gleichen Erkrankungen im Bezirk Gera 75,0 und in Karl-Marx-Stadt 82,2, jedoch im Bezirk Schwerin 85,4, Frankfurt 85,5 und im Bezirk Potsdam 91,8 (Seite 85).
- Auf Grund dieser eindeutigen Fakten erspare ich mir Vergleiche auch zu anderen in dem vorliegenden Material angeführten Problemen.
Schlußfolgerungen zu 3.:
Die durch den Autor in der Arbeit dargestellten medizinischen Probleme sind oberflächlich, aus Mutmaßungen abgeleitet und insgesamt tendenziös. Sie halten einer Prüfung nicht stand. Das schließt selbstverständlich Einzelfälle von Werktätigen bestimmter Berufsgruppen, Tätigkeiten usw. nicht aus. Jedoch ist eine auf den statistischen Durchschnitt der Bevölkerung übertragbare zunehmende Erkrankungshäufigkeit durch zunehmendes Umwelt- oder Strahlenrisiko nicht zutreffend.
(Aus der Stellungnahme des Ärztlichen Direktors des Bezirkskrankenhauses Gera, Prof. Dr. Kinzl)

Damit hatte die Stasi auch noch eine wissenschaftliche Begründung für ihre politischen Verdächtigungen. Die „Disziplinierung, Zersetzung und Verunsicherung“ konnte beginnen:

Ende August 1988 erhielt ich eine Bestellung zur Abteilung Arbeit und Löhne beim Rat des Bezirkes Gera. Als ich am 2. September dort erschien, sagte die Leiterin dieser Abteilung, Frau Exner, es müsse mein Arbeitsrechtsverhältnis überprüft werden. Ich sagte ihr, daß ich freiberuflich als Präparator arbeite. Frau Exner konnte keinen rechtlichen Angriffspunkt finden, doch sie war bemüht, mich „in den normalen sozialistischen Arbeitsprozeß zurückzuführen“.

Bei diesem Gespräch protokollierte Herr Karl-Heinz Plöttner, der sich als Mitarbeiter der Abteilung Arbeit und Löhne vorstellte. Wie sich später herausstellte war Herr Plöttner Leiter der Abteilung Wismutangelegenheiten beim Rat des Bezirkes Gera. Der für den Uranbergbau zuständige Genosse wollte mich offenbar nur einmal sehen. Die einzige Frage, die er mir während dieses Gesprächs stellte, war, wieviel denn ein ausgestopfter Fasan kosten würde. Im vorangegangenen Operativplan der Stasi steht dazu:

3. Maßnahmen operativer Mitarbeiter
3.1. Über das Amt für Arbeit den Verdächtigten zu einer Tätigkeitsaufnahme zu veranlassen, darüber entsprechende schriftliche Nachweise/Protokolle zu fertigen, um die Möglichkeit zu schaffen, bei einem

ständigen Ausweichen einer Tätigkeitsaufnahme den Verdächtigten als asozial gefährdet einzustufen.
(Aus dem Operativplan zum TOV „Entomologe“ der KD Gera des MfS, vom 11. Juni 1988)

Am 6. Oktober 1988 hatte ich einen Gesprächstermin bei Herrn Heinz Spindler, dem damaligen Stellvertreter für Inneres des Vorsitzenden des Rates des Bezirkes Gera. Dazu mein Gedächtnisprotokoll vom 18. Oktober 1988:

▶ Michael Beleites   Gera, am 18.10.1988
Georg-Büchner-Str. 1
6500 Gera

Gedächtnisprotokoll
über ein Gespräch beim Rat des Bezirkes Gera am 6.10.1988 von 9.00 bis 9.40 Uhr.
Ich hatte Herrn Spindler, Stellvertreter für Inneres des Vorsitzenden des Rates des Bezirkes Gera, um einen Gesprächstermin gebeten. Seiner Mitarbeiterin, Frau Willms, hatte ich gesagt, daß es mir um das seit 1 1/2 Jahren bestehende generelle Ausreiseverbot aus der DDR geht, und daß sie Herrn Spindler bitten möchte, sich vor dem Gespräch darüber sachkundig zu machen.
Herr Spindler fragte mich, weshalb ich um das Gespräch gebeten hätte. Nachdem ich gefragt hatte, ob er nicht von Frau Willms informiert worden sei, sagte Herr Spindler, Frau Willms hätte ihm nur gesagt, daß es um Reiseangelegenheiten ginge. Da er gar nicht wüßte wer ich sei, wollte er erst einmal mit mir selbst reden, bevor er sich beim „zuständigen Organ" erkundigt.
Ich berichtete ihm von den Reiseablehnungen in die Tschechoslowakei und die UdSSR sowie über meine Eingaben und deren unzulängliche Beantwortung. Herr Spindler fragte, ob ich mir diese Maßnahmen irgendwie erklären könnte. Ich sagte, daß ich dafür keine Erklärung habe, daß es jedoch Leute gibt, die meinen, daß mich irgendein „zuständiges Organ" für meine Umweltaktivitäten im Bereich der Evangelischen Kirche bestrafen will, ich mir aber ein derartiges Verhalten staatlicher Organe überhaupt nicht vorstellen könne.
Herr Spindler sagte, die Umweltprobleme werden bei uns ja erst seit recht kurzer Zeit in der Öffentlichkeit angesprochen, „vorher gab es ja darüber überhaupt noch keine wissenschaftlichen Untersuchungen".
Herr Spindler sagte mir: „Wir wissen, daß Sie in Dresden ein ‚Zeugnis der Betroffenheit' gegeben haben, und daß Sie jetzt was über die

Wismut geschrieben haben." Er wisse von Experten der dafür zuständigen staatlichen Stellen, daß meine Aussagen nicht in allen Teilen wissenschaftlich korrekt bzw. beweisbar seien. Ich müßte mir meiner Verantwortun bewußt sein, da die Thematisierung des DDR-Uranbergbaus auf ein großes Interesse ausländischer Journalisten gestoßen wäre. Herr Spindler orientierte sich nun an einem etwa 1 1/2-seitigen maschinengeschriebenen Papier, das er vor sich liegen hatte, welches sich offenbar ausschließlich auf die Studie „Pechblende – der Uranbergbau in der DDR und seine Folgen" bezog.
Ich erklärte, daß ein 10-Minuten-Bericht, wie ich ihn im Februar vor der Ökumenischen Versammlung in Dresden gegeben habe, nicht den Charakter einer wissenschaftlichen Beweisführung haben kann; daß ich die 60-seitige Studie erarbeitet hätte, um die Thematik umfassend und mit wissenschaftlichem Anspruch zu behandeln. Ich sagte Herrn Spindler, wenn er Leute kennt, die zu den inhaltlichen Fragen genauer Bescheid wüßten, wäre ich an einem Gespräch mit diesen Leuten sehr interessiert und würde mich deren Kritiken gern stellen und gegebenenfalls auch zu Korrekturen bereit sein. Herr Spindler sagte, daß sie das auch erwartet hätten, er wählte eine Nummer und sagte durchs Telefon: „Die Kollegen können jetzt rüberkommen, die wissen schon Bescheid."
Wenige Sekunden später kamen Herr Seidenschnur (stellvertretender Leiter der Abteilung Wismutangelegenheiten des Rates des Bezirkes Gera) und Herr Wagner (Leiter der radiologischen Abteilung der Wasserwirtschaftsdirektion Gera – die für die radiologische Überwachung der durch die SDAG Wismut verunreinigten Gewässer zuständig ist) zur Tür herein. Herr Spindler sagte, diese beiden Kollegen seien die „zuständigen Experten" auf diesem Gebiet und werden mir jetzt die Problematik aus der Sicht des Staates sachkundig erläutern.
Herr Seidenschnur sagte, er sei nicht Experte, er könne jedoch ein Gespräch mit den Verantwortlichen der SDAG Wismut vermitteln. Herr Wagner sagte, daß er mich schon über ein Jahr lang kennt, und daß wir uns oft über die Problematik des Uranbergbaus unterhalten haben. Die Informationen hätte er mir jedoch als „Kulturbund-Funktionär" (ich war Vorsitzender der Interessengemeinschaft Umweltschutz und Mitglied des Kreisvorstandes der Gesellschaft für Natur und Umwelt, Gera-Stadt beim Kulturbund der DDR) gegeben. Er wüßte nicht, mit wievielen ich gesprochen hätte, falls ich seine Informationen für „private Zwecke" verwendet hätte, hätte ich ihn vorher fragen sollen. Herr Wagner sagte, daß ich ihm vor einigen Wochen die Uran-Studie gebracht habe und um seine Meinung gebeten hätte, daß er jedoch bisher nicht zum genauen Lesen gekommen wäre.

Ich sagte, daß ich mit sehr vielen und sehr unterschiedlichen Leuten vorher gesprochen habe, viele Dinge mehrfach erfahren habe und bemüht war, Einzelinformationen in einen Gesamtzusammenhang zu stellen, so daß präzise Quellenangaben nur soweit möglich sind, wie sie auch im Text angegeben sind. Es wurde vereinbart, daß Herr Seidenschnur mit mir einen Termin für ein späteres Gespräch mit Vertretern der SDAG Wismut aushandeln wird.
Herr Spindler sagte, er wüßte, daß ich am kommenden Wochenende zur 2. Ökumenischen Versammlung nach Magdeburg fahre (was nicht zutrifft!), daß er nicht möchte, daß der Uranbergbau dort wieder thematisiert wird, da die Ökumenische Versammlung ja nur für die Behandlung der weltweiten Probleme da sei, und weil das den westlichen Journalisten nur dazu dienen würde, von den westlichen Umweltproblemen abzulenken.
Abschließend sagte Herr Spindler, daß die Aussagen der Studie „Pechblende – Der Uranbergbau in der DDR und seine Folgen" gar nicht ernst genommen werden könnten, da ich als Autor zeichne, jedoch nur Präparator sei, also keinerlei wissenschaftliche Ausbildung hätte, die mich zu solchen Aussagen berechtige.
Wegen der Reiseablehnungen wolle sich Herr Spindler erkundigen und dann bei mir melden.

Michael Beleites

Herr Wagner war hier in eine unangenehme Situation geraten: Er war einerseits derjenige, der mir die wichtigsten und detailliertesten Informationen über die von den Wismut-Betrieben verursachten Umweltprobleme – und nicht nur in wasserwirtschaftlicher Hinsicht – gegeben hatte. Andererseits wurde er nun dazu herangezogen, ein Gegengutachten zu den die Gewässerbelastung betreffenden Aussagen der „Pechblende“ zu schreiben, in dem er die Unrichtigkeit meiner – von ihm erhaltenen – Informationen nachweisen sollte.

Zu dem Gespräch vom 6. Oktober 1988 schickten die für mich zuständigen Stasi-Mitarbeiter der Kreisdienststelle Gera folgendes Fernschreiben an ihre Vorgesetzten. In ihren Augen war das Gespräch offenbar viel zu friedlich abgelaufen.

▶ BV GERA 25.10.88
14.20 Uhr

1. STELLV. OPERATIV, OBERST SEIDEL
ABT. ROEM 20/4
ABT. ROEM 18
AKG

MFS BERLIN
HA. ROEM 20/4
HA. ROEM 20/1

OPERATIVINFORMATION
AM 06.10.1988 WURDE AUF DER GRUNDLAGE DER VORGEGEBENEN KONZEPTION BEIM ABTEILUNGSLEITER INNERES DES RAT DES BEZIRKES GERA DAS GESPRAECH MIT

BELEITES, MICHAEL
RPT BELEITES

DURCHGEFUEHRT.
AUSGANGSPUNKT BILDETE DER VORGETRAGENE WUNSCH DES BELEITES, UM PRUEFUNG DER ERTEILUNG DER GENEHMIGUNG EINER PRIVATEN REISE NACH DER SU/LITAUEN, WELCHE BEREITS MEHRFACH DURCH DIE ZUSTAENDIGEN ORGANE ABGEWIESEN WURDE.
DURCH DEN ABTEILUNGSLEITER INNERES, GEN. SPINDLER WURDE DIE PRUEFUNG DER ANGELEGENHEIT ZUGESICHERT. B. KAM DANACH AUF DAS PAMPHLET „PECHBLENDE“ ZU SPRECHEN UND BAT UM EIN GESPRAECH MIT KOMPETENTEN LEUTEN ZU SEINER „STUDIE“ ...
DURCH GEN. SPINDLER WURDEN DARAUFHIN ZWEI VERTRETER DER ABTEILUNG FUER WISMUTANGELEGENHEITEN BEIM RAT DES BEZIRKES GERA HINZUGEZOGEN ...
DURCH EINEN VERTRETER DER ABTEILUNG FUER WISMUTANGELEGENHEITEN WURDE AUF EINE REIHE VON MAENGELN UND SCHWAECHEN DER „PECHBLENDE“ AUFMERKSAM GEMACHT, EINSCHLIESZLICH DER VERWENDUNG WASSERWIRTSCHAFTLICHER AUS- KUENFTE, WELCHE IHM ALS FUNKTIONAER DER GESELLSCHAFT NATUR UND UMWELT ERTEILT WURDEN, JEDOCH OHNE ZUSTIMMUNG DER STAATLICHEN GEWAESSERAUFSICHT IN DIE STUDIE UEBERNOMMEN WURDEN.
B. AEUSZERTE DAZU, DASZ ER DESHALB DIE AUSSPRACHE WOLLE,

DA ER GEMERKT HABE, DASZ UNSTIMMIGKEITEN VORHANDEN UND AUSWIRKUNGEN MOEGLICH SIND, DIE ER NICHT ANGESTREBT HAT.
GEN. SPINDLER VERBLIEB MIT B., DASZ ER SICH MITTE OKTOBER 88 BEI DER ABTEILUNG FUER WISMUTANGELEGENHEITEN MELDET, UM EINEN KONKRETEN TERMIN EINER FACHLICHEN AUSSPRACHE FESTZULEGEN.
IM ERGEBNIS DER AUSSPRACHE WURDE ERREICHT – NACH ANGABEN DER AM GESPRAECH BETEILIGTEN STAATLICHEN VERTRETER –, DASZ KEINE WEITERVERBREITUNG DER STUDIE ERFOLGT UND B. AUF DER KIRCHLICHEN VERANSTALTUNG (MAGDEBURG) NICHT ZU DIESEM THEMA SPRICHT.

INOFFIZIELL WURDE UNSERER DE AM 13.10. BEKANNT, DASZ SICH DER
PFLUGBEIL, SEBASTIAN
RPT PFLUGBEIL
(ERFASZT HA ROEM 20/1)
AN B. GEWANDT HAT UND BEIDE SICH UEBER DIE GESPRAECHSVERLAEUFE AUSTAUSCHTEN. MIT PF. SELBST WURDE AM 12.10.88 EIN AEHNLICHES GESPRAECH IN ANWESENHEIT SEINES „CHEFS“
DES STELLV: CHEFS
DES PARTEISEKRETAERS
VERTRETER DER KREBSFORSCHUNG UND
VERTRETER DES MINISTERIUMS FUER GESUNDHEITSWESEN
GEFUEHRT ...

BEIDE BETONTEN DIE SACHLICHKEIT DER ERFOLGTEN GESPRAECHSFUEHRUNGEN, WOBEI SIE DIE „LUSTIGE ARGUMENTATION“ DER STAATLICHEN VERTRETER BELAECHELTEN UND AN DEN ERTEILTEN ANGABEN ZUR RECHTLICHKEIT DER HERSTELLUNG (DRUCKGENEHMIGUNG) DES PAMPHLETS, ZWEIFEL HEGEN.
IM ERGEBNIS DER GESPRAECHSFUEHRUNG (06.10. B. /12.10. PF.) SOLLEN GEDAECHTNISPROTOKOLLE ANGEFERTIGT WERDEN, WAS B. TEILWEISE BEREITS REALISIERTE ...

SIE BETRACHTEN ES ALS SINNVOLL, WENN DAS PROTOKOLL AN DEN BISCHOF UND STOLPE GESCHICKT WIRD...

ANHAND DER BISHER GEWONNENEN OP. KENNTNISSE IM ERGEBNIS DER GESPRAECHSFUEHRUNG KANN EINGESCHAETZT WERDEN DASZ DIE MIT DER AUSSPRACHE VERBUNDENEN ANGESTREBTEN ZIELSTELLUNGEN NUR TEILWEISE REALISIERT WERDEN KONNTEN.

SO GELANG ES B. AUF GRUND SEINES RUHIGEN, HOEFLICHEN, SEHR SERIOESEN UND EINSICHTIGEN AUFTRETENS (EINSCHAETZUNG DER TEILNEHMER AN DER GESPRAECHSRUNDE) DIE STAATLICHEN VERTRETER DES RAT DES BEZIRKES GERA BEZUEGLICH DER GEFAEHRLICHKEIT SEINER PERSON UND ABSICHTEN ZU TAEUSCHEN ...

AUF GRUND DER BEMUEHUNGEN DES B. ZUR ERLANGUNG EINES AUSSPRACHETERMINES SCHLAGEN WIR ALLEN IM VERTEILER GENANNTEN DE DIE KURZFRISTIGE DURCHFUEHRUNG EINER BERATUNG ZUR VORBEUGENDEN VERHINDERUNG WEITERER POLITISCH-OPERATIVR MASZNAHMEN VOR.

BV GERA/KD GERA
CFS 144 DER KD
MARKGRAF/P.

(Fernschreiben der KD Gera des MfS, vom 25. Oktober 1988)

Zur Vorbereitung auf das angekündigte Gespräch mit Vertretern der SDAG Wismut formulierte ich ein Schreiben, in dem ich verschiedene Fragen nannte, auf die wir von den Wismut-Vertretern konkrete Antworten erwarteten. Als ich am 31. Oktober 1988 dem Leiter der Abteilung Wismutangelegenheiten beim Rat des Bezirkes Gera, Herrn Plöttner, dieses Schreiben zusammen mit einem Exemplar der Studie „Pechblende“ übergab, wollte er dem angekündigten Sachgespräch bereits vorgreifen. Er holte dazu in meiner Gegenwart eine Akte mit der Aufschrift „Beleites“ aus dem Panzerschrank seines Dienstzimmers. In dieser Akte befanden sich, soweit ich das erkennen konnte, mehrere Stellungnahmen zur „Pechblende“. Einen längeren Beitrag des Staatlichen Amtes für Atomsicherheit und Strahlenschutz durfte ich teilweise einsehen und sogar einiges notieren.

Ich glaubte nun tatsächlich, daß ein Sachgespräch mit Vertretern der Wismut möglich sei, und bat Sebastian Pflugbeil, zu dem vereinbarten Termin nach Gera zu kommen. Am 8. November 1988 gingen wir dann zusammen zum Rat des Bezirkes. Sebastian Pflugbeil durfte nicht mit hineinkommen, und was ich in den folgenden 3 1/2 Stunden erlebte, war alles andere als ein Sachgespräch:

▶ Michael Beleites
Georg-Büchner-Str. 1
Gera, 6500

Gera, am 8. November 1988

Gedächtnisprotokoll
über ein Gespräch im Rat des Bezirkes Gera, Abteilung Wismutangelegenheiten, am 8.11.1988 von 10.00 bis 13.30 Uhr

Anwesend:
Herr Karl-Heinz Plöttner, Leiter der Abteilung Wismutangelegenheiten beim Rat des Bezirkes Gera,
Herr Lothar Renneberg, Direktor der Bergsicherung Ronneburg (die nicht zur SDAG Wismut gehört), war vorher über 20 Jahre lang Direktor des Bergbaubetriebes Schmirchau der SDAG Wismut
und Michael Beleites

Herr Sebastian Pflugbeil, der zu diesem Gespräch angereist war, durfte nicht teilnehmen, obwohl ich Herrn Plöttner bereits am 31.10. darüber informiert hatte, daß er als Vertreter der Herausgeber der Studie teilnehmen wird.
Ein für den Strahlenschutz zuständiger Vertreter der SDAG Wismut, der an dem Gespräch teilnehmen sollte, könne wegen Arzttermin nun nicht dabeisein. Später sagte Herr Plöttner jedoch, die SDAG Wismut würde generell ein Gespräch mit mir ablehnen, da sie mich als Autor der Studie nicht ernst nehmen könnten, weil ich kein Wissenschaftler sei.

Gesprächsgegenstand war die kirchliche Studie „Pechblende – der Uranbergbau in der DDR und seine Folgen", deren Autor ich bin. Das Gespräch wurde am 6.10. im Rat des Bezirkes Gera vereinbart. Wie dort vereinbart, hatte ich in einem Schreiben vom 29.10. noch einige Gedanken und konkrete Fragen formuliert.

Herr Plöttner: Die Studie „Pechblende" hielte einer fachlichen Prüfung nicht stand, außerdem sei die Studie eine „bösartige Verleumdung und emotionale Polemik". Ich hätte „unter dem Mantel angeblicher Wissenschaftlichkeit" die Zustände anderer Uranabbaugebiete „kritik- und bedenkenlos auf die DDR übertragen." Mit der Studie hätte ich „die Schädlichkeit der SDAG Wismut für die meisten Leser überzeugend bewiesen". Die Studie sei „religiös verbrämt, demagogisch und unwissenschaftlich". Am schlimmsten sei die „Verleumdung betriebsinterner Verhältnisse" in dem Kapitel über das soziale Umfeld des

Uranbergbaus. Meinen Brief vom 29.10. habe man zur Kenntnis genommen, doch nun hätten sie erst einmal einige Fragen an mich:

- Wieviel Exemplare sind gedruckt worden?
- Wie bin ich zu den Informationen gekommen?
- Ich sei nicht kompetent – woher habe ich die Angaben?
- Welche wissenschaftlichen Untersuchungen habe ich zur Begründung herangezogen?
- Welche Fachexperten habe ich konsultiert?
- Habe ich die SDAG Wismut, das Staatliche Amt für Atomsicherheit und Strahlenschutz (SAAS), das Ministerium für Gesundheitswesen und das Ministerium für Umweltschutz und Wasserwirtschaft vorher gefragt?
- Welche gesicherten Aussagen über die SDAG Wismut? Von wem?
- Welche Methoden habe ich, um zu objektiven und wahrheitsgetreuen Aussagen zu gelangen?
- Durch wen habe ich die Werte interpretieren lassen?
- Welche Zielstellung verfolge ich mit der Studie insgesamt?
- Warum habe ich die Studie nicht einem staatlichen Verlag angeboten und dort drucken lassen?
- Warum habe ich vor der Ökumenischen Versammlung in Dresden den Uranbergbau thematisiert?
- Welche kirchlichen Würdenträger habe ich konsultiert, wer hat die Erlaubnis dazu gegeben, welche Auflagenhöhe wurde erlaubt?
- Welche Reaktionen konnte ich feststellen?
- Wie gelangten die Sachen in die BRD?

Die zitierten Aussagen und die Fragen hat Herr Plöttner nicht spontan formuliert, sondern von einem maschinengeschriebenen Papier abgelesen.

Ich berichtete darüber, wie es zu der Studie kam. Die Reaktorkatastrophe von Tschernobyl habe das Interesse der Öffentlichkeit auf die radioaktiven Umweltbelastungen gelenkt. Kirchliche Umweltgruppen der Region wurden auf die Problematik des Uranbergbaus aufmerksam und haben im März 1987 im Kreisjugendpfarramt Zeitz ein Seminar zu diesem Thema gestaltet. Ich wollte eine Zusammenfassung dieses Seminars schreiben, bin von verschiedenen Leuten gebeten worden, das Thema ausführlicher zu bearbeiten. So entstand der Entwurf für die Studie „Pechblende". Das Kirchliche Forschungsheim in Wittenberg und der kirchliche Arbeitskreis „Ärzte für den Frieden – Berlin" erklärten sich bereit, diese Schrift als Studie herauszubringen. Ich hatte selbst daran Interesse, dieses als kirchliches Informationspapier zu vervielfältigen, da in den Gemeinden der betroffenen Gebiete ein großes Informationsdefizit besteht, welches zu allgemeiner Unkenntnis über die bestehenden Zusammenhänge führt und die Beunruhigung der Menschen ständig vergrößert. Meine Zielstellung sei, mit der Studie dem Informationsdefizit entgegenzuwirken, und so zu einer Versachlichung der gegenwärtigen Diskussion über den Uranbergbau beizutragen. Ich habe mit wissenschaftlichem Anspruch gearbeitet und war zugleich darum bemüht, eine allgemeinverständliche Sprache zu finden. Die ausführliche Literaturliste hätte ich auch deshalb angefügt, damit die Fakten für die Leser zitierfähig werden.

Herr Renneberg: Die Kirche hätte sich „zu einem Machwerk der Unwissenschaftlichkeit hergegeben", von den 60 Seiten „des Machwerks" seien etwa „50 Seiten Polemik ohne Beweis". Ich hätte „Gerüchte potenziert". Es gebe Überlegungen, wegen Verleumdung gerichtlich gegen mich vorzugehen. Herr Renneberg sagte einerseits, ich hätte mich „der Verleumdung gegenüber 20 000 Bergarbeitern schuldig gemacht", andererseits aber, ich würde „durch das Machwerk die Hühner aufscheuchen". „Das Machwerk" hätte große Empörung hervorgerufen, es kämen nun sehr viele Eingaben, sogar Arbeiter kämen zu ihm und würden sagen: „Wenn die Kirche sowas schreibt, muß ja etwas dran sein, habt Ihr uns denn die ganzen Jahre belogen?" Er räumte ein, daß bis in die 50er Jahre hinein der Arbeitsschutz im Uranbergbau so gut wie keine Rolle gespielt hat, seitdem aber Milliardenbeträge für den Arbeitsschutz ausgegeben wurden. Mein Satz „Es gibt keine ungefährliche radioaktive Strahlung" sei falsch, mit der Strahlung sei es wie mit allem: „Zuviel ist ungesund, doch in der richtigen Dosis hilft's den Menschen." Die Sickerwässer der Seelingstädter Schlammabsetzanlage, die sich in Wolfersdorf in Kellern von Wohnhäusern ansammeln, hätten „Trinkwasserqualität". Es könne gar nicht stimmen, daß die SDAG Wismut die Gewässer radioaktiv belaste, denn die Bergbaubetriebe haben die Auszeichnung „Wasserwirtschaftlich vorbildlich arbeitender Betrieb" erhalten.

Ich sagte, daß mich Zahlen mehr überzeugen würden als Auszeichnungen und fragte, ob sie hier auch die Fragen aus meinem Brief vom 29.10. berücksichtigen würden. Ich erinnerte daran, daß mir ein Gespräch mit Verantwortlichen der SDAG Wismut zugesagt wurde.

Herr Renneberg sagte, er sei „nicht als Auskunftsbüro hier", er sei für diese Dinge nicht verantwortlich, er sei nicht kompetent und auch nicht bereit, mit konkreten Aussagen „das Machwerk" zu korrigieren. Verbilligten Schnaps und Treueprämien gebe es auch im übrigen Bergbau.

Ich sagte, daß Alkohol nicht dadurch ungefährlicher wird, wenn ihn andere auch trinken, und daß ich Treueprämien im Uranbergbau für problematisch halte, weil dadurch die Bergarbeiter stimuliert werden, ihre gesamte Lebensarbeitszeit unter den hier gegebenen Strahlen-

belastungen zu arbeiten. Ich fragte, ob es stimmt, daß im Uranbergbau in der Sowjetunion die Bergarbeiter aus Gründen des Strahlenschutzes nur 5 Jahre, nach 5 Jahren Unterbrechung weitere 5 Jahre und dann nicht mehr im Uranbergbau arbeiten dürfen.
Herr Renneberg: „Wir kopieren die Sowjetunion nicht, das können Sie doch täglich in der Zeitung lesen." Kollegen, die ihn nach mehr Offenheit fragen, würde er immer sagen: „Euch fehlen ein paar Jahre Wismut". Die SDAG Wismut wäre ein streng organisierter Betrieb mit „großer Disziplin und Ordnung, nicht wie die vielen DDR-Betriebe, die ein Lotterhaufen sind, an denen der Sozialismus vorbei geht." Er zitierte Statistiken, wonach die Lungenkrebshäufigkeit im Kreis Waren höher ist als im Bezirk Gera.
Ich sagte, daß man solche Statistiken auf Berufsgruppen bzw. auf kleinere Regionen aufschlüsseln müsse, daß im Bezirk Gera z.B. nur der östliche Teil des Kreises Gera-Land vom Uranbergbau betroffen ist. Um mich von den strengen Strahlenschutzvorschriften zu überzeugen, sagte Herr Renneberg, daß er selbst als Betriebsdirektor oft bestraft wurde, wenn er die Strahlenschutzbestimmungen für die Bergleute nicht einhielt und dann Kontrollen kamen. Weiter sagte er jedoch, daß die gesetzlich festgelegten Grenzwerte stets und überall eingehalten werden. Auf meinen Einwand, daß er dann ja nie bestraft worden wäre, sagte er aufgeregt: „Fehler macht jeder Mensch" und „wenn man einen so großen Betrieb leitet, kann es schon passieren, daß man mal 1 000 Arbeiter vergißt."
Beide zitierten aus einer Kopie des Manuskripts einer Sendung des Deutschlandfunks vom 25.7.1988, 21.30 Uhr, Wensierski.
Herr Renneberg sagte: „Sie sind Handlanger der größten Feinde der DDR", Herr Plöttner sagte: „Sie machen sich zum Handlanger des Klassenfeindes". Ich hätte dafür die Verantwortung zu tragen, daß der Uranbergbau in der DDR „von sämtlichen Gazetten in der BRD breitgetreten wird". Sechsmal sei das Thema in diesem Jahr in den westlichen Medien erschienen und auf meine Arbeit Bezug genommen worden.
Ich sagte, daß ich die Art und Weise, mit der das Thema im Westen verbreitet wurde, keinesfalls gutheißen kann, daß die jahrzehntelange Geheimhaltungspolitik der SDAG Wismut aber mit dazu beigetragen hat, daß das Thema jetzt so unangemessen sensationell behandelt wird. Die SDAG Wismut ist somit dafür mitverantwortlich.
Herr Renneberg sagte daraufhin: „Da wir nichts veröffentlichen, brauchen wir auch nichts zu verantworten". Es sei klar, daß das geförderte Uran hauptsächlich für Atombomben bestimmt ist und nur ein kleiner Teil dessen für den Betrieb von Kernkraftwerken abgezweigt wird. Er

sei zwar für Abrüstung, aber nicht einseitig. Die Atomwaffen des Sozialismus dienen der Friedenssicherung, deshalb sei die Losung der SDAG Wismut „Wir fördern Erz für den Frieden" kein leeres Geschwätz, sondern ganz konkret und ernstzunehmen.
Herr Plöttner wiederholte den größten Teil seiner eingangs gestellten Fragen. Ich sagte, daß ich prinzipiell bereit bin, darüber zu sprechen, aber nicht unter den Voraussetzungen, daß ein Gespräch zum Verhör wird. Von meinen Fragen des Briefes vom 29.10. sei keine einzige beantwortet worden. Unter diesen Umständen werde ich jetzt auf keine weitere seiner Fragen eingehen. Herr Plöttner sagte, ich hätte das Prinzip der Innerkirchlichkeit verletzt, da ich ein Exemplar dem Geraer Stadtarchiv gegeben habe.
Herr Plöttner sagte, eine Korrektur der Studie wäre „ein zweckloses Unternehmen" und ich würde „damit nichts gutmachen". Eine Überarbeitung der Studie würde er mir „untersagen und verbieten", weil ich dazu nicht kompetent wäre. „Kümmern Sie sich um Sachen zu denen Sie fachlich in der Lage sind." Er verwies auf meinen Artikel über den Ornithologen Johannes Thienemann im „Neuen Deutschland" vom vergangenen Sonnabend, den 5.11. und sagte, dies sei doch eine gute Sache, ich solle mich nun nur noch um mein „Fachgebiet" kümmern. Falls ich mich von nun an in keiner Weise mehr um das Thema Uranbergbau kümmern würde, könnten wir ja zu einem späteren Zeitpunkt auch mal über andere Dinge reden.
Ich vermutete hier eine Anspielung auf das seit 1 1/2 Jahren gegen mich bestehende generelle Ausreiseverbot aus der DDR, und ich fragte, über welche Dinge er dann später mit mir reden wolle.
Herr Plöttner sagte: „Wir wissen, daß Sie studieren wollen, wir könnten das ja zum Beispiel befürworten." Falls ich auch weiterhin mit dem Uran-Thema an die Öffentlichkeit gehen würde, müsse ich mit Konsequenzen rechnen, über deren Art würden dann andere Staatsorgane entscheiden. Er wisse, daß für den kommenden Donnerstag, den 10.11., in Ronneburg eine kirchliche Veranstaltung zum Thema Uranbergbau und seine Folgen geplant sei, zu der ich als Referent eingeladen bin. Dies verbiete er mir auch, ich solle dort absagen.
Ich fragte Herrn Renneberg, ob er als Vertreter der SDAG Wismut an dieser Veranstaltung teilnehmen will, um dort die Problematik aus seiner Sicht darzustellen. Er sagte, daß er dort auf keinen Fall hingehen wird, da er in keine Verwicklungen geraten will, wenn dort die Bergleute in einem „Sturm der Entrüstung" auf mich hereinbrechen werden. Wenn die Bergleute wüßten, wer ich bin, könnte ich nur noch „mit zwei Mann Begleitschutz herumlaufen". Nach einer weiteren derartigen Bemerkung fragte ich ihn, ob wir denn in Ronneburg mit organi-

sierten Schlägertrupps zu rechnen hätten. Herr Renneberg sagte, so direkt wolle er das noch nicht sagen, aber er sei sich völlig sicher, daß ich im Westen noch „als der große Märtyrer der DDR gefeiert" werde. Herr Renneberg war während des Gesprächs mehrfach sehr erregt, schrie mich wütend an, nahm mir die Studie weg, wollte sie in der Luft zerreißen, warf sie auf den Tisch, entschuldigte sich, schrie wieder, ließ mich nie ausreden, redete unzusammhängend und zum Teil unverständlich, z.B. über ein nationales Krebsregister der DDR, welches in Lyon erarbeitet würde und somit für alle einsehbar wäre. Beide warfen mir mehrfach Aussagen vor, die in der Studie gar nicht enthalten sind (z.B. verallgemeindernde Herabwürdigungen des Berufsstandes der Bergarbeiter), bzw. hielten mir Unterlassungen von Aussagen vor, die deutlich in der Studie stehen (z.B. ich hätte keine DDR-Gesetzblätter zitiert). Sie diskutierten polemisch, da sie ihre Argumentation meist auf unwahren Unterstellungen aufbauten.
Ich sagte abschließend, daß ich enttäuscht bin von der Art des Gesprächs, und daß ich sehr betroffen bin, von den direkten und indirekten Drohungen.

Michael Beleites

P.S. Zur gleichen Zeit hatten Pfarrer Hädicke aus Ronneburg und der Superintendent ein Gespräch beim Rat des Kreises, wobei ihnen ein „Redeverbot" für mich erteilt wurde.

Die finsteren Drohungen mit einem von der Stasi inszenierten Volkszorn der Bergarbeiter übertrafen alle Befürchtungen, die ich mir bisher als mögliche Stasi-Reaktionen ausgemalt hatte. Eine ungewisse Angst vor einer möglichen Inhaftierung hatte ich schon seit längerem, doch diese Androhung von physischer Gewalt bewirkte in mir eine akute Angst, wie ich sie bis dahin – bei allen Unberechenbarkeiten – nie gehabt hatte. Am Tag darauf, am 9. November 1988, war ich in Zeitz bei einer kirchlichen Gedenkveranstaltung zum 50. Jahrestag der Judenpogrome. Parallelen drängten sich auf. Ich glaube, daß ich mich an diesem Tag recht gut in die Situation der Juden vom November 1938 hineinversetzen konnte. Meine Freunde, denen ich vom „Gespräch" erzählte, hielten es für möglich, daß die Stasi tatsächlich Schlägertrupps organisiert. Am Nachmittag des 10. November 1988 ließ ich mich mit dem Auto zur verbotenen Veranstaltung nach Ronneburg bringen, weil ich Angst hatte, allein mit dem Zug dorthin zu fahren.

In Ronneburg herrschte eine ausgesprochen gespannte Atmosphäre. Inzwischen hatte der Rat des Kreises dem Ronneburger Pfarrer Wolfram Hädicke ein Veranstaltungsverbot erteilt. Joachim Krause, der Umweltbeauftragte der Sächsischen Landeskirche, war von Wolfram Hädicke ebenfalls nach Ronneburg eingeladen worden. Zu dritt überlegten wir in den Stunden vor der Veranstaltung, wie wir auf den staatlichen Druck reagieren sollten. Wir entschlossen uns dann, die Veranstaltung durchzuführen, aber an meiner Stelle Joachim Krause den Vortrag halten zu lassen. Es war sicher falsch gewesen, dem Druck überhaupt nachzugeben, doch für mich bedeutete das eine große Entlastung, denn ich war an diesem Tag so aufgeregt, daß ich mich kaum in der Lage sah, einen Vortrag zu halten. Die Ronneburger Stadtkirche füllte sich bis auf den letzten Platz. Es kam dann wirklich eine aggressive Stimmung auf – aber nicht gegen mich, sondern gegen die Wismut.

Am Schluß der sich an das Referat anschließenden Diskussion stand ein Wismut-Vertreter auf, bezeichnete die Äußerungen Joachim Krauses als falsch und hielt eine Lobrede auf den Gesundheits- und Umweltschutz der Wismut. Auffallend war, daß er sich auf Aussagen aus der „Pechblende“ bezog, die Joachim Krause in seinem Vortrag überhaupt nicht genannt hatte. Wahrscheinlich war er von der Stasi auf einen Vortrag von mir „eingestellt“ worden und hat dann mechanisch seine Gegenrede abgehalten – so als ob er dafür bezahlt wurde und nun für sein Geld auch etwas tun wollte, egal ob es paßte oder nicht.

Die Stasi hatte jedenfalls einen großen Erfolg zu melden. Der Leiter der Geraer MfS-Bezirksverwaltung, Dieter Dangrieß, schrieb am 15. November 1988 die im folgenden wiedergegebene „Parteiinformation“ Nr. 222/88, die an den 1. Sekretär der SED-Bezirksleitung Gera, Herbert Ziegenhahn, den Vorsitzenden des Rates des Bezirkes Gera, Werner Ulrich, den Leiter der MfS-Bezirksverwaltung Karl-Marx-Stadt, Siegfried Gehlert, die Zentrale Auswertungs- und Informationsgruppe (ZAIG) des MfS Berlin, die Abteilungen XX und AKG der MfS-Bezirksverwaltung Gera sowie an die MfS-Kreisdienststelle Gera weitergegeben wurde.

MINISTERIUM FÜR STAATSSICHERHEIT

Bezirksverwaltung Gera — Gera 15.11.1988
Leiter

Streng vertraulich!
Um Rückgabe wird gebeten!

INFORMATION Nr. 222/88
über
Disziplinierungsmaßnahmen mit dem Verfasser des Machwerkes „Pechblende" und bisher erreichte Ergebnisse

Wie bereits am 13.07.1988 mit unserer Information Nr. 107/88 berichtet, hat die Person

BELEITES, Michael
30.09.1964
wh. Gera, Georg-Büchner-Str. 1
Beruf: Zoologischer Präparator
z.Z. ohne Arbeitsrechtsverhältnis

das Machwerk „Pechblende" verfasst.
Diese illegale Schrift, im Ursprung nur für kircheninternen Gebrauch bestimmt, ist zwischenzeitlich in der Republik popularisiert und wie in unserer Information vom 21.07.1988 dargelegt, zwischenzeitlich auch in der Westpresse veröffentlicht.
In diesem Machwerk werden auf der Grundlage von Vermutungen, Halbwahrheiten und in haltlosen Behauptungen die durch Gutachten zentraler DDR-Dienststellen widerlegt sind, Aussagen getroffen, daß der Uranbergbau der DDR, insbesondere im Raum Ronneburg, ernsthafte Gefahren für das Leben und die Gesundheit der Menschen mit sich bringt.
BELEITES hat diese Schrift in Zusammenarbeit mit dem sogenannten kirchlichen Forschungsheim Wittenberg und dem Landespfarrer für Krankenseelsorge sowie dem bei der evangelischen Kirche Berlin-Brandenburg etablierten Arbeitskreis „Ärzte für den Frieden" verfasst und auch mit Hilfe dieser Institutionen vervielfältigt und in Umlauf gebracht.
Aufgrund der Gesellschaftsgefährlichkeit dieses Machwerkes wurde durch die BV Gera des MfS eine Konzeption zur Disziplinierung BELEITES und darüberhinaus zur Zurückdrängung dieser feindlich-negativen Erscheinung erarbeitet und zur Wirkung gebracht.

Entsprechend der Konzeption wurde am 06. 10.1988 durch den Stellvertreter Inneres und dem Vertreter für Wismutangelegenheiten Seidenschnur beim Rat des Bezirkes eine Aussprache geführt. Grundanliegen dieser Aussprache war, den BELEITES alle weiteren Aktivitäten zur Popularisierung seines Machwerkes „Pechblende" zu verbieten einschließlich seines diesbezüglich geplanten Auftretens auf der ökumenischen Versammlung vom 08. - 12.10.1988 in Magdeburg.
Im Ergebnis dieser Aussprache hat er gegenüber den Vertretern aufgrund der dort gestellten Forderungen seine Loyalität beteuert sowie das Versprechen abgegeben, nicht mehr öffentlich aufzutreten und auch nicht Handlanger westlicher Medien sein zu wollen.
Nach diesem Disziplinierungsgespräch am 06.10.1988 unternahm BELEITES verschiedene Aktivitäten angeblich unter dem Vorwand, sein Machwerk zu überarbeiten und zu präzisieren, um mit kompetenten Personen und staatlichen Stellen ins Gespräch zu kommen und wie sich nunmehr zeigt, in provokativer Weise seine Linie fortzusetzen.
Schlußfolgernd aus diesen Aktivitäten wurde festgelegt, mit ihm ein zweites tiefergehendes Disziplinierungsgespräch beim Rat des Bezirkes, Abteilung für Wismutangelegenheiten, durchzuführen. Dazu wurde durch die Bezirksverwaltung eine Gesprächskonzeption vorbereitet und mit dem Genossen Karl-Heinz Plöttner, Leiter der Abteilung für Wismutangelegenheiten beim Rat des Bezirkes Gera und dem Genossen Lothar Renneberg, Leiter der Bergsicherung Ronneburg zum taktischen Vorgehen durchgesprochen.
Nach der Terminvereinbarung mit BELEITES organisierte er, daß der Sebastian Pflugbeil, Mitarbeiter bei der Akademie der Wissenschaften und Angehöriger des kirchlichen Arbeitskreises „Ärzte für den Frieden" an der Aussprache zu seiner Schützenhilfe teilnimmt. Pflugbeil reiste am 07.11.1988 in Gera an. Eine Teilnahme am Gespräch wurde durch operative Maßnahmen verhindert.
In Vorbereitung dieses zweiten Gesprächs mit B. übersandte dieser an den Rat des Bezirkes, Abteilung Wismutangelegenheiten mit Datum vom 29.10.1988 seine Gesprächsvorbereitung.
Die in diesem Dokument vorbereiteten mehr als 20 schriftlich formulierten Fragen tragen sowohl provozierenden Charakter und sind inhaltlich mit geheimdienstlichen Fragen zum Uran-Bergbau identisch. Z.B.
- Wie hoch sind (und waren) die Radon-Konzentrationen in der Luft, im Schacht/in der Abluft der Schächte/in den Emmissionen der Aufbereitunsbetriebe/in der Umgebung von Schlamm-Absetzanlagen und radonhaltigen belasteten Gewässern?
- Warum gibt es Trinkbranntwein für Bergarbeiter, warum solche Mengen bis hin zu Fragen, wie waren und sind die Fördermengen, wie hoch

ist der Urangehalt der aufbereiteten Erze, wie hoch ist das Abraum-Erz-Verhältnis und welche Perspektiven hat der Uran-Bergbau in der DDR.
Bei diesem Gespräch ging es erneut darum, die Haltung des BELEITES zu seiner vorgenannten Studie Uran-Pechblende noch tiefgründiger kennenzulernen und mit Nachdruck darauf Einfluß zu nehmen, daß durch ihn keine weiteren DDR-feindlichen Aktivitäten auf dieser Grundlage ausgehen.
Im Verlaufe der Aussprache gingen die Genossen Plöttner und Renneberg auf verschiedene Behauptungen von BELEITES zu aufgeworfenen Gesundheitsschädigungen der Uranbergbauarbeiter ein und bewiesen anhand von Statistikmaterial deren Haltlosigkeit. Sie fragten BELEITES, warum ihm seine Freunde von dem Arbeitskreis „Ärzte für den Frieden" nicht auf die jährlich herausgegebene Jahresstatistik des Gesundheitswesens aufmerksam gemacht haben.
Deutlich wurde BELEITES anhand der Sendung des Deutschlandfunks vom 26.07.1988, 21.10 Uhr, dargestellt, wie von westlicher Seite sein Werk gegen unsere Republik verwendet wurde und das derartige Aktivitäten der BRD-Presse sich in letzter Zeit häuften.
BELEITES war angeblich über diese Sendung des Deutschlandfunks nicht informiert und sagte, daß er sich bei diesen Leuten beschweren will. Um BELEITES von den Reaktionen der Bevölkerung auf seine Studie aufmerksam zu machen, erwähnte Genosse Renneberg besorgte Bürger von Ronneburg, die ihn von Aktivitäten der Kirche auf diesem Gebiet informierten.
BELEITES war sichtlich betroffen von solchen Reaktionen und versuchte sich zu rechtfertigen. Er gab einen Überblick über die Vorgeschichte der Studie und wie es dazu gekommen ist.
Ausgangspunkt war innerhalb der Evangelischen Kirche eine Diskussion über Umweltaktivitäten unter dem Motto „Bewahrung der Schöpfung". Außerdem habe er im Kulturbund in Fragen Umweltschutz mitgewirkt. Anlaß zu diesen Aktivitäten war seiner Darstellung nach das Reaktorunglück in Tschernobyl. Dazu fand ein kirchliches Seminar zum Thema „Uranabbau und seine Folgen" statt.
Diese Beratung wurde nur im engen Kreis von Physikern, Ärzten, Chemikern und Freunden der Kirche durchgeführt und im Ergebnis eine Zusammenfassung von BELEITES verfaßt.
Großen Anteil hatte daran der Ärztekreis „Ärzte für den Frieden".
Das Ergebnis war das Dokument „Zeugnisse der Betroffenheit" und darüber habe er im Februar 1988 bei der 1. Vollversammlung anläßlich der ökumenischen Versammlung in Dresden gesprochen.
Vom Präsidium der ökumenischen Versammlung in Dresden sei er beauftragt worden, seinen Beitrag aus aktuellem Anlaß zu überarbeiten

und weitere Fakten über das Thema zu sammeln und diese Studie zu erarbeiten. Da seine Ausführungen in Dresden nur sehr kurz und unvollständig waren, habe er sich entschieden, seine Gedanken umfassend zu begründen und die Studie „Pechblende" geschrieben. Er betonte, daß er diese Studie nicht im Alleingang geschrieben habe, sondern sie vielen Leuten gezeigt habe. Mit dieser Studie sollte den kirchlichen Vertretern ein Material in die Hand gegeben werden, um den vielen wilden Gerüchten, die nach Tschernobyl kursierten, zu begegnen.
Da er angeblich zu den Problemen der Wismut keinerlei Veröffentlichungen auftreiben konnte, habe er sich vorwiegend auf internationale Literatur und Zuarbeiten von Freunden gestützt. Auch habe er aus der BRD, wo er gute Freunde habe, entsprechende Literatur erhalten und in seine Studie einfließen lassen.
Ihm war schon bei der ersten Veröffentlichung der Studie klar gewesen, daß diese ein erster Versuch sei und mit einigen Unzulänglichkeiten zu rechnen ist.
Sein Ziel war: Er wolle auf diese Probleme aufmerksam machen und wäre für jeden Hinweis von Fachleuten dankbar, der dazu beitragen könnte, seine Studie richtig zu stellen, zu überarbeiten.
Seine Behauptungen über das erhöhte Auftreten von bestimmten Krankheiten leitete er von Informationen ab, die er von Pfarrern erhielt, die ihm berichteten, daß solche typischen Erkrankungen erhöht im Wismutgebiet auftreten. Er sagte, die Studie wäre sein Standpunkt zu diesem Problem und den staatlichen Standpunkt könnten wir ja jeden Tag im „Neuen Deutschland" lesen. Überall in der Welt gäbe es Bürgerinitiativen zum Uranabbau und seine Folgen. Dazu habe er Informationen aus der BRD und Kanada erhalten.
Auch wäre ein Professor Köhler aus Dresden auf einer Tagung in Straßburg aufgetreten und habe ein Dokument mit unterzeichnet, in welchem die Einstellung des Uranbergbaus gefordert wird. Er beansprucht Sachkunde und Wissenschaftlichkeit für sein Werk, da er sich sein Wissen autodidaktisch erworben habe.
Bis zu diesem Zeitpunkt bestand der Eindruck, daß BELEITES noch auf Unterstützung der Gesprächsführenden hoffte, die es ihm ermöglichte, seine Studie durch Kritiken, Korrekturen und Ergänzungen zu überarbeiten.
Ausgehend von der Gesprächskonzeption wurden BELEITES noch einige Fragen gestellt und ihm nachgewiesen, daß seine Darstellungen und Wertungen der Veröffentlichung und Verbreitung seiner Studie, die ausdrücklich nur für den innerkirchlichen Gebrauch bestimmt ist, letztendlich nur Verunsicherungen und Proteste unter der Bevölkerung aus-

löste sowie die SDAG Wismut und die Umweltschutzpolitik der Deutschen Demokratischen Republik verleumdet.
Mit seiner Studie habe er den BRD-Medien ein hervorragendes Material geliefert gegen die Umweltschutzpolitik der DDR, eine feindliche Polemik zu entfachen und damit die angeblich menschen- und umweltfeindliche Politik unseres sozialistischen Staates zu dokumentieren.
Ihm wurde erklärt, daß er nicht kompetent für derartige Aussagen, Wertungen und Veröffentlichungen ist, da er nicht über die fachlichen und wissenschaftlichen Kenntnisse und Voraussetzungen und Qualifikationen verfügt und dies auch der Grund sei, daß sich kein Vertreter der SDAG Wismut mit ihm über diese Probleme unterhalten wird.
Damit eine weitere Verunsicherung der Bevölkerung, die Verleumdung des Industriezweiges Wismut und der Organe, die für den Umweltschutz zuständig sind sowie weitere Veröffentlichungen von westlichen Medien vermieden werden, wurde BELEITES eine Überarbeitung der Studie und jede weitere Verbreitung schriftlicher oder mündlicher Veröffentlichung einschließlich sein Auftreten in kirchlichen Einrichtungen untersagt.
BELEITES wurde darauf aufmerksam gemacht, sein voraussichtliches Auftreten am 10.11.1988, 19.00 Uhr in der Kirche in Ronneburg als Referent zum Thema „Uranbergbau und seine Folgen" zu unterlassen.
Abschließend erklärte BELEITES, daß seine Kirchenleitung über das heutige Gespräch informiert wäre. Aufgrund des Verlaufs dieser Aussprache sei er nicht bereit, auf unsere gestellten Fragen zu antworten, da wir seinen Fragespiegel auch nicht berücksichtigt haben.
Insgesamt verlief das Gespräch entsprechend der Gesprächskonzeption. BELEITES verhielt sich sachlich, aufgeschlossen und höflich. Weiterhin empfahl Genosse Plöttner BELEITES, sich auf seinem eigentlichen fachlichen Gebiet zu betätigen. Ein guter Beitrag war dazu seine Veröffentlichung in der Wochenendbeilage des „Neuen Deutschland" vom 08.11.1988 über Ornithologie.
BELEITES erklärte abschließend, daß die Gesprächsführenden keine Befugnis hätten und es keine gesetzliche Grundlage gäbe, die ihm die weitere Bearbeitung und weiteres Auftreten untersagen. Er handle im Auftrag der Kirche und legte als Beweis die Einladung für sein Auftreten in der Kirche Ronneburg vor.
Als Ergebnis des Gesprächs entstand der Eindruck, daß BELEITES nicht bereit ist, den gegebenen Empfehlungen zu entsprechen und die Arbeit auf diesem Gebiet einzustellen. Sein Ziel sei die Überarbeitung der Studie, um eine Reihe von Korrekturen vorzunehmen.
Am 10.11.1988 war in der Ronneburger Kirche eine Veranstaltung geplant, in der BELEITES zum vorgenannten Problem auftreten sollte, die

im Rahmen der Friedensdekade stattfand. Die Disziplinierung hat bewirkt, daß BELEITES zwar anwesend war, aber nicht wie vorgesehen zum Thema sprach.
Pfarrer Haedicke, Ronneburg, eröffnete die Veranstaltung und erklärte, daß das Thema „Der Uranbergbau und seine Folgen" abgesetzt worden sei und dafür der Dr. Krause aus Glauchau/Meerane Ausführungen über die „Bewahrung der Schöpfung" machen wird.
Der Naturwissenschaftler Dr. Krause gehört seit Jahren zum engen Bekanntenkreis des BELEITES. Wie B. ist Dr. Krause Delegierter zur ökumenischen Versammlung – konziliarer Prozeß in der DDR. Dr. Krause hat an der Erarbeitung des Machwerkes „Pechblende" mitgearbeitet.
Im Mittelpunkt seiner Ausführungen standen Umweltbelastungen durch Gülle, Braunkohlenförderung und Energiegewinnung aus Braunkohle, Luft- und Wasserverunreinigungen, die er mit Beispielen untersetzte sowie über Umweltfolgeschäden des Uran/Radon.
Dr. Krause warnte zwar aus allgemeinen Feststellungen Schlußfolgerungen zu ziehen und sie tendenziös zu verbreiten, gab aber keinerlei Hinweise über die Umweltpolitik unseres Staates und übte Kritik an der Publizität der DDR zu Umweltproblemen unter Bezugnahme auf die veränderte Situation in der SU.
Die Veranstaltung wurde von ca. 270 Personen besucht.
Durch uns wurde der Einsatz mehrerer gesellschaftlicher Kräfte organisiert und eingewiesen.
Im Verlauf der Veranstaltung trat der Genosse Hartmut Vogel, Arbeitshygieneinspektion Schmirchau der SDAG Wismut politisch offensiv gegen diese Darlegungen des Dr. Krause auf, indem er als Fachmann die Auslassungen des Dr. Krause als tendenziös bezeichnete und erläuterte, was durch die SDAG Wismut für den Umweltschutz und gesundheitliche Überwachung der Bergarbeiter getan wird und wie die staatlichen Kontrollorgane über die Einhaltung der Bestimmungen wachen.
Weiterhin erklärte er offen, daß sich die Kirche ihren religiösen seelsorgerischen Problemen zuwenden solle, da an der Kompetenz der Kirche zu Umweltproblemen zu zweifeln ist.
Ungeachtet einiger Buh-Rufe hinterließ dieser Diskussionsbeitrag sichtbare Wirkungen und beendete diese Veranstaltung.
In den abschließenden Bemerkungen von Pfarrer Haedicke brachte dieser zum Ausdruck, daß diese Veranstaltung ein erster Schritt zum Dialog mit der SDAG Wismut zu Umweltfragen sei.
Nach der Veranstaltung versuchte BELEITES, den Genossen Vogel als Gesprächspartner zur Erlangung weiterer Informationen zu gewinnen. Dieses wurde durch Gen. Vogel mit dem Hinweis abgelehnt, daß er das Machwerk kennt und dies als ein Pamphlet von Lügen, Halbwahr-

heiten, Bedrohungen und Unterstellungen bezeichnet, was er als Physiker und Arbeitshygieniker einschätzen kann.
Pfarrer Haedicke verkündete, daß am 24.11.1988 eine weitere Veranstaltung zu Umweltfragen im Christophorus-Haus stattfinden soll ...
Zusammenfassend kann eingeschätzt werden, daß die durchgeführten Disziplinierungsmaßnahmen mit BELEITES zu gewisser Verunsicherung führten, kirchenleitende Kräfte zur Besonnenheit mahnten, aber es muß auch darauf verwiesen werden, daß sich nunmehr in breiter werdenden kirchlichen Kreisen die Beschäftigung mit der Umwelt fortsetzt, zu einem dominierenden Gegenstand wird und bei BELEITES weitere Aktivitäten zu erwarten sind.
Die Aktivitäten von BELEITES, als einen Hauptinitiator mit überregionalen Verbindungen, werden unsererseits mit weiteren Maßnahmen unter Kontrolle gehalten und es ist erforderlich, unter kirchenleitenden Kräften die Tendenz zur Versachlichung, um das Verhältnis zwischen Staat und Kirche nicht zu stören, mit offensiven politischen Maßnahmen durch Einsatz geeigneter gesellschaftlicher Kräfte mit hohem Ansehen weiter zu fördern.

Dangrieß
Oberst

Über die Ronneburger Veranstaltung wurde die Stasi am Tag darauf 7.00 Uhr morgens von einer „Quelle" informiert. Hier Auszüge aus dem Spitzel-Bericht vom 11. November 1988:

Kreisdienststelle Gera — Gera, 11. November 1988
Referat XX/2 — ko-fe

Abschrift

Erste Auswertung der geplanten Veranstaltung am 10.11.88 in Ronneburg
Quelle: IMS „Inge Baumann"
erh.: Oltn. Kopp
am: 11.11.88, 7.00 Uhr tel. Bericht

1. Einschätzung der Situation, Entwicklung vor der geplanten Veranstaltung
- Die Quelle stellte fest, daß beim veröffentlichten Plakat am Christopherushaus Ronneburg die geplante Veranstaltung am 10.11. rot umrahmt worden ist.

- Pfarrer Hädicke informierte die Quelle, daß mit ihm und Sup. Eisner beim Rat des Kreises eine Aussprache stattgefunden hat, in Folge dessen die Veranstaltung mit dem Beleites untersagt wurde. H. bemerkte, daß es sicherlich Ärger geben wird, H. war in den Tagen vor der Veranstaltung sehr unsicher, unschlüssig – sich selbst nicht sicher.
- Sup. Eisner passe der ganze Ärger nicht, er wolle Ruhe und nicht so einen Trubel.
- Hädicke hatte seinerseits Angst, daß unmittelbar vor der Veranstaltung die staatlichen Organe noch eingreifen und die Veranstaltung noch verhindert wird.
2. Verlauf der Veranstaltung
- Kurzfristig wurde, auf Grund des erwarteten großen Zustroms zur Versammlung, die Veranstaltung selbst vom Christopherushaus in die Kirche Ronneburg verlegt.
- Von einer weiblichen Person wurde die Quelle beim Einlaß in die Kirche darauf hingewiesen, daß auf dem Parkplatz vor dem Christopherushaus mehrere „zwielichtige" Autos stehen, wo immer zwei männliche Personen drin saßen und offensichtlich das Christopherushaus beobachteten ...
Die Quelle schätzte ein, daß der Krauße sehr kurzfristig als Referent zu der Veranstaltung geladen wurde. Krauße sei als cleverer, ruhiger, besonnener Mann der Kirche einzuschätzen, der kein „Sprücheklopfer" sei ...
3. Wertung, Meinung der Quelle
- Die Quelle schätzte ein, daß der überwiegende Teil der Anwesenden aus sachlichem Interesse an der Wismut-Umweltschutz-Problematik zur geplanten Veranstaltung kamen.
- Hädicke sagte nach der Veranstaltung zur Quelle:
„Der Anfang ist gemacht." Sie schätzte ein, daß H. im Sinne des Themas (geplantes Thema zur Veranstaltung) im Zusammenwirken mit ebenfalls interessierten Amtsträgern/Personen „Weitermachen wird".
- Wertung der Quelle: (persönliche Meinung einerseits und Meinung aus Gesprächen mit Anwesenden)
1. Meinung aus Gesprächen und der überwiegenden Gemeinde Ronneburgs:
- Der Staat hat die geplante Veranstaltung abgesagt – also hat der Staat Angst vor diesem Thema – also muß doch an den in der „Pechblende" getroffenen Angaben „was dran sein".
- Die Leute wollen Fakten von kompetenter Seite hören, was sie selbst zum Umweltschutz im Zh mit der Wismut mit tun können.
- Die Leute empfinden es als unangenehm, daß wie z.B. Pfarrer Hädicke erst fremde Leute nach Ronneburg kommen müssen, um sie

über ihre Probleme in Ronneburg „aufzuklären“. Warum redet die Wismut nicht selbst mit den Ronneburger „Ureinwohnern“ und geht mit Ihnen zusammen dieses Problem an!
2. Persönliche Meinung der Quelle:
- Jegliches massives Eingreifen des Staates im Sinne – „Es gibt das Problem nicht“ wäre das politisch Verkehrteste, was der Staat tun könne.
- Das ganze Problem muß – da es ja nun mal aufgeworfen ist – nüchtern, sachlich, behutsam – im Sinne des gemeinsamen Miteinander in der Verantwortung für unsere Umwelt angegangen werden. Natürlich so, daß stehende Kompetenzen und Verantwortungen auch bestehen bleiben.
- Ein erster Schritt dazu wäre ein Gruppen-Pfarrer-Gespräch vom Staat, staatliche Organe, wo z.B. kompetente Wissenschaftler/Wismut-Experten mitwirken und Rede/Antwort stehen.

F.d.R.d.A.
Feldhahn/Gefr.

F.d.R. Kopp
Oberleutnant

Für November und Anfang Dezember 1988 waren weitere Vortragsabende zum Uranbergbau-Thema in Altenburg, Jena und Gera geplant. Ich sagte meinerseits keinen dieser Termine ab, was wiederum zu neuen „Disziplinierungsgesprächen“ führte. Dazu hier die Gedächtnisprotokolle vom 25. November und 6. Dezember 1988:

▶ Michael Beleites
Georg-Büchner-Str. 1
6500 Gera

25. November 1988

Gedächtnisprotokoll

Am 24. November 1988 bestellte mich die Leiterin des Referats Kirchenfragen beim Rat des Bezirkes Gera, Frau Willms, für den 25. November 9.00 Uhr „zum Genossen Plöttner“.
Am 25. November 7.40 Uhr rief ich Herrn Plöttner, den Leiter der Abteilung Wismutangelegenheiten beim Rat des Bezirkes Gera, an, fragte ihn worum es geht und sagte, daß ich nach den Erfahrungen vom 8. November nicht bereit bin, ein weiteres derartiges Gespräch ohne Zeugen zu führen und daß, wenn ich komme, Herr Pfarrer Geipel mitkommen wird. Herr Plöttner sagte, er wisse erst seit eben von diesem Gespräch, es ginge von Herrn Spindler, dem Stellvertreter für Inneres des

Vorsitzenden des Rates des Bezirkes, aus und es ginge um meine „Auftritte". Er wolle sich erkundigen, ob Pfarrer Geipel dabei sein kann.
Um 9.00 Uhr waren Herr Pfarrer Geipel und ich beim Rat des Bezirkes. Frau Willms kam hinunter und wollte, daß ich mit nach oben komme, wir oben klären, ob Pfarrer Geipel mit teilnehmen kann und er solange unten wartet. Ich sagte, beide oder keiner. Herr Pfarrer Geipel erinnerte an die Aufforderung des Bischofs, keine Gespräche mit Staatsvertretern allein zu führen. Frau Willms sagte, wir sollen warten.
Nach zehn Minuten kam sie zusammen mit Herrn Bock, dem Leiter der Abteilung Inneres des Rates des Bezirkes. Herr Bock sagte, sie wollen nur mich sprechen, es dauere nur zehn Minuten, Pfarrer Geipel könne ja solange warten, „wenn er's nicht lassen kann". Ich sagte, beide oder keiner. Herr Bock sagte darauf, gut, dann machen wir's gleich hier. Daraufhin zehn Minuten im Flur stehend, Frau Willms, Herr Bock, Herr Pfarrer Geipel und ich:
Herr Bock trat nun sehr drohend auf und erklärte in schärfstem Ton, ich hätte meine „Loyalitätserklärung" nicht eingehalten, bin in Altenburg zum Thema Uranbergbau aufgetreten und wolle in Gera bei der katholischen Gemeinde (in Lusan) und „bei den Jenaer Studenten" (Studentengemeinde) auftreten, dies verbiete er mir erneut.
Ich fragte, ob ich nun auch etwas dazu sagen könne. Darauf Herr Bock: „Wenn's nicht so lange dauert." Ich sagte, dies seien Termine, die ich bereits vor einem halben Jahr zugesagt habe, die ich jetzt nicht absagen könne, da ich keine Gemeindeveranstaltungen absagen kann, das können nur die Gemeinden selbst bzw. die Kirchenleitungen tun. Herr Bock sagte, das sei nur eine Formulierungsfrage, er sei hier im Auftrag von Herrn Spindler, wenn Herrn Spindler meine Aussage nicht ausreicht, werde er mich erneut vorladen. Der Uranbergbau sei eine Angelegenheit des Staates und nicht der Kirche. Zur Zeit sei mein Auftreten zum Thema Uranbergbau untersagt, ob die „Pechblende" wissenschaftlich oder unwissenschaftlich ist, steht hier nicht zur Diskussion. Es gebe ja Dinge, die heute schlecht und morgen gut sind und welche, die heute gut und morgen schlecht sind.

Michael Beleites

▶ Michael Beleites
Georg-Büchner-Str. 1
Gera, 6500

Gera, am 6. Dezember 1988

Gedächtnisprotokoll

über ein Gespräch beim Rat der Stadt Gera am 6.12.1988,
von 10.00 bis 12.00 Uhr
Teilnehmer: Herr Paech, Stellvertreter des Oberbürgermeisters für Inneres, Herr Schnacke vom Erlaubniswesen und Michael Beleites

Zu dem Gespräch hatte Herr Paech eingeladen.
Herr Paech bedankte sich dafür, daß ich die kirchliche Studie „Pechblende – Der Uranbergbau in der DDR und seine Folgen" dem Geraer Stadtarchiv gegeben habe, da sie ihm als Vorgesetzten zur Kenntnis gegeben wurde. Ich hätte damit eine offene und entgegenkommende Haltung gegenüber den staatlichen Organen gezeigt, was sehr zu würdigen sei. (Am 2.12.88 hatte Herr Paech dies gegenüber Pfarrer Sahler noch als „nicht innerkirchliche Weitergabe" kritisiert.)
Auf seine Bitte hin berichtete ich, wie es zu der Studie kam, und welche Absicht ich damit verfolge. Herr Paech kam auf die kirchlichen Veranstaltungen zu sprechen, die in der vergangenen Woche in Gera stattfanden und sich mit der Uranbergbau-Thematik beschäftigten. Ich war für den 1.12. in die evangelische Gemeinde Gera-Liebschwitz und für den 2.12. in die katholische Gemeinde Gera, Nicolaistraße, als Referent eingeladen worden. Diese Veranstaltungen seien nicht genehmigt gewesen. Ihm werde von den Gemeinden immer der Veranstaltungsplan zur Genehmigung vorgelegt, und da seien diese Veranstaltungen nicht aufgeführt gewesen.
Ich sagte, daß er den offiziellen, staatlich durchgeführten Druck des Veranstaltungsplans genehmigen müsse und nicht die Veranstaltungen.
Herr Schnacke sagte daraufhin, es gebe einen „gewissen inneren Zusammenhang" zwischen Druck- und Veranstaltungsgenehmigung. Außerdem seien nach § 3, Abs. 6 der Verordnung über die Durchführung von Veranstaltungen vom 30.6.1980 alle Veranstaltungen, die nicht „ausschließlich religiösen Charakter" haben, genehmigungspflichtig.
Ich sagte, da man bei anderen „nicht ausschließlich religiösen" kirchlichen Veranstaltungen nicht auf die staatliche Genehmigung drängt, handelt es sich bei dem Verbot der Thematisierung des Uranbergbaus nicht um eine juristische sondern um eine politische Frage.
Herr Paech sagte, dies sei keine politische Ermessensfrage, sie seien

hier ganz eindeutig an die bestehenden Gesetze gebunden. Andererseits sagte er, daß man nichts dagegen hat, wenn ich über andere Umweltprobleme bei kirchlichen Veranstaltungen spreche. Ich sagte, daß dies ein Widerspruch ist, worauf Herr Paech das Gesagte genauso widersprüchlich wiederholte.
Jegliche weitere Veranstaltungen zum Uranbergbau-Thema solle ich in meinem eigenen Interesse „innerhalb des Territoriums des Kreises Gera-Stadt" unterlassen. Herr Paech sagte in Bezug auf die von mir erarbeitete Studie, ich sei von anderen Leuten „auf dieses Pferd gesetzt" und damit auf einen sehr gefährlichen Weg geschickt worden, den ich nun allein zu Ende gehen müßte. Es sei unverantwortlich von diesen Leuten, einen so jungen Menschen, der erst am Beginn seines Lebensweges steht, derartig auf's Glatteis zu schicken.
Ich sagte, wenn hier ein grundsätzlicher Fehler gemacht wurde, dann wohl nur der, daß wir uns gemeinsam – die Herausgeber der Studie und ich – bei der Beurteilung der gegenwärtigen innenpolitischen Verhältnisse verkalkuliert haben, da wir annahmen, daß sich auch bei uns bereits etwas mehr Offenheit und Toleranz durchgesetzt hat und die Diskussion über diese Fragen auf einer sachlichen Ebene geführt werden kann.
Ich sagte, daß ich mich nicht von heute auf morgen von der Uran-Thematik distanzieren kann, daß es auf keinen Fall darum gehen kann, ob ich mich weiterhin mit dem Thema auseinandersetze, sondern nur darum, wie das geschieht. Hier würde im beiderseitigen Interesse erstens ein Sachgespräch – das bisher leider nicht zustande kam – weiterhelfen, und zweitens auch ein anderer Umgang mit meiner Person, so z.B. eine Offenlegung der Gründe, warum ich seit 1 1/2 Jahren nicht ins Ausland reisen darf.
Herr Paech sagte, darum ginge es heute nicht.
Ich erinnerte daran, daß Herr Paech in der vergangenen Woche gegenüber Pfarrer Sahler und einem anderen Geraer Pfarrer sagte, daß sich seine Befürchtungen am 1.12. in Liebschwitz alle bestätigt hätten, daß ich nicht kompetent sei, um über diese Fragen zu sprechen, und daß ich selbst zugegeben hätte, daß der Inhalt der Studie unwissenschaftlich sei ...
Ich sagte, daß ich mich vor zwei Monaten gegenüber Herrn Spindler vom Rat des Bezirkes zu einem Sachgespräch mit den zuständigen staatlichen Experten bereiterklärt habe und in diesem Zusammenhang gesagt habe, daß ich selbstverständlich zu einer Korrektur möglicher Fehler bzw. zu einer Aufnahme neuer Aspekte bereit bin. Daß dieses Entgegenkommen meinerseits nicht zu einem Sachgespräch führt, sondern Herrn Paech dazu bewegt, gegenüber Geraer Pfarrern zu

sagen, ich hätte selbst zugegeben, daß die Studie unwissenschaftlich sei, halte ich für ein sehr unseriöses Verhalten, welches nicht zu einer offenen Gesprächsatmosphäre beiträgt.
Herr Paech sagte, dies sei ihm so vom Rat des Bezirkes übermittelt worden; hier beim Rat der Stadt sei das Verhältnis zu den Vertretern der Kirchen sehr vertrauensvoll und sachlich, wie ja das heutige Gespräch mit mir gezeigt habe.

Michael Beleites

Am 9. November 1988 hat der Staatssicherheitsminister, Erich Mielke, die „Pechblende" in der Reihe der „antisozialistischen Vervielfältigungserzeugnisse innerer Feinde" eingeordnet. In einer Instruktion des Ministers für Staatssicherheit vom 9. November 1988 zum Informationsbedarf der MfS-Zentrale über die „nach wie vor unvermindert anhaltenden Formierungsbestrebungen innerer Feinde sowie ... die Formen, Mittel und Methoden ihres Wirksamwerdens" heißt es u.a.:

INFORMATIONSBEDARF
zur Erarbeitung von Auskunftsberichten über nichtlizensierte Druck- und Vervielfältigungserzeugnisse antisozialistischen Inhalts und Charakters

Nichtlizenzierte Druck- und Vervielfältigungserzeugnisse im Sinne dieses Informationsbedarfs sind in der DDR hergestellte Schriften, z.T. als Periodika erscheinend, wie
- Informationsblätter (z.B. „Umweltblätter"; „Friedrichsfelder Feuermelder", „Friedensnetz");
- Dokumentationen (z.B. „Dokumenta zion", „Pechblende");
- Positionspapiere konzeptionellen Charakters (z.B. SCHORLEMMER-Thesen „Umkehr führt weiter ...", „Basispapier des Freundeskreises Wehrdienstverweigerer");
- Aufrufe zur Initiierung/Organisierung von Aktionen (z.B. Aufruf „Eine Mark für Espenhain", „Willenserklärung für eine Volksabstimmung zum weiteren Umgang mit der Kernenergie", verbunden mit Unterschriftensammlungen)

(Aus dem Scheiben des Ministers für Staatssicherheit Nr. 72/88 an die Leiter der Diensteinheiten des MfS, vom 9. November 1988)

Die Stasi-Kreisdienststelle Gera schrieb dann in ihrem Zwischenbericht vom 9. Mai 1989:

▶ Die Verteilung der Exemplare ist abgeschlossen, wobei sie gegenwärtig unkontrolliert unter der Hand weitergereicht werden. Zahlreiche Zuschriften an das Kirchliche Forschungsheim Wittenberg und den Verdächtigten fordern/bitten um die Bereitstellung von Exemplaren zur weiteren gezielten Verwendung. Das Pamphlet gehört zwischenzeitlich zum „Standardwerk" von „Umwelt- und Informationsbibliotheken" in kirchlichen Einrichtungen/von Baisgruppen. Teilweise wird auf diese Art auch eine künstliche Nachfrage erzeugt mit dem Ziel
- breite Kreise der Bevölkerung zu erfassen.
- weitere Aktivitäten damit auszulösen und
- den Nachweis zu erbringen, daß mit Hilfe der Bevölkerung unbedingte Veränderungen eingeleitet werden müssen. Darauf wird noch ver-wiesen.

Die meisten der Zuschriften, darunter Mediziner, ermuntern das KFH Wittenberg und den Verdächtigten, auf diesem Gebiet weiter so zu verfahren und bedanken sich dafür, daß endlich jemand den Mut gefunden hat, so umfangreich die Bevölkerung auf die Mißstände und Gefahren für Mensch und Umwelt hinzuweisen. Es werden eigene Erfahrungen mitgeteilt und angefragt, auf welche Weise sie (Absender) einen konkreten Beitrag zur Herbeiführung von Veränderungen leisten können.
Staatliche Angaben werden angezweifelt, die Richtigkeit der Aussagen/Inhalte der „Pechblende" davon abgeleitet, da seitens der staatlichen Organe/der SDAG Wismut keine Stellung bezogen wurde.
Begünstigend wirkte sich ferner aus, daß in den BRD-Medien das Pamphlet aufgegriffen wurde, ganz oder auszugsweise in propagandistischer Manier aufgezogen und kommentiert wurde ...
Über die HV A, Abt. II wurde am 14.09.88 außerdem bekannt, daß der ehemalige DDR-Bürger

JAHN , Roland

bei einem Treffen der Grünen im Oktober 88 in Berlin-West beabsichtigte, die „Studie über Probleme des Uranbergbaus in der DDR" an den Bundestagsabgeordneten der Grünen

SCHNAPPENTZ , Jürgen

mit der Maßgabe der Weiterleitung an

K N A B E , Wilhelm (MdB)

zu übergeben.

Als bemerkenswert wurde in den BRD-Medien hervorgehoben, daß der Autor der „Pechblende" nicht zur Verantwortung gezogen wurde und daraus geschlußfolgert, daß
- der beste Schutz für die eigene Person in der Öffentlichkeit liegt und
- die „Pechblende" das „einzige Heft bisher war, welches die Oberen überhaupt ernstgenommen haben".
Diese Form des eigenen Schutzes wird nach inoffiziellen Hinweisen in feindlich-negativen und klerikalen Kreisen als verallgemeinerungswürdig betrachtet und als Beispiel zur Nachahmung empfohlen.

Damit verbunden waren und sind zahlreiche Anfragen an den Autor des Pamphletes über dessen Inhalt im Rahmen der Veranstaltungen der Kirche , einschließlich zu kirchlichen Schwerpunktveranstaltungen/Höhepunkten zu referieren, um im Prozeß der „Bewahrung der Schöpfung" und der daraus erwachsenden „Verantwortung" der Kirche gerecht zu werden. Bereits 1988 wurden Terminvorschläge dem Verdächtigten unterbreitet, welche bis zum IV. Quartal 1989 reichen.

Tatsächlich ist der Verdächtigte wiederholt als „Referent" und „Sachverständiger" zum Thema „Uranbergbau und seine Folgen", dessen Grundlage die „Pechblende" bildete, aufgetreten. Aufgrund dessen wurden auf Weisung des 1. Stellvertreter Operativ des Leiters der BV Gera mit den Fachabteilungen XVIII und XX Festlegungen zur weiteren offensiven Bearbeitung, vor allem zur Vorbereitung und Durchführung eines Disziplinierungsgespräches mit dem Verdächtigten beim Rat des Bezirkes Gera durch Vertreter der Abt. Inneres und Wismutangelegenheiten, getroffen.
Die Zielstellung des Disziplinierungsgespräches bestand in
- Verhinderung des Aufbaues des Verdächtigten als „Wismutexperte" und „Führungspersönlichkeit" mit oder ohne Kirche,
- Einschränkung der Öffentlichkeitswirksamkeit und Unterbindung jeglicher Art und mündlicher/schriftlicher Form der Verbreitung der Inhalte des Pamphlets, da er dafür weder kompetent noch berechtigt ist sowie
- Entlarvung als „Scharlatan", da die inhaltlichen Aussagen teilweise unwahr, falsch, nicht korrekt und tendenziös sind und
- Verunsicherung bezüglich der Richtigkeit des Vorgehens/Auftretens/Darlegens zur Thematik des Pamphlets.
- Untersagung des derartigen Auftretens und Vorgehens.
Die Realisierung des Disziplinierungsgespräches erfolgte am 08.11.1988 auf der Grundlage einer konkreten Konzeption beim Rat des Bezirkes Gera.

Am Gespräch beabsichtigte der operativ bekannte

PFLUGBEIL, Sebastian
OV „Reaktor" der HA XX/1,

welcher maßgeblich an der Vorbereitung und Herstellung des Pamphletes mitgewirkt und ein Vorwort verfaßt hat, teilzunehmen, da es sich nach seiner Auffassung um ein „Expertengespräch" handelt.
Bereits im Vorfeld des Gesprächs vereinbarten der Pf. und der Verdächtigte auf der Basis des komplexen Fragespiegels, welcher in Vorbereitung dem Rat des Bezirkes Gera, Abt. Wismutangelegenheiten am 20.10.88 übersandt wurde, den „Dialog" zu finden, um maßgeblich die inhaltlichen Aussagen des Pamphlets präzisieren zu können und somit das Gespräch mit dem staatlichen Organ für ihre Zwecke zu mißbrauchen.
Entsprechend der erfolgten Abstimmung mit der HA XX/1 wurde der Pf. als Gesprächsteilnehmer abgewiesen ...
Im Ergebnis der Disziplinierung entstand der Eindruck, daß der Verdächtigte nicht bereit ist, den Beauflagungen in ihrer Gesamtheit zu entsprechen. Sein Ziel ist die Überarbeitung der „Studie", um eine Reihe von Korrekturen vorzunehmen.
Unter Nutzung des öffentlichen Aushanges im Schaukasten der evangelischen Kirche Ronneburg, wonach der Verdächtigte als Referent zum o.g. Thema für die Veranstaltung am 10.11.88 angekündigt war, wurde

Pfarrer HÄDICKE
OPK „Paar" – KD Gera

durch den Rat des Kreises Gera eröffnet, daß
- der Verdächtigte nicht als Referent/Wismutexperte auftreten darf und
- die Veranstaltung unter diesem Thema nicht durchzuführen ist, da sie nicht den Grundsätzen zwischen Staat und Kirche entspricht.

Zusätzlich wurde der Einsatz mehrerer gesellschaftlicher Kräfte, welche über das Fachwissen zur Problematik verfügen, organisiert.
Die Disziplinierung bewirkte, daß durch Pfr. H.
- das Thema kurzfristig abgesetzt wurde und dafür

Dr. KRAUSE
BV Karl-Marx-Stadt, Abt. XX

über die „Bewahrung der Schöpfung" sprach sowie

- der Verdächtigte auf Ersuchen des Pfr. nicht als Referent in Erscheinung getreten ist.
Im Ergebnis der Disziplinierungsmaßnahmen kann eingeschätzt werden, daß sie zu einer gewissen Verunsicherung der kirchleitenden Kräfte führte und sie zur Besonnenheit mahnte.
Ungeachtet dessen war in der Folgezeit feststellbar, daß der Verdächtigte selbst nicht gewillt war und ist, die staatliche Beauflagung einzuhalten. Bei der Veranstaltung am 10.11.88 trat er nur auf das persönliche Ersuchen von Pfr. Hädicke nicht als Referent in Erscheinung. Dafür „referierte" er
- am 14.11.88, 20.00 Uhr zum Thema „Uranabbau und dessen Folgen" in der Gnadenkapelle Altenburg, Veranstalter

HANS, Petra
Altenburg
Teilnehmer ca. 140,

- am 29.11.88, 20.15 Uhr zum gleichen Thema in den Räumen der ESG Jena, Veranstalter

Pfarrer LEMKE OV, XX
Jena
Teilnehmer ca. 100

- am 01.12.88, 19.00 Uhr, zum Thema „Uran in der Wipse?! Über den Uranbergbau, seine Risiken für uns und unser Umweltverhalten" im Pfarrhaus Gera-Liebschwitz, Veranstalter

Pfarrvikar LIEDTKE
Gera-Liebschwitz
und
Pfarrer KUDSZUS
Pfarrvakanz in Gera-Liebschwitz,

- am 02.12.88 zum Thema „Uranabbau und dessen Folgen" im katholischen Gemeindezentrum Gera, Nikolaistraße 4, Veranstalter

Dekan SAHLER
Teilnehmer ca. 120.

Über die Einbeziehung der Räte der Städte Altenburg, Jena und Gera, Abteilung Inneres, konnte im Gespräch mit den Veranstaltern die Wer-

bewirksamkeit zu den Veranstaltungen unterbunden, jedoch nicht die Durchführung der Veranstaltungen und das Auftreten des Verdächtigten als „Referent" verhindert werden. Die Veranstaltungen wurden durch inoffizielle und offizielle Kräfte abgesichert ...
In der Folgezeit entstanden in
- Ronneburg unter Leitung des Pfarrer Hädicke ein „Christlicher Umweltkreis", welcher versuchte, sich in staatliche Belange einzuschalten und Forderungen zu erheben,
- Gera-Liebschwitz unter Vikar LIEDTKE eine „Öko-Gruppe" und
- im katholischen Gemeindezentrum Gera, Nicolaistraße 4, unter Leitung der

TÜGEND, Gabriele
OPK – KD Gera

eine „Informationsbibliothek", wobei immer wieder Aktivitäten zur Auslotung der Grenzen des Handelns und ihrer Ausdehnung gegenüber den staatlichen Organen sowie der Erlangung der „Dialogbereitschaft" erkennbar waren.
Zur Einschränkung der weiteren Öffentlichkeitswirksamkeit, der vorbeugenden Verhinderung von Aktionen, Aktivitäten und der Durchsetzung politisch-operativer Maßnahmen zur Verunsicherung, Zersetzung und Disziplinierung sowie der Lenkung von Handlungen über zuständige staatliche Organe und Organisationen wurden nachstehende Festlegungen getroffen und realisiert:
1. Durchführung eines weiteren Disziplinierungsgespräches mit dem Verdächtigten am 06.12.88 durch den Rat der Stadt, Abt. Inneres, mit der Bekräftigung des Untersagens von entsprechenden Aktivitäten, wie sie am 08.11.88 beim Rat des Bezirkes Gera benannt wurden. Seither, begünstigend durch den Krankheitsverlauf des Verdächtigten, trat dieser nicht mehr als Referent in Erscheinung. Jedoch werden weitere Recherchen – darauf wird noch verwiesen – zur Präzisierung/Überarbeitung der „Pechblende" mit dem Ziel der Herausbringung einer 2. Auflage durch ihn realisiert. Darüber hinaus bestehen weitere Anfragen, als „Referent" bei kirchlichen Veranstaltungen aufzutreten.
2. Durchführung eines Ordnungsstrafverfahrens gegen

Pfarrer KUDSZUS,

da die ihm gegenüber eindeutig ausgesprochenen Auflagen der Wahrung des religiösen Charakters der geplanten Veranstaltung bewußt verletzt worden sind.

3. Erarbeitung einer Konzeption zum weiteren politisch-operativ offensiven Vorgehen gegen die vom Verdächtigten und dessen Pamphlet „Pechblende" ausgelösten kirchlichen Einmischungsversuchen in die staatliche Umweltpolitik – Uranerzbergbau – unter verstärkter Einbeziehung gesellschaftlicher Kräfte, da trotz erreichter Verunsicherung mit weiteren Angriffen auf die SDAG Wismut gerechnet werden muß.
Im Ergebnis der Realisierung der Konzeption vom 21.11.88 wurden nachstehende Aufgabenstellungen eingeleitet und umgesetzt:
1. Organisierung der gezielten langfristigen Eingabetätigkeit an das KFH Wittenberg und an den Verdächtigten. Dabei wurde auf die fehlende Wissenschaftlichkeit des Pamphlets, dessen verleumderischen, tendenziösen und Falschaussagen hingewiesen, die Empörung über die unnötige Beunruhigung der Bevölkerung zum Ausdruck gebracht und gefordert, von derartigen Aktivitäten wegen Inkompetenz Abstand zu nehmen. Damit verbunden war das Ziel, das Verhältnis zwischen Verdächtigten und Kirche zu erschüttern.
2. Aktivierung der verantwortlichen staatlichen Organe des Kreises Gera und der SDAG Wismut zur Wahrnehmung einer wirksamen Öffentlichkeitsarbeit im Einzugsgebiet der SDAG Wismut als staatliche Maßnahme ohne Dialog mit der Kirche.
(Aus dem Zwischenbericht zum TOV „Entomologe" der KD Gera des MfS, vom 9. Mai 1989)

Nun hatte man sich bei der Stasi wieder etwas Neues ausgedacht: Die Organisierung einer „Eingabetätigkeit an das KFH Wittenberg und an den Verdächtigten". Hier der erste organisierte Empörungsbrief und unsere Antwort darauf:

EINGABE — Gera, 14. Januar 1989

Im Dezember 1988 wurde mir auf einer Einwohnerversammlung die Schrift „Pechblende – Der Uranbergbau in der DDR und seine Folgen" zur Einsichtnahme vorgelegt. Mit Befremden und Empörung habe ich diese entstellende, unsachliche, verleumderische Veröffentlichung zur Kenntnis genommen. Für mich ist es unverständlich, daß die Kirche, die einen so engagierten Einsatz für die Erhaltung des Friedens und das Wohl der Menschen zeigt, eine Schrift veröffentlicht, die von der wichtigsten Aufgabe unseres Jahrhunderts, die Befreiung der Welt von Atomwaffen, ablenkt und eine verwerfliche Spekulation mit der Angst betreibt.
1958 habe ich nach dem Studium meine Tätigkeit in der SDAG Wismut,

Betrieb Aue, aufgenommen. In den vergangenen 30 Jahren war ich im Bergbau, der Forschung und Entwicklung und seit über 15 Jahren in der Aufbereitung tätig. In unserer Tätigkeit hatte die Gesundheit der Bergleute und Aufbereiter stets Priorität vor den Produktionsaufgaben. Der radiometrische Dienst zur Überwachung der Strahlenbelastung wurde mit Spezialisten und Meßgeräten ständig vervollkommnet und die Maßnahmen zur Vermeidung von erhöhtem Staub oder Radonkonzentrationen wurden stets vorrangig durchgesetzt. Die Bedingungen im Arbeitsprozeß und bei den Berührungspunkten zur Umwelt werden durch die staatlichen Institutionen (SAAS, Hygieneinspektion, Wasserwirtschaftsdirektion) ständig überwacht und die in den Gesetzen und Vorschriften vorgegebenen Belastungsgrenzwerte werden unterschritten.

In unserem Aufbereitungsbetrieb liegt der krankheitsbedingte Arbeitsausfall und die Unfallquote weit unter den Durchschnittswerten der DDR, und mir ist kein Fall einer durch Strahlenbelastung bedingten Krankheit im Aufbereitungsbetrieb bekannt.

Ich glaube, jetzt verstehen Sie, warum ich über die obengenannte Schrift empört bin und sie als Beleidigung für viele Menschen betrachte, die gewissenhaft und ehrlich ihre Arbeit seit Jahrzehnten durchführen.

Gestatten Sie mir noch folgende Gedanken.

Unsere Welt wird durch die angehäuften Atomwaffen und die Militärdoktrin der NATO über die Notwendigkeit der Atomwaffenabschreckung aufs äußerste gefährdet. Durch die Initiativen der sozialistischen Länder, der realistischen Denkweise vieler Kräfte in allen Ländern und den weltweiten Einfluß der Kirche beginnt sich ein neues Denken durchzusetzen. Die Erhaltung des Lebens auf der Erde, dieses wichtigste Menschenrecht steht höher als die speziellen Interessen verschiedener Klassen und Schichten. Das Handeln aller Staaten, Völker und jedes einzelnen muß auf die Durchsetzung dieses Menschenrechts gerichtet sein. Die Welt von Atomwaffen zu befreien, das ist die zentrale Aufgabe unseres Jahrhunderts, darauf müssen wir uns konzentrieren.

Die Menschheit wird von dieser zentralen Aufgabe abgelenkt, falls, wie in der Schrift „Pechblende" der Urangewinnung und Kernenergienutzung die ähnliche Gefährdung zugesprochen wird, wie sie durch Atomwaffen existiert.

Die Arbeiter und Ingenieure in der SDAG Wismut sind stolz darauf, daß nach 1945 durch ihre Uranproduktion ein Beitrag geleistet wurde, das militärische Gleichgewicht herzustellen. Die Kräfte, die in Hiroshima und Nagasaki soviel Elend über die Menschen gebracht haben, wurden

dadurch daran gehindert, nochmals mit Atomwaffen Millionen von Menschenleben zu zerstören.
Heute ringen unsere Werktätigen um gute Ergebnisse zur Stärkung unseres Staates und zur Absicherung der zukünftigen Energieerzeugung. In Frankreich werden gegenwärtig bereits 70% der Energieerzeugung in Atomkraftwerken, in Belgien 67%, in Spanien 29% und in der DDR 10% erzeugt. Eine echte Alternative gibt es gegenwärtig nicht. Das Sicherheitsniveau dieser Anlagen wird ständig vervollkommnet. Wird diese Tätigkeit der hunderttausenden hervorragenden Arbeiter und Spezialisten in diesen Ländern, die durch friedliche Nutzung der Atomkraft für das Wohl der Menschen Großes leisten, als Gefährdung des Lebens dargestellt, dann wird die Friedensbewegung geschwächt und die gesamte Menschheit gefährdet.
Unzulässig ist die in der genannten Schrift betriebene gewissenlose und unberechtigte Spekulation mit der Angst über mögliche Krebserkrankungen.
Internationale Studien belegen, daß z.B. in den USA für ca. 35% der Krebstodesfälle Zusammenhänge mit Nahrungsfaktoren und der Ernährungsweise angenommen werden und daß weitere 30% Folgen des inhalierten Zigarettenrauches sind und weitere Krebsrisiken im Zusammenhang mit hohem Alkoholkonsum und Umweltfaktoren stehen. Die Verringerung der Krebsrisiken erfordert deshalb eine Senkung des Zigarettenkonsums, Verbesserung von Ernährungsgewohnheiten, Senkung des Alkoholverbrauches, strikte Einhaltung aller Vorschriften des Strahlenschutzes und ein hohes Maß an Sexualhygiene.
Das nationale Krebsregister des Zentralinstitutes für Krebsforschung der Akademie der Wissenschaften der DDR führt einen jährlichen Zugang von etwa 7000 Bronchialkartinomen in der DDR an und weist aus, daß für die bergbauaktiven Kreise des Uranbergbaus der DDR keine überdurchschnittlichen Werte auftreten.
Das sind die Fakten.
In der Schrift „Pechblende" wird jedoch durch kritiklose Anhäufung von in der Literatur veröffentlichten Vermutungen, Annahmen und Hypothesen sowie eigene Spekulationen und unwisschenschaftlichen Deutungen (siehe z.B. Strahlensmog in Gera) der Eindruck heraufbeschworen, daß in den bergbauaktiven Kreisen eine riesige Krebsgefahr besteht und alle Erkrankungen eine Folge der Urangewinnung sind. In dem Bemühen, diese unzulässige und verwerfliche Spekulation mit der Angst auf die Spitze zu treiben, wird der SDAG Wismut unterstellt, die Menschen zu Alkoholikern zu erziehen.
Eine solche Darstellung führt zu unbegründeter Beunruhigung der Menschen und erschwert die Bemühungen der Ärzte zur Senkung der

Krebsrisiken durch Konzentration auf die obengenannten Schwerpunkte. Das ist einfach unmenschlich.
Die Vertreibung dieser Schrift „Pechblende" steht nach meiner Ansicht im Widerspruch zu dem edlen Anliegen der Kirche, den Menschen zu helfen. Dem hohen Ansehen der Kirche, in dem Bemühen, das Weltgewissen im Kampf um den Frieden wachzurütteln, wird durch so eine entstellende, unsachliche und spekulative Veröffentlichung kein guter Dienst erwiesen.
Ich hoffe Ihnen verständlich gemacht zu haben, worauf sich meine Empörung über die Schrift „Pechblende" begründet.
Meine Eingabe betrachte ich als Beitrag, daß Sie Ihr Vorgehen überdenken, zukünftig weiter derartige verleumderische Veröffentlichungen zu tätigen.
Ich setze Sie in Kenntnis, daß ich jeweils eine Durchschrift dieser Eingabe an
- das Staatssekretariat für Kirchenfragen der DDR
- den Rat des Bezirkes Gera und an
- die Landeskirche Thüringen
versende.

Hochachtungsvoll

Eife

▶ Kirchliches Forschungsheim
Mittelstraße 33
Wittenberg
4500

Wittenberg, 23. Januar 1989

Herrn
Dr. Karl-Heinz Eife
Gera ...

Sehr geehrter Herr Dr. Eife!
Uns war klar, daß die Studie über die Folgen des Uranbergbaus Diskussionen auslöst. Doch wir hatten angenommen, daß in unserer Gesellschaft inzwischen eine Atmosphäre herangereift ist, die es ermöglicht, solche Diskussionen auf einer sachlichen Ebene zu führen. Da Sie kein Sachgespräch über die inhaltlichen Fragen anbieten – wie es einige Ihrer Kollegen getan haben – sondern lediglich die Frage nach weiteren derartigen Veröffentlichungen stellen, also mit uns nicht über das „wie" bzw. „was", sondern nur über das „ob" solcher Studien diskutieren wollen, halten wir Ihren Beitrag für nicht sehr konstruktiv.

Ganz abgesehen davon ist Ihre Begründung widersprüchlich, verdrehen Sie einige Dinge, und Sie unterstellen unserer Studie Aussagen, die in ihr gar nicht enthalten sind. Hier wird Ihr Schreiben selbst „entstellend, unsachlich und verleumderisch".

- Sie widersprechen sich, wenn Sie einerseits eine Senkung des Alkoholverbrauchs fordern, andererseits aber die Kritik an den Alkoholzuteilungen bei der SDAG Wismut als „unzulässig und verwerflich" bezeichnen.
- Die Studie „Pechblende" lenkt nicht von der wichtigsten Aufgabe unseres Jahrhunderts, der Befreiung der Welt von Atomwaffen, ab, sondern bekräftigt diese Aufgabe, indem sie auf die Gefahren der atomaren Bewaffnung hinweist, die der Stationierung und einem möglichen Einsatz vorausgehen – auf die Gefahren der Herstellung von Atomwaffen, wo die Problematik des Abbaus und der Verarbeitung des Atomwaffenrohstoffs Uran dazugehört. Ihr Stolz, in der Uranproduktion einen Beitrag für die Herstellung des militärischen Gleichgewichts zu leisten, erscheint uns nicht mehr zeitgemäß, wenn Erich Honecker sagt, daß das „Teufelszeug" verschwinden muß und Michail Gorbatschow bereits eine Abschaffung aller Atomwaffen bis zum Jahr 2000 vorgeschlagen hat.

Wir denken, die Friedensbewegung wird nicht dadurch geschwächt, wenn man die Probleme in einem größeren Zusammenhang darstellt. Sie wird vielmehr dadurch geschwächt, wenn man ihr vorschreibt, welche Themen sie diskutieren darf und welche nicht und man eine freie und umfassende Information behindert ...

Wenn Sie sich über Latenzzeiten bei der Krebsentstehung und über Streuungsgrenzen innerhalb geographischer Krebsstatistiken informieren, werden Sie feststellen, daß Ihre Aussagen „kein Fall einer durch Strahlenbelastung bedingten Krankheit" und „für die bergbauaktiven Kreise des Uranbergbaus der DDR keine überdurchschnittlichen Werte", voreilig optimistisch bzw. nicht beweiskräftig sind.

Im Übrigen gibt es eine ganze Reihe von Ärzten und Naturwissenschaftlern unseres Landes – auch in Gera –, die die Aussagen der Studie „Pechblende" für grundsätzlich zutreffend halten und sie durch eigene Erkenntnisse bekräftigen. Auch Bergarbeiter haben sich für diesen, ihrer Meinung nach längst überfälligen Beitrag zur Information der betroffenen Gemeinden bei uns bedankt. Die konkrete Benennung der vorhandenen Gesundheits- und Umweltgefahren hat bisher keiner als „Beleidigung" empfunden. Im Gegensatz dazu empfinden viele Menschen das Verschweigen dieser Gefahren seitens der Institutionen, die diese Gefahren am genauesten kennen, gegenüber den direkt Betroffenen als Beleidigung. Auf das von Ihnen gebrauchte Wort

„unmenschlich" wollen wir hier nicht zurückgreifen, da wir als Christen niemandem das Mensch-sein absprechen und auch unsere Kritiker und Gegner nicht zum Feind machen. Wir hoffen darauf, daß sich Meinungsverschiedenheiten menschlich und sachlich klären lassen.
Wenn Sie der Meinung sind, daß die Maßnahmen der SDAG Wismut zur Verringerung der radioaktiven Belastungen der Arbeiter und der Umwelt in der Studie unterrepresentiert sind, so lassen Sie uns darüber bitte detailliertere Informationen zukommen, die Ihnen ja sicher bekannt sind. Da Ihnen offenbar das nationale Krebsregister der DDR zugänglich ist, könnten Sie uns sicher auch die auf die Berufsgruppe der Uranbergarbeiter aufgeschlüsselte Lungenkrebshäufigkeit mitteilen. Vielleicht können Sie uns über die Strahlungssituation, die alle Grenzwerte unterschreitet, auch in Form von Meßwerten unterrichten.

Hochachtungsvoll

Pfarrer Dr. Hans-Peter Gensichen
Leiter des Kirchlichen Forschungsheims
Wittenberg

Mit den „Disziplinierungsgesprächen" des Jahres 1988 erreichte die Stasi nicht die erwünschte „Trennung des Verdächtigen von der Kirche", sondern das Gegenteil. Das Kuratorium des Kirchlichen Forschungsheimes schlug mich für das Otto-Kleinschmidt-Stipendium vor und das Konsistorium der Evangelischen Kirche der Kirchenprovinz Sachsen in Magdeburg stellte mich daraufhin Anfang 1989 für vier Monate als kirchlicher Mitarbeiter ein. Damit förderte die Kirche – die sich früher zurückgehalten hatte – jetzt offiziell die Thematisierung des Uranbergbauproblems. Und sie stellte sich, als die Stasi-Angriffe gegen mich immer massiver wurden, offen auf meine Seite. Dies wieder rückgängig zu machen, war das Ziel des zweiten Stasi-Briefes, der im Januar 1989 nach Wittenberg geschickt wurde:

Bezirkskrankenhaus Gera

RADIOLOGISCHE KLINIK

Chefarzt. OMR Prof. Dr. sc. med. A. Schawow

Radiologische Klinik · Dr.-Friedrich-Wolf-Straße 16 · Gera 6500

Pfarrer
Dr. Hans-Peter Gensichen
Kirchliches Forschungsheim
Mittelstraße 33

WITTENBERG

4 6 0 0

Ihre Zeichen	Ihre Nachricht vom	Unsere Zeichen	Datum
		Prof.Scha/Scha	23. 01. 1989

Betreff:

Werte Kollegen!

1988 erhielt ich von einem Freund die durch Ihre Einrichtung verlegte Studie "Pechblende" vom Autor Michael Beleites zur Kenntnis.

Ich habe mit Interesse diese studiert und konnte abschließend für mich die Schlußfolgerung ziehen, daß das Schriftmaterial von Herrn Beleites in vielen Punkten eine sachliche Diskussion nicht zuläßt, unbegründete Behauptungen aufstellt und dadurch seinen wissenschaftlichen Charakter eindeutig in Frage stellt.

Es ist zwar ein umfangreiches Literatur- und Quellenverzeichnis angegeben worden; es fehlen aber leider jegliche Untersuchungen, einwandfreies statistisches Material und sich daraus ergebende Analysen. Statt dessen werden immer wieder Auslegungen getroffen, Behauptungen aufgestellt und Empfehlungen formuliert, die als wissenschaftlich erwiesen gelten sollen.

Ich bin selbst Radiologe und arbeite in der medizinischen Forschung und Praxis auf diesem Gebiet und nach jahrzehntelangen Erfahrungen weiß ich, wie schwierig und verantwortungsvoll praxisbezogene Empfehlungen und Festlegungen, insbesondere bei der biologischen Wirkung der "kleinen Dosen", zu treffen sind. Selbst Publikationen renomierter wissenschaftlicher Einrichtungen pflegen mit äußerster Vorsicht, Sorgfalt und Verantwortung ihre Meinungen darzulegen und zur Diskussion zu stellen. Aus diesen Gründen resultiert auch meine Meinung, daß der wissenschaftliche Charakter des Materials "Pechblende" viel zu wünschen übrig läßt.

Was mich dennoch veranlaßte, Ihnen diesen Brief zu schreiben, war eine Notiz im "Thüringer Tageblatt" vom 06. 01. 1989. Danach vergaben Sie vor kurzem Ihr "Otto-Kleinschmidt-Stipendium" an Herrn Michael Beleites, von dem ich annehme, daß dieser Tierpräparator aus Gera identisch ist mit dem Autor der bereits genannten Studie.

Mn G 17/149/87 V-5-25

Fernsprecher ~~22631~~ 569 100

Wenn das der Fall wäre, so kann ich mich einer Verwunderung nicht enthalten.

Da mir unbekannt ist, inwieweit Sie an Ihrer Einrichtung über die nötigen Fachleute verfügen, die Gefahren für Umwelt und Gesundheit durch den Uranerzbergbau objektiv einzuschätzen vermögen, möchte ich Sie hiermit auf meine Bewertung der Studie aufmerksam machen. Unwissenschaftliche Behauptungen und unbegründete Empfehlungen sind insbesondere für Leser, die keine Fachkenntnisse besitzen, meiner Meinung nach nicht nur unnützlich, sondern auch schädlich, was mit Sicherheit auch von Ihrer Institution nicht anders eingeschätzt werden kann.

Ich möchte unterstreichen, daß ich Ihr Forschungsheim als eine erwiesene wissenschaftliche Einrichtung ansehe.
Auf diese persönlichen Erfahrungen möchte ich Sie hinweisen, ohne mich einmischen zu wollen.

Für weitere Auskünfte zur Studie stehe ich Ihnen bei Bedarf gern zur Verfügung.

Mit freundlichen Grüßen

A. Simanow

▶

KIRCHLICHES FORSCHUNGSHEIM
4600 LUTHERSTADT WITTENBERG
MITTELSTRASSE 33 . FERNRUF 2601

Bezirkskrankenhaus Gera
Radiologische Klinik
Herrn OMR Prof. Dr. sc. med. A. Schawow
Dr.-Fr.-Wolf-Str. 16
Gera
6 5 0 0

Wittenberg, den 30.1.89

Sehr geehrter Herr Professor Dr. Schawow!
Ihren Brief vom 23.1. d.J. betr. Michael Beleites habe ich erhalten. Ihre Andeutungen über die Unwissenschaftlichkeit, Unhaltbarkeit und Unverantwortbarkeit der Aussagen seines Heftes „Pechblende" könnten Sie bei einem sachbezogenen Dialog mit Herrn Beleites begründen; in Ihrem Brief ist dies ja nicht geschehe ...
Ihre Verwunderung über die Vergabe unseres Forschungsstipendiums an Herrn Beleites teile ich selbstverständlich nicht. Ich bin nur verwundert über Sie. Sie, Herr Professor, können die Kriterien nicht kennen, die einen Menschen bei uns stipendienwürdig machen, ebensowenig, wie Sie die Aufgabe kennen, die Herr Beleites im Rahmen des Stipendiums zu erfüllen hat.
Ich möchte nur soviel sagen, daß die Vergabe des Otto-Kleinschmidt-Stipendiums ein Ausdruck der Wertschätzung und der Förderungsabsicht seitens der Leitung des Forschungsheims ist und zweifellos auch den Stellenwert zum Ausdruck bringt, welchen die Gesamtkirche dem Engagement und der Kompetenz des mit diesem Stipendiums Geehrten beimißt.

Es grüßt Sie
Dr. H.-P. Gensichen

Am 6. Juli 1989 hat man dann bei der Stasi den folgenden Bericht über die „offensiven Vorbeugungsmaßnahmen“ geschrieben:

Kreisdienststelle Gera

Gera, 6. Juli 1989
ma-st

BERICHT
über die Einleitung und Durchführung weiterer offensiver Vorbeugungsmaßnahmen gegen das kirchliche Forschungsheim Wittenberg und den Verdächtigen des TOV „Entomologe“ im POZW mit gesellschaftlichen Kräften

1. Zielstellung
Ziel der Maßnahmen ist es, jene Kräfte des KFH Wittenberg, die den Verdächtigen unterstützten, weiter zu verunsichern und den Verdächtigen als wissenschaftlich unkompetente Person zu entlarven. Weiter wird dadurch die Zielstellung verfolgt, den Verdächtigen letztlich vom KFH zu trennen, indem vom KFH die Unterstützung für ihn eingestellt und die z.Z. vom Verdächtigen in Bearbeitung befindliche Zweitauflage des Pamphletes „Pechblende“nicht erscheint.

2. Durchgeführte Maßnahmen
Bereits Anfang des Jahres 1989 wurden durch die Beauftragung und Instruierung der IMS „Schulze“ und „Zufelde“ von diesen Personen Eingaben und Schreiben als wissenschaftlich-technische und medizinische Fachkräfte an das KFH Wittenberg gerichtet.
Diese Schreiben, die vor allem die Wissenschaftlichkeit der „Pechblende“ des Verdächtigen in Frage stellten, führten zu einer Verunsicherung des Verdächtigen, die vor allem darin zum Ausdruck kam, daß er trotz Ankündigung die o.g. Quellen nicht zwecks Gesprächsführung aufsuchte. Darüber hinaus teilte die Abt. XX der BV Halle mit, daß der Verdächtige vom Vorwurf der Unwissenschaftlichkeit seines Pamphletes besonders beeindruckt bzw. enttäuscht war und bat darum, diese „Eingabetätigkeit“ zum KFH Wittenberg fortzusetzen.
Da der Verdächtige seine Arbeiten weiterführte, obwohl sein Honorarvertrag mit dem KFH seit 5/89 nach inoffiziellen Feststellungen abgelaufen ist, wurde durch unsere SE begonnen, ausgehend vom Schreiben des IMS „Zufelde“, ein weiteres Schreiben an das KFH vorzubereiten.
Als Voraussetzung für ein Schreiben des ÄD des Bezirkskrankenhauses Gera, Gen. Prof. Kinzl, wurde in Zusammenarbeit mit Prof. Kinzl und dem IMS „Zufelde“ eine Veranstaltung des wissenschaftlichen Rates

des BKH Gera zu Problemen der Umweltbelastungen und möglicher Gesundheitsschäden durch radioaktive Strahlung im Zusammenhang mit dem Uranbergbau vorbereitet. Dazu wurde als kompetenter Gast der Chefarzt der Radiologischen Klinik des BKH Karl-Marx-Stadt, Prof. Dr. sc. med. Neumeister geladen.
Diese Veranstaltung des wissenschaftlichen Rates des BKH Gera fand am 20.06.1989 statt. Teilnehmer waren, neben den Mitgliedern des wissenschaftlichen Rates des BKH, alle Chefärzte und gesellschaftliche Kräfte der Einrichtung (22 Personen).
Durch Prof. Neumeister wurde in seinem Vortrag auch auf die „Stern"-Veröffentlichung zum Problem „Pechblende" eingegangen und die angesprochenen Probleme wissenschaftlich fundiert widerlegt. (IM-Bericht dazu als Tonbandabschrift liegt vor.)
Ausgehend von der Tagung des wissenschaftlichen Rates, insbesondere den Ausführungen von Prof. Neumeister, wurde dann vom ÄD des Bezirkskrankenhauses Gera, der in der Anlage befindliche Briefentwurf an das KFH Wittenberg angefertigt.
Dieser Entwurf wurde nach Abstimmung mit der KD Gera am 29.06.89 durch den ÄD des BKH Gera zur Realisierung unserer Zielstellung an das KFH Wittenberg gesandt. Eine ähnliche Maßnahme gegen das KFH, unter Nutzung des Prof. Neumeister, wird über die Abt. XX der BV Karl-Marx-Stadt vorbereitet.

Markgraf
Major

Anlage
4 Seiten
Briefentwurf

Nichtredaktierter Entwurf

Sehr geehrte Damen und Herren!
Getragen von der Verantwortung als Arzt und Wissenschaftler möchte ich mich in einer Angelegenheit zu einem gleichermaßen medizinischen wie gesundheitspolitischen Problem an Sie wenden. Ich sehe das als meine Pflicht an, getragen vom Eid des Hippokrates und den zutiefst humanistischen Idealen unserer sozialistischen Gesellschaft.
Es geht mir um das Problem der sogenannten Pechblende, die Frage nach der Umweltbelastung und möglicher Gesundheitsschädigung durch radioaktive Strahlung im Zusammenhang mit dem Uranbergbau. Bekanntlich wurde diese Diskussion durch westliche Massenmedien

ins Extreme gesteigert und dabei mehr polemisch – mit unverkennbarer politischer Zielstellung – behandelt als naturwissenschaftlich fundiert erörtert. Mir sind auch die Arbeiten hierzu aus Ihrer Einrichtung bekannt, weil es nicht ausbleibt, daß diese auch in verschiedenen Kreisen der Bevölkerung diskutiert werden. So gab es naturgemäß auch in der Ärzteschaft unseres Bezirkskrankenhauses lebhafte Diskussionen hierzu. Ich kann die Fragen und Sorgen unserer Menschen zu diesem Problemkreis aus psychologischer Sicht durchaus verstehen. Meine wissenschaftliche und ärztliche Pflicht sehe ich jedoch darin, auf die aufgeworfenen Fragen eine beweiskräftige, nachprüfbare Antwort zu geben, die auf gesicherten naturwissenschaftlichen und medizinischen Kenntnissen beruht und sich nicht im Nebel von Mutmaßungen und Spekulationen verliert.

So haben wir anläßlich einer Veranstaltung des Wissenschaftlichen Rates des Bezirkskrankenhauses Gera, Fortbildungszentrum der Akademie für Ärztliche Fortbildung der DDR, am 20. Juni 1989, dem u.a. vier Professoren und sieben Dozenten angehören, uns sehr eingehend mit dieser Frage beschäftigt. Dazu hatten wir als kompetenten Gast den Chefarzt der Radiologischen Klinik des Bezirkskrankenhauses Karl-Marx-Stadt, Herrn Prof. Dr. sc. med. Neumeister, eingeladen.

Im Ergebnis der anschließenden Diskussion im Wissenschaftlichen Rat des Bezirkskrankenhauses sind wir zu folgenden Schlußfolgerungen gekommen, die ich kurz darstellen darf:

Die DDR hat eine der hervorragendsten Gesetzgebungen zum Strahlenschutz und eines der engmaschigsten Netze zur Strahlungsüberwachung in der Welt überhaupt. Das belegen Aussagen internationaler wissenschaftlicher Gremien, der Internationalen Atom-Energiebehörde in Wien als eine der Spezialorganisationen der UNO und die Ergebnisse bilateraler Verhandlungen zwischen den Umweltministern der DDR und der BRD.

Auf dieser Grundlage erfolgen in der DDR alle Überwachungen und Kontrollmaßnahmen. Entsprechend der internationalen medizintechnischen Entwicklung vollziehen sich auch in der DDR gewichtige Veränderungen z.B. für den Einsatz der Ultraschall-B-Bildgeräte in der Diagnostik, wodurch allein in der Stadt Gera pro Jahr 15 000 Patienten weniger einer Strahlenbelastung durch Röntgendiagnostik ausgesetzt werden.

Bei den die Umwelt insbesondere belastenden radioaktiven Radongasen handelt es sich um eine Strahlungsquelle, welche die sog. Alpha-Strahlung bewirkt. Diese dringt nur Bruchteile eines Millimeters in den Organismus ein, wodurch als einzige mögliche Risikobelastung die Entstehung von Bronchialkarzinomen in Frage kommt.

Es ist bekannt, daß gerade das Problem des Bronchialkarzinoms im Zusammenhang mit der radioaktiven Umweltbelastung durch Uranbergbau bzw. die Radongasfreisetzung diskutiert wurden und werden. Aufgrund der Charakteristik der radioaktiven Strahlung des Radongases sind allgemeine Erscheinungen und Symptome wie Haarausfall, Müdigkeit usw. naturwissenschaftlich auszuschließen. Eine Analyse der Verteilung der Sterbefälle an Bronchialkarzinomen in der DDR zeigt, daß erstaunlicherweise in den Nordbezirken die Erkrankungshäufigkeit an Bronchialkarzinomen höher ist als in den Südbezirken (veröffentlicht in den Statistischen Jahrbüchern „Das Gesundheitswesen der DDR").
Auf der Grundlage unserer lückenlosen Erfassung sämtlicher Krebserkrankungsfälle (Nationales Krebsregister der DDR) sind diese Angaben zweifelsfrei. Nun ist dieser scheinbare Widerspruch (höhere Erkrankungshäufigkeit an Bronchialkarzinomen in den Nordbezirken der DDR anstatt – wie vielleicht zu erwarten wäre – in den Bezirken Karl-Marx-Stadt und Gera mit einer höheren radioaktiven Belastung der Umwelt durch den Uranbergbau) keine Besonderheit der DDR, und für Schweden und für die Schweiz liegen ebenfalls gesicherte Zahlen vor, daß die Erkrankungshäufigkeit an Bronchialkarzinomen in Gegenden mit höherer Radongasbelastung geringer ist als in anderen Landesteilen. Ein in der wissenschaftlichen Fachwelt stark diskutiertes Thema ist z.Z. die biologische Wirkung sog. kleiner und kleinster Strahlungsdosen. Hierbei kommt es paradoxerweise auch zur sog. biopositiven Wirkung geringster Strahlenmengen am lebenden Organismus, d.h. zum Beispiel eine Stimulation grundlegender Lebensfunktionen.

Die wissenschaftliche Diskussion zu letzterem wird sicherlich noch lange dauern, bevor es zu einer einheitlichen Lehrmeinung kommt, wann welche Strahlung bei welcher Dosis und Einwirkung auf welchen Organismus einen sog. biopositiven Stimulationseffekt hat, ab wann die Strahlung schädigend und ab welcher Dosis krankheitsinduzierend, z.B. krebsauslösend, wirkt.

In unserer heutigen Zeit der wissenschaftlichen Durchdringung aller Bereiche ist es mir persönlich unverständlich, wie Sie in Ihrer Arbeit ohne ausreichende Fundierung Aussagen über die schädigende Wirkung radioaktiver Strahlung infolge des Uranbergbaus treffen können.

Sie wollen bitte Verständnis für meinen Wunsch haben, Sie im Ergebnis einer Tagung des Wissenschaftlichen Rates des BKH Gera über unsere Meinung zu informieren.

Selbstverständlich stehe ich Ihnen, wenn Sie es wünschen, auch für eine weitergehende Besprechung dieser und weiterer fachlicher Details zur Verfügung.

Dieser Text kam als wörtlich identischer Brief des Ärztlichen Direktors des Bezirkskrankenhauses Gera, Herrn Prof. Kinzl, mit dem Datum vom 28. Juni 1989 beim Kirchlichen Forschungsheim in Wittenberg an. Der Leiter des Kirchlichen Forschungsheims, Dr. Hans-Peter Gensichen, schrieb daraufhin in seinem Antwortbrief:

▶ Ihre Aussagen zur Sache machen mir doch sehr den Eindruck des Herunterspielens von Problemen. Etwas karikiert gesagt, lese ich aus ihnen heraus, daß man nirgendwo sicherer vor irgendwelchen negativen Auswirkungen radioaktiver Strahlung ist als a) in der DDR und b) in deren Bezirken Gera und Karl-Marx-Stadt.
- Das Fehlen ausreichender empirischer Fundierung seiner Aussagen können Sie dem Autor nun wirklich nicht anlasten. Denn 1. zeigt schon das Literaturverzeichnis und die Literaturverarbeitung im Text das Gegenteil, und 2. müßte man, wenn man mangelhafte Belege zum Thema „Uranbergbau" beklagt, die gesamtgesellschaftliche Tabuisierung dieses Themas benennen, nicht aber einen Autor kritisieren, der mit seiner Arbeit eben diesen Mangel ein Stück weit zu beheben versucht ...
Der erste Zweck der „Pechblende" war es, die Betroffenen zu informieren. Der zweite Zweck war, damit eine offene gesellschaftliche Diskussion über die angesprochenen Probleme in Gang zu bringen.
Wenn es unter den Ärzten in Gera „lebhafte Diskussionen hierzu" (wie Sie schreiben) gab, dann ist dieser zweite Zweck ja schon ein klein wenig erreicht. Hier wäre aber sicher noch viel mehr nötig. Und so möchte ich Sie und Ihre Kollegen bitten, über den Medizinerkreis hinaus für öffentliche und offene Diskussion des Themas „Uranbergbau, Umwelt- und Gesundheitsrisiken" einzutreten.

Ende Juni 1989 erhielt ich den unten zitierten Brief, der zunächst nicht nach Stasi aussah:

▶ Sehr geehrter Herr Beleites!
Vom Kirchlichen Forschungsheim Wittenberg wurde mir Ihre Arbeit „Pechblende" dankenswerterweise zur Verfügung gestellt. Ich bin Leiter der o.bez. Gesundheitseinrichtung und vorwiegend praktisch tätiger Chirurg und habe Ihre Arbeit mit großem Interesse gelesen. Entsprechend der Empfehlung aus Wittenberg würde ich auch gern mit Ihnen selbst darüber disputieren ... Falls Sie gleichfalls Interesse haben, rufen Sie doch mal an.
Mit freundlichen Grüßen Dr. Wilutzky

Ich vereinbarte einen Termin mit Herrn Dr. Wilutzky und besuchte ihn am 11. Juli 1989 im Weidaer Krankenhaus. Herr Dr. Wilutzky, der Ärztliche Direktor dieses Krankenhauses, sagte mir gleich bei der Begrüßung, daß er gerade von einer Feier beim LPG-Vorsitzenden zurückkam. Er roch stark nach Alkohol, hatte aber Bereitschaftsdienst – als Chirurg. Dann redete er ununterbrochen und unzusammenhängend auf mich ein und sprach von angeblichen Falschaussagen und „Panikmache“ in der Studie „Pechblende“. Mich ließ er kaum zu Wort kommen. Als ich merkte, daß dieses Gespräch sinnlos war, entschloß ich mich, zum Bahnhof zu gehen und mit dem nächsten Zug wieder nach Gera zu fahren. Erst wollte mich Herr Dr. Wilutzky mit dem Auto zum Bahnhof bringen, doch dann sagte er: „nein, ich habe ja getrunken“ – und ich mußte laufen. Ich wußte damals nicht, ob Stasi oder Wichtigtuerei. Heute weiß ich, es war beides. Der Ärztliche Direktor des Krankenhauses Weida übergab der Stasi folgenden Bericht:

▶ Kreisdienststelle Gera　　　　Gera, 01.08.89
ABSCHRIFT

Quelle: Dr. Wilutzky, ÄD des KH Weida
erh: Major ... / 21.07.89

Zusammenfassender Bericht

Am 11.07.89 von 15.00 bis 16.15 Uhr führte ich mit dem Bürger
Beleites, Michael
ein Gespräch bezüglich seiner Schrift „Pechblende". Zuvor war mir aufgefallen, daß er sich nach meiner schriftlichen Kontaktaufnahme und dem Angebot einer telefonischen Terminvereinbarung, mit dem Anruf relativ viel Zeit gelassen hatte. Möglicherweise hat er sich vorher über mich informiert.
Am Telefon machte er in Ausdruck, gedanklichem Ablauf und Wortwahl einen sehr einfachen, beinahe naiven Eindruck auf mich. Ich war jedoch vorinformiert, daß er ein durchtriebener Agitator, voller klassenfeindlicher Ideen und Aktivitäten ist. Dennoch nahm ich meine Aufgabe sehr ernst und bereitete mich gründlich vor. Die Informationen bestätigten sich im Gespräch.
Der Bürger B. kam allein und einige Minuten vor der vereinbarten Zeit in die Poliklinik. Ich stand auf dem Gang, unweit des Einganges „in Zivil" und führte ein dienstliches Gespräch mit zwei Mitarbeitern. Obwohl er ruhig war, nichts sagte und eher gehemmt wirkte, fiel er durch Äußeres und Benehmen sofort auf. Ich beendete das Gespräch mit den Mitarbeitern, ging auf ihn zu und sprach ihn mit seinem Namen an.

Ich begrüßte ihn höflich und bat ihn in mein Dienstzimmer. Er verhielt sich weiter reserviert. Deshalb verhielt ich mich betont höflich und entgegenkommend und es gelang mir, das Gespräch zwanglos und locker zu eröffnen, um ihm somit einige Informationen abzugewinnen.

Es stellte sich heraus;
Er plant eine zweite Auflage seiner Schrift. Zentraler Punkt und Hauptanliegen soll darin die Forderung nach Veröffentlichung von Meßdaten radioaktiver Strahlung in den Bereichen und Anlagen des Wismutgebietes sein.
Er habe alle Orte des Wismutbergbaues in der DDR bereist und dort offensichtlich mit Bürgern, an die er herankam, diskutiert ...
Ich stieß sehr bald zum Kern der Sache vor, woraufhin er gleich irritiert war und keine Notizen mehr machte. Ich eröffnete ihm zunächst, daß seine „Arbeit" aus medizinischer Sicht erhebliche Schwachpunkte aufweist und daß er, wenn er mit einer solchen Schrift an die Öffentlichkeit geht, eine hohe Verantwortung zu tragen hat ...
Ich legte ihm meine Einschätzung dar, daß er in meinen Augen jung und unerfahren ist und daß er sich von einem älteren medizinisch sachkompetenten Arzt Kritiken zu sachlichen und medizinisch-wissenschaftlichen Fehlern gefallen lassen muß, wie ich es selbst als junger Arzt von erfahrenen Professoren erlebt habe ...
Als einen sachlichen Fehler wies ich ihm nach, daß Marie Curie nicht an Leucämie, sondern an Knochenmarkschwund und entsprechender Aplastischer Anämie verstorben ist.
Während des Gespräches wurde ich wie bei der Ausübung des Dienstes üblich, durch insgesamt z.T. 4 längere Telefongespräche unterbrochen. Sie waren alle medizinischen Inhaltes und ich konnte sie in seiner Anwesenheit uneingeschränkt führen. Während dessen sah er sich ziemlich auffällig (nicht routiniert unauffällig) im Zimmer um. Dabei blieben seine Augen an Buchtiteln wie z.B. „Zur Geschichte der Bezirksparteiorganisation Gera der SED" lange hängen. Ich hatte den Eindruck, daß ihn das zusätzlich verunsicherte.
Zur Beschreibung des Schadens, den er in mehrfacher Hinsicht mit seiner Schrift angerichtet hat, ging ich von einem Beispiel aus;
Viele Pioniere der Strahlungs- und Kernforschung erlitten in Unkenntnis der mit den Experimenten verbundenen Gefahren gesundheitliche Schäden. Ich erklärte ihm Einzelbeispiele und medizinische Zusammenhänge. Dann machte ich ihm plausibel, daß ich ihm konzidiere, daß er die schädlichen Wirkungen seiner Schrift möglicherweise unbewußt verursacht hat. Sie bestehen darin, daß er, der sich gegen Unklarheiten und Nichtveröffentlichung von Meßdaten auflehnt, selbst breitesten

Kreisen von Patienten Gefahren vorgaukelt, die noch weit unklarer und weit weniger beweisbar sind ...
Er wollte das nicht verstehen und nicht akzeptieren. Als das Telefon wieder klingelte, sprang er auf, packte schnell seine Sachen ein und erklärte, daß er jetzt gehen müsse. Daraufhin stand ich ebenfalls auf und erklärte ihm stehend noch einmal präzise und scharf, daß alle Leser seiner Schrift davon ausgehen können und müssen, daß die Wirkungen einer solchen Schrift beabsichtigt sind und daß er sie als ausgewiesener Autor voll verantworten muß.
Er drängte zum Ausgang mit dem Bemerken, daß er seinen Zug erreichen müsse, der bald abfahre. Ich bot ihm an, daß er mit einem PKW und Fahrer unseres Fuhrparkes zum Bahnhof gebracht werden kann, um es nicht so eilig haben zu müssen. Dabei lief ich ihm bis zum Hauptportal der Poliklinik hinterher. Dort hätte ich einen Fahrer sofort beauftragen können. Er lehnte jedoch das Angebot strikt ab und entfernte sich eilig und verstört.
Ich mußte mutmaßen, daß der abfahrende Zug nur ein Vorwand war, um schnell weg zu kommen. Entgegen der höflichen gegenseitigen Begrüßung erfolgte keine dementsprechende Verabschiedung. Durch sein fluchtartiges Verhalten wurde das Gespräch einfach abgebrochen und nicht resümierend abgeschlossen, wie ich mir das für den Fall eines ruhigeren Verlaufs vorgenommen hatte.

Weida, am 21.07.89 gez. Dr. Wilutzky
– offiziell auswertbar –

Wegen meiner weiteren „umfangreichen Aktivitäten" schrieb die Geraer Stasi-Kreisdienststelle zum Zwischenbericht vom 9. Mai 1989 noch einen Ergänzungsbericht vom 23. Juni 1989.

▶ Kreisdienststelle Gera Gera, 23.06.89
Ref. XX/2
Ergänzung
zum Sachstandsbericht vom 09.05.89 des TOV VI „Entomologe"
Reg. Nr. VIII 1072/82

Bezugnehmend auf die Information über Erkenntnisse zum Wirken feindlich-negativer Kräfte des politischen Untergrundes gegen die staatliche Umweltpolitik und speziell gegen den Uranbergbau der SDAG Wismut sowie erkannte begünstigende Bedingungen vom 13.02.89 konnte im Prozeß der weiteren operativen Bearbeitung dokumentiert werden, daß trotz umfangreicher Disziplinierungs- und Offensivmaßnahmen im politisch-operativen Zusammenwirken mit staatlichen und gesellschaftlichen Organen die feindlich-negativen Kräfte, an der Spitze der Verdächtigte des TOV VI „Entomologe" des ZOV „Konflikt" der Hauptabteilung XX/4

BELEITES, Michael
30.09.64 in Halle
HW: 6500 Gera, Georg-Büchner-Straße 01

die Angriffe gegen den Industriezweig Wismut weiterführen.
Die umfangreichen Aktivitäten/Handlungen werden durch nachstehende Fakten zwingend belegt:
- Herausgabe eines Fragespiegels durch den „Christlichen Umweltkreis Ronneburg" in Abstimmung mit dem Verdächtigten vom 05.04.89 (Anlage 1), welcher nach operativer Einschätzung durch die Bezirksverwaltung Karl-Marx-Stadt, Abteilung Wismut vom 23.05.89 (Anlage 2) Beschäftigte des Industriezweiges auffordert, zur Verletzung der in der Ordnung Nr. 8/88 des Generaldirektors der SDAG Wismut
„Zur Gewährleistung des Geheimnisschutzes und der
Sicherheit bei der Arbeit mit Dienstsachen ..."
vom 15.08.88
Punkt 2.2. und 3.3. genannten Rechtsvorschriften, d.h. zur Offenbarung von Dienstsachen.
Darüber hinaus besteht die Gefährdung, daß nicht sachkundige Personen die Falschdarstellung, Über- und Untertreibung, fachlich unrichtige Beantwortung, damit die unwissenschaftlichen tendenziös angelegten Aussagen zur SDAG Wismut begünstigen und daher zum politischen Mißbrauch von durch die Wismut objektiv verursachten Umweltbelastungen genutzt werden können ...
- Der Verdächtigte war nach Mitteilung der Hauptabteilung XX/4 Teilnehmer an der Tagung der evangelischen Akademien Sachsen-Anhalt, Berlin-Brandenburg und Greifswald in der Stephanusstiftung Berlin im Zeitraum vom 02. bis 04.06.89 unter dem Thema

„Ich weiß von der Schuld der Gleichgültigkeit –
Ärzte in sozialer Verantwortung"

Entgegen der staatlichen Beauflagung durch den Rat des Bezirkes Gera, Abteilung Wismutangelegenheiten vom November 1988 referierte er zum Thema „Am Anfang war das Erz – Uranbergbau und seine Folgen" am 03.06.89.

Im Ergebnis seines Vortrages traf bzw. stellte er nachstehende Aussagen und Forderungen:
- Die Verantwortlichen der Wismut müssen sich darüber im klaren sein, daß der Abbau von Uranerz der Herstellung von Atombomben gleichkommt.
- Hinweis auf das Verbot der Durchführung von Messungen durch Privatpersonen im Abbaugebiet bei gleichzeitiger Vorstellung eigenständiger Meßreihen aus dem Einzugsgebiet des Industriezweiges Wismut. Die Methode der Messung stellte er mittels eines in seinem Besitz befindlichen „Geigerzählers" anhand von Erz-Bodenproben vor. Das benutzte Meßgerät erhielt er aus der BRD (Laut GBL der DDR, Teil I Nr. 30 vom 21.11.84 zur Verordnung über die Gewährleistung von Atomsicherheit und Strahlenschutz vom 11.10.84 sind Messungen nur durch SAAS der DDR gestattet).
- Veröffentlichung von Informationen und Daten über Erkrankungen durch den Uranbergbau sowie der damit verbundenen gesundheitlichen Belastungen der Anwohner des Territoriums und der Beschäftigten des Industriezweiges SDAG Wismut.
- Einstellung der Landwirtschaft im unmittelbaren Bereich des Abraumes/Halden.
- Schließung der Bergbaubetriebe der Wismut, sachgemäße Sicherung der Halden und Räumung der Stadt Ronneburg* aufgrund der von ihm gemessenen Strahlungswerte.
Damit artikulierte er erstmals mit aller Deutlichkeit in der Öffentlichkeit und offiziell auswertbar seine beabsichtigten Zielstellungen, was bisher nur inoffiziell und aus der Wertung operativer Sachverhalte und Aktivitäten geschlußfolgert werden konnte. (Die Ausführungen und Forderungen des Verdächtigten am 03.06.89 in Berlin wurden in den Westmedien popularisiert.
- Teilnahme als Experte zu einer „Beratungsrunde" über die „Pechblende" in Absprache zwischen Pfarrer KRUSCHE und Superintendent GILBERT am 10.06.89 in Aue, Pfarrsaal St. Nicolai, Pestalozzistraße 09. Daran beteiligten sich nur interessierte Gemeindemitglieder, wobei die Tagesordnung, neben Reaktionen auf die „Pechblende" und Anfragen an den Autor zum Pamphlet, die Erarbeitung eines Fragenkataloges an das Staatliche Amt für Strahlenschutz mit abschließender Behandlung des Fragekomplexes die Absprache über das weitere Vorgehen erfaßte. Die operative Koordinierung mit der Bezirksverwaltung Karl-Marx-Stadt, Kreisdienststelle Aue wurde vorgenommen.

*Eine „Räumung der Stadt Ronneburg" habe ich bisher nirgendwo gefordert. Da muß ein Spitzel die Stasi bewußt falsch informiert haben.

- Mitwirkung als Autor am sogenannten „Grünbuch" des Kirchlichen Forschungsheimes Wittenberg in Form der Bereitstellung eines Artikels zum Thema

„Uranbergbau in der DDR",

welches Anfang September 89 in Wittenberg fertiggestellt sein und voraussichtlich Ostern 90 der Öffentlichkeit zugänglich gemacht werden soll.

- Der Verdächtigte verfaßte einen Artikel über

„Das Element Uran: Geschichte und Gegenwart"

für die Schülerzeitschrift für Physik, Chemie und Biologie

„Impuls 68"

Ausgabe 3/89, Seite 4 - 11

welche durch die FSU Jena herausgegeben wird (Anlage 3).

Die Zeitschrift erscheint jeden 2. Monat. Der Vertrieb erfolgt republikweit über den Postzeitungsvertrieb an Einrichtungen und Einzelabbonenten.

Der Druck erfolgte unter der Lizenznummer 1570 des Presseamtes beim Vorsitzenden des Ministerrates der DDR in der Volkswachtdruckerei Gera.

Durch den Sekretär der Universitätsparteileitung Gen. Prof. WÄCHTER wurde dieser Sachverhalt am 16.06.89 bekannt. Prof. WÄCHTER stellte im Gespräch mit dem Chefredakteur

ERDMANN, Andreas
wissenschaftlicher Assistent – FSU Jena/Sektion Physik

des die Zeitschrift herausgebenden FDJ-Aktivs fest, daß das Redaktionsmitglied

HERBST, Klaus-Dieter
Forschungsstudent/FSU Jena

den Artikel eingebracht hat. H. habe den Verdächtigten als bekannten Umweltschützer kennengelernt ...

Durch operativ abgestimmtes Vorgehen konnten 2000 Exemplare der Schülerzeitschrift vor der Auslieferung storniert werden. Die Gesamtauflage beträgt ca. 3000 Exemplare. Weiterführende spezifische Maßnahmen wurden eingeleitet, um die Öffentlichkeitswirksamkeit einzuschränken. Nach Ersteinschätzungen konnte erneut dokumentiert werden, daß die Darstellung der Situation im Ostthüringischen Uranabbaugebiet geeignet ist, Unruhe unter der Bevölkerung hervorzurufen.

- Trotz mehrfacher Disziplinierung und der Beauflagung jede weitere Verbreitung schriftlicher und mündlicher Veröffentlichungen/Wirkens

einschließlich seines Auftretens als „Referent/Wismutexperte" in kirchlichen Einrichtungen zu unterlassen, hält er an seiner Zielstellung, welche in seinen Forderungen vom 03.06.89 in Berlin zum Ausdruck kommen, fest.
Nach inoffiziellen und offiziellen Hinweisen/Kenntnissen bereitet er gegenwärtig die Überarbeitung und Präzisierung der Zweitauflage des Pamphlets „Pechblende" vor, welche im Juli fertiggestellt sein soll. Dazu führte er umfangreiche Materialsammlungen durch, erstellte eigenständig und mit Hilfe des „Christlichen Umweltkreises Ronneburg" Meßreihen im Einzugsgebiet der SDAG Wismut ...
Zur wirksamen vorbeugenden Verhinderung der Herstellung und Verbreitung der Zweitauflage des Pamphlets macht sich aus operativer Sicht unbedingt die Trennung des Verhältnisses Verdächtigter zur Kirche erforderlich. Daher unterbreiten wir nachstehende Vorschläge für zentrale Maßnahmen zur Erhöhung der Wirksamkeit der operativen Prozesse:

1. Nutzung des öffentlichen Auftretens des Verdächtigten am 03.06.89 zur gemeinsamen Tagung der evangelischen Akademien Sachsen-Anhalt, Berlin-Brandenburg und Greifswald, nach Offizialisierung durch HA XX/1 (Anwesenheit offizieller Vertreter der IPPNW), zur Einleitung und Durchführung eines OSV durch SAAS über die HA XVIII (Verbot der eigenständigen Durchführung von Messungen entsprechend des GBL der DDR, Teil I Nr. 30 vom 21.11.84 zur Verordnung über die Gewährleistung von Atomsicherheit und Strahlenschutz vom 11.10.84).

2. Trennung des Verdächtigten vom KFH Wittenberg durch das Staatssekretariat für Kirchenfragen entsprechend der Einflußnahme der HA XX/4 durch Organisierung eines Vortrages/Vorträge durch Staatssekretariat für Kirchenfragen mit kompetenten Amtsträgern der Kirche und des KFH Wittenberg in Verbindung mit Experten des SAAS, wo mit konkreten Daten die Situation der Strahlenbelastung dargestellt und erläutert wird, denn ohne konkrete „Überwachungsdaten" des SAAS der DDR bleiben alle Vorträge vor kirchlichen Amtsträgern wirkungslos. Mehrfach wurde inoffiziell dokumentiert, daß sie zwar interessiert den Ausführungen folgen, aufgrund fehlender Daten dies jedoch letztlich als „Propaganda" bewerten. Mit entsprechender Konkretheit zu Daten der Strahlungsbelastung und des Gesundheitsschutzes sollte das Ziel verfolgt werden, den Verdächtigten als inkompetent darzustellen. Die weitere Zusammenarbeit der Kirche mit ihm und ähnlichen Personenkreisen muß dann als Verleumdung staatlicher Maßnahmen durch staatliche Organe aufgefaßt und so behandelt werden.

3. Weiterführung der territorialen Disziplinierung des Verdächtigten und Vertreter des „Christlichen Umweltkreises Ronneburg" auf der Basis
- Fragespiegel des „Christlichen Umweltkreises Ronneburg"
- Veröffentlichung über den Rahmen der Kirche in der Schülerzeitung „Impuls 68" und
- Auftreten zur gemeinsamen Tagung der evangelischen Akademien Sachsen-Anhalt, Berlin-Brandenburg und Greifswald.

gez. P.
Hauptmann

Die unter den Punkten 1 und 2 genannten „zentralen Maßnahmen" konnten wegen der anderweitigen Beanspruchung der Stasi im Herbst 1989 zum Glück nicht mehr verwirklicht werden. Die unter 3. genannte „territoriale Disziplinierung" erlebte ich am 4. Juli 1989. Zu dem Gespräch mit dem Stellvertreter für Inneres des Vorsitzenden des Rates des Kreises Gera-Land, Herrn Riedel, seien hier Auszüge aus meinem Gedächtnisprotokoll und aus dem der Stasi zugegangenen Bericht vom Rat des Kreises zitiert:

▶ Herr Riedel bezog sich auf das Gespräch vom 8. November 1988 beim Rat des Bezirkes Gera, Abteilung Wismutangelegenheiten, und auf die Gespräche beim Rat der Stadt Gera und sagte, die Festlegungen der staatlichen Organe (die Weiterarbeit am Thema Uranbergbau sei mir untersagt) seien verbindlich, doch ich würde mich nicht daran halten, hätte mein „Machwerk" sogar in staatliche Zeitschriften „lanciert", ich würde die Staatsorgane „an der Nase herumführen", man wolle da nun nicht länger zusehen.
Der „Fragespiegel" aus dem kirchlichen Umweltkreis Ronneburg sei von mir, wozu diese Fragen, wenn mir die Konkretisierung der „Pechblende" ausdrücklich untersagt sei. Er zitierte aus einer Stellungnahme der Generaldirektion der SDAG Wismut; die Fragen seien geeignet, in den Geheimhaltungsbereich der SDAG Wismut einzudringen, seien Aufforderung zum Geheimnisverrat. Herr Riedel: „Auf Geheimnisverrat steht Gefängnisstrafe."
(Aus meinem Gedächtnisprotokoll vom 4. Juli 1989)

▶ Und außerdem ist seiner Meinung nach die Wismut nicht kompetent, solche Festlegungen zu treffen.
Gen. Riedel wurde daraufhin deutlich und erklärte, daß der Staat herrscht und nicht die Kirche, was Be. auch bestätigte.
Be. wurde aufgefordert, die Verbreitung der „Pechblende" einzu-

stellen, die Fragen zurückzuziehen, bzw. nicht an der Präzisierung zu arbeiten und seine arbeitsrechtlichen Dinge in Ordnung zu bringen.
Gen. Rie. legte nochmals eindeutig klar, daß er aus den bisherigen Gesprächen nicht die richtigen Positionen erkannt hat.
Der Dialog Staat-Kirche wird durch solche Auseinandersetzungen nicht gestört, aber belastet.
Wir behalten uns vor, seine arbeitsrechtlichen Dinge zu überprüfen. Er wurde auf Konsequenzen aufmerksam gemacht.
(Aus dem Bericht des Rates des Kreises Gera-Land, vom 5. Juli 1989)

Durch die „umfangreichen Disziplinierungs- und Offensivmaßnahmen" der Stasi und ihrer Verbündeten konnte die geplante Neufassung der „Pechblende" kaum behindert werden. Das Ziel, mich von der Überarbeitung der Uran-Studie abzuhalten, hat die Stasi erst durch ihre Auflösung erreicht. Warum nicht schon früher?

Direkte Unterdrückungsmaßnahmen

Nicht alle „Offensivmaßnahmen" dienten der „vorbeugenden Verhinderung von Aktionen". Während die bisher zitierten Unterdrückungsmaßnahmen – bei aller Beeinträchtigung der persönlichen Freiheiten – vordergründig darauf abzielten, bestimmte „staatsfeindlicheAktivitäten",wie Ost-West-Begegnungen, Solidarisierung mit Festgenommenen oder die öffentliche Thematisierung von Umweltproblemen zu verhindern, gab es auch eine Reihe direkter „Zersetzungsmaßnahmen", die ausschließlich gegen meine Person gerichtet waren:

3.5.4. Verhinderung der Aufnahme eines beabsichtigten Studiums der OV-Person
- Einflußnahme über staatliche Leitung der Museen der Stadt Gera, damit kein Delegierungsvertrag mit der OV-Person abgeschlossen wird und
- Verhinderung der Aufnahme des Studiums nach erfolgter Direktbewerbung an einer Fach-/Hochschule der DDR.
Termin: 15.06.86 und auflaufend
Verantw.: Oltn. P.
(Aus dem Operativplan zum OV „Entomologe" der KD Gera des MfS, vom 22. Mai 1986)

Koll. Beleites:
Staat und Museum sollten sich freuen, wenn sich ein Koll. von sich aus qualifizieren will.
Er möchte nach wie vor zum Studium „Museologie" delegiert werden. Die Weiterbildung „Fachschule für Präparatoren" reizt ihn nicht, sieht danach keine besseren Einsatzmöglichkeiten.
Kolln. Heckmann:
- genannter Qualifizierungswunsch wird vom Museum nicht unterstützt, wird nicht gebraucht.
- wenn er sich aber trotzdem nur in dieser Richtung qualifizieren will, dann müßte er es von einer „anderen" Einrichtung aus tun
- selbst bei einer Qualifizierung „Präp.-Fachschule" kann keine Zusage gemacht werden, wann es möglich weil; es müssen die finanziellen Fonds geprüft werden
(Auszug aus der von der Leiterin des Geraer Naturkundemuseums, Christel Russe, gefertigten „Aktennotiz zur Aussprache mit Koll. M. Beleites, MfN Gera, am 20.5.87 bei der Direktorin U. Heckmann" aus der Personalakte bei den Museen der Stadt Gera)

Gegenwärtig hat der Verdächtige beim Kreisgericht Gera-Stadt eine Klage gegen die Beurteilung eingereicht. Die Verhandlung wird am 26.11.87 durchgeführt. Aufgrund dessen, daß die Abschlußbeurteilung objektiven Grundanforderungen entspricht, der Verdächtige das Erreichen der Veränderung von wesentlichen Punkten als Sieg über die staatlichen Organe bei Beharrlichkeit und Hartnäckigkeit betrachtet und propagieren würde, erfolgte über die BV Gera, Abt. XX die Einflußnahme zur Abweisung der Klage.
(Aus dem Zwischenbericht zum TOV „Entomologe" der KD Gera des MfS, vom 24. November 1987)

Im April 1988 beantragte er beim Rat der Stadt Zeitz, Abt. ÖVW, die Erteilung einer Gewerbegenehmigung für Präparation. In Abstimmung mit der KD Zeitz wurde Einfluß auf das Genehmigungsverfahren genommen und eine Ablehnung wegen fehlendem Bedarf ausgesprochen.
(Aus dem Zwischenbericht zum TOV „Entomologe" der KD Gera des MfS, vom 5. Juli 1988)

▶ Sein Vorhaben in der Gemeinde Veelboeken, OT Neu Frauenmark, Bezirk Schwerin, Kreis Gadebusch, einen Bauernhof käuflich zu erwerben, wurde durch operative Einflußnahme in Abstimmung mit der HA XX/4 und der KD Gadebusch unterbunden.
(Aus dem Zwischenbericht zum TOV „Entomologe" der KD Gera des MfS, vom 24. November 1987)

Solche Einschränkungen waren darauf ausgerichtet, „den Verdächtigen" von vornherein ins Abseits zu drängen. Von der Schule aus wurde mir eine Ausbildung mit Abitur verwehrt, weil man die Bewerber für einen zehnjährigen Militärdienst dem Pfarrerssohn gegenüber bevorzugte. Dann sorgte die Stasi dafür, daß ich keine Delegierung für ein Fachschulstudium erhielt, also auch auf diesem Wege nicht die Hochschulreife erlangen konnte. Wegen der Studienablehnung und dem von der Stasi inszenierten Druck durch die Museumsleitung wurde ich dazu genötigt, am Museum zu kündigen. Die von der Stasi diktierte Beurteilung versperrte mir den Weg an ein anderes Museum oder Institut. Mein Versuch, diese Beurteilung über eine Klage an das Kreisgericht zu entschärfen, scheiterte aufgrund der Stasi-Einflußnahme auf das Gericht. Die dann in Zeitz beantragte Gewerbeerlaubnis wurde wegen des Stasi-Einspruchs abgelehnt. Als ich mich mit Freunden aufs Land zurückziehen wollte, ging unser Plan nicht auf, weil die Stasi den Hauskauf verhinderte. Schließlich überlegte ich, ob ich einen Ausbürgerungsantrag stellen sollte, doch dies wollte ich nicht tun, ohne mich vorher von meinen westdeutschen Freunden genau über die westlichen Verhältnisse informieren zu lassen. Auch das klappte nicht, weil – wegen der von der Stasi veranlaßten Reisesperren – sie nicht in die DDR hineindurften und ich nicht aus der DDR herausdurfte. Was blieb mir anderes übrig, als das „feindliche Wirksamwerden"?

Als dann wahrscheinlich auch der Stasi klar wurde, daß diese Art der „Zersetzungsmaßnahmen" nicht zu der angestrebten „Disziplinierung" führte, schmiedete man den Plan – der jedoch nie zur Anwendung kam und sicher auch keine große Wirkung gehabt hätte – mich „bei Notwendigkeit" als Spitzel hinzustellen. Hier der entsprechende Ausschnitt aus dem Operativplan vom 11. Juni 1988:

▶ 3.2. Unter Beachtung der Motivlage des Verdächtigten, seines damit verbundenen Handelns sowie seiner Auftretens- und Verhaltensweisen wird der Kontakt zum Verdächtigten auf und unter der Nutzung der persönlichen Gespräche der Versuch der Einbindung zur „Gesamtproblematik" unternommen.
Im Rahmen dieser Gespräche werden gleichzeitig die Voraussetzungen

geschaffen, um bei Notwendigkeit den Verdächtigten als „Spitzel" gegenüber seiner Umgebung/Betätigungsfeld abzustempeln.
Zur Untersetzung der Inhalte der Gespräche wird entsprechend des Standes und der Situation in Abstimmung mit der Abt. VI/OLZ zeitweilig die Reisesperre ausgesetzt.
Termin: entspr. operativer Notwendigkeit
Verantwortlich: Major Markgraf

Im November 1988 wollte ich in Zeitz einen Vortrag über den aus Zeitz stammenden Ornithologen Johannes Thienemann halten, der zu Beginn unseres Jahrhunderts mit der Gründung der Vogelwarte Rossitten die wissenschaftliche Vogelberingung eingeführt hat. Dieser Vortrag wurde von der Stasi verhindert, obwohl völlig klar war, daß es sich dabei um eine unpolitische Angelegenheit handelte. Es ging der Stasi einfach darum, „ein öffentliches Auftreten der OV-Person" zu verbieten – egal zu welchem Thema. In der „Operativen Information" der MfS-Kreisdienststelle Zeitz vom 20. Oktober 1988 heißt es dazu:

Inoffiziell wurde unserer Diensteinheit bekannt, daß am 19.11.1988 im Museum Zeitz eine Veranstaltung mit öffentlichem Charakter geplant war, zu der der BELEITES, Michael als Lektor auftreten sollte.
Durch den Einsatz inoffizieller Kräfte konnte folgender Sachverhalt herausgearbeitet werden:
- BELEITES beabsichtigte, in Räumlichkeiten des Museums Schloß Moritzburg Zeitz aus Anlaß des 50. Todestages des Zangenberger Pfarrers Thienemann einen Diavortrag zu zeigen. Dieser Vortrag sollte durch ihn selbst kommentiert werden.
Bei dem Thienemann handelt es sich um einen der Mitbegründer der Ornithologie und des Naturschutzes.
- Diese Veranstaltung wurde durch die OV-Person gemeinsam mit einem ihr vertrauten Mitarbeiter des Zeitzer Museums vorbereitet, wobei versucht wurde, die Direktion des Museums in der Form zu unterlaufen, daß eine Abstimmung/Anmeldung und Genehmigung dieser Veranstaltung nicht erfolgte.
Aus diesem Grunde wurde entsprechend der Museumsordnung die Durchführung dieser Veranstaltung durch IM in Schlüsselposition untersagt. Damit konnte ein öffentliches Auftreten der OV-Person in unserem Verantwortungsbereich unterbunden und diese Möglichkeit zu einem feindlich-negativen Wirksamwerden der OV-Person „Entomologe" entsprechend der Abstimmung mit der BV Gera/KD Gera vorbeugend verhindert werden.

Die konspirativen Methoden der Informationsgewinnung

Mit den „normalen“ geheimdienstlichen Formen der Informationsgewinnung wußte man als DDR-Bürger umzugehen. Wirklich brisante Dinge wurden eben nicht am Telefon oder im Brief besprochen. Doch es gab auch Stasi-Methoden, die gefürchteter waren: z.B. eine Wanze in der Wohnung oder heimliche Wohnungsdurchsuchungen. Mit einer in der Wohnung eingebauten Wanze habe ich – ich weiß nicht warum – nie gerechnet. Heute weiß ich, es war auch nie eine Wanze in meiner Wohnung. Eine Wohnungsdurchsuchung hielt ich dagegen immer für möglich. Im Fall eines Falles mußte die Wohnung „sauber“ sein. Die Flugblätter von 1983 und Aufzeichnungen über das Uran-Video von 1987 – also Dinge die in der DDR „strafrechtlich relevant“ waren – haben wir immer außerhalb von Wohnungen aufbewahrt. Und die Stasi war tatsächlich zweimal heimlich in meiner Wohnung. Dazu die folgenden Auszüge aus der Stasi-Akte:

2.3.2. Schaffung der Voraussetzungen der Maßnahme der Abteilung VIII (konspirative Hausdurchsuchung) in der Hauptwohnung des Verdächtigten in
Gera, Georg-Büchner-Str. 01,
da Hinweise vorliegen, wonach der Verdächtigte umfangreiche Dokumente, Unterlagen, Fotos usw. dort aufbewahrt.

T.:	Schlüsselbeschaffung	28.02.88
	Stützpunktschaffung	15.03.88
	Durchführung entspr. op. Erfordernis	
V.:	Major Markgraf	
	Major Wlasak	
	Hptm. P.	

(Aus dem Operativplan zum TOV „Entomologe“ der KD Gera des MfS, vom 7. Dezember 1987)

Zur konspirativen Wohnungsdurchsuchung am 04.02.88 in seiner Hauptwohnung in Gera wurden ca. 1000 Dokumente fotografisch gesichert, weiteres umfangreiches Material war vorhanden. Die Maßnahme mußte aus Sicherheitsgründen* abgebrochen werden.
(Aus der „Einschätzung der politisch-operativen Ergebnisse“ zum TOV „Entomologe“ der KD Gera des MfS, vom 19. Februar 1988)

*Ein ehemaliger Stasi-Mitarbeiter erzählte mir jetzt, daß die Mitarbeiter der Abteilung VIII nicht genug Filme mitgebracht hatten und die „Sicherheitsgründe“ dann erfunden wurden, um die Kollegen gegenüber den Vorgesetzten nicht zu diskreditieren.

Die am 21.06.89 durchgeführte konspirative Maßnahme der Abteilung VIII/3 bestätigte die bisher erarbeiteten Kenntnisse über die Vorbereitung des Manuskripts der Zweitauflage des Pamphlets „Pechblende" in Form von Ausarbeitungen, Fotos und Meßreihen. Daraus und aus den bisherigen Handlungen und Verhaltensweisen des Verdächtigten muß geschlußfolgert werden, daß bei Veröffentlichung der Zweitauflage eine ähnliche negativ-feindliche Gesamtaussage zum Problem Uranbergbau getroffen und er sich weiter als „Uranexperte" national und international profilieren wird ...
Darüberhinaus wurde durch die konspirative Maßnahme der Abt. VIII/3 am 21.06.89 inoffiziell dokumentiert, daß der Honorarvertrag* des Verdächtigten seit 5/89 abgelaufen ist.
(Aus der Ergänzung zum Sachstandsbericht vom 9. Mai 1989 zum TOV „Entomologe" der KD Gera des MfS, vom 23. Juni 1989)

Wirklich lächerlich sind die Observationsaufträge und -berichte der Abteilung VIII. Hier einige Dokumente:

---

*Gemeint ist der Arbeitsvertrag mit der Kirche, den ich als Otto-Kleinschmidt-Stipendiat des Kirchlichen Forschungsheimes erhalten hatte.

Alle Ho von KD über AKZ VIII

MINISTERRAT
DER DEUTSCHEN DEMOKRATISCHEN REPUBLIK
Ministerium für Staatssicherheit

Reg.-Nr. HA VIII / Abt. VIII	103/87
Fahndungs-Nr. der Person	
Fahndung eingeleitet von / an GÜST	
Fahndungs-Nr. unbekannt	
Kastensonderleerung Abt. M Wer ist zu verständigen?	

Hauptabteilung/Abteilung ....

Bezirksverwaltung/Verwaltung Gera

Kreis-/Objektdienststelle Gera

Sachbearbeiter P[geschwärzt]

Telefon 2070/2083 (2074) Sekretariat 2051 Spätdienst 2083

Tgb.-Nr. .... Gera, den 26.11.87

Auftragsersuchen - Beobachtung

(Nur mit Schreibmaschine ausfüllen)

Deckname: "Entomologe"

Beleites — Michael — männl.
Familienname, auch Geburtsname — Vorname — Geschlecht

30.09.64 — Halle/DDR — DDR — 300964414610
Geburtsdatum — Geburtsort/-land — Staatsangehörigkeit — PKZ

ledig
Familienstand — Kinder (Anzahl/Alter)

6500 Gera, Georg-Büchner-Str. 1, 1. Etage, 29.04.85
I. Wohnanschrift (Postleitzahl, Ort, Bezirk, Kreis, Straße, Haus-Nr., Etage, Telefon-Nr., Untermieter bei)

Trebnitz, OT Trebnitz, Kr. Hohenmölsen, Dorfstr. 135 bei Eltern
II. Wohnanschrift, auch Nebenwohnung bzw. zeitw. Aufenthaltsort (Wohnheim, Grundstück, Laube, Hotel/Zimmer-Nr., u. a.)

Bezeichnung und Anschrift der Arbeitsstelle. Konkrete Angabe des derzeitigen Arbeitsortes

zoologischer Präparator, z. Z. ohne Arbeitsrechtsverhältnis
Erlernter Beruf und konkrete Bezeichnung der jetzigen Tätigkeit/diplomatischer Rang

Arbeitszeit: Montag – Freitag, Sonnabend, Sonntag, Feiertag (von/bis)

Besitzer/Benutzer welcher Fahrzeuge? (Konkrete Angaben über Typ, Farbe, Kennzeichen, Mitfahrer/Selbstfahrer u. a.)

Wo sind diese Fahrzeuge abgestellt? (Ort/Straße, Nr./Nr. der Garage u. a.)

Größe: ca. 1,70 m, Gestalt: schlank, Haar: dunkelblond, kurz, glatt,
Ausführliche Personenbeschreibung (Foto – wann aufgenommen?)
Vollbart (unterschiedl. geschnitten)

Gewohnheiten/Lebenswandel, gesellsch./berufliche Stellung, Parteizugehörigkeit, Funktionen, Familien- und Wohnverhältnisse, Angaben zum Freizeitbereich, vorwieg. Benutzung welcher Strecken im Transit-/Durchreiseverkehr – GÜST

zeitweilige Nutzung der Wohnung in Gera-in der Regel allein, zeitlich ungebunden, flexibel, intelligent, redegewandt, rechnet mit Beobachtung seiner Person aufgrund seines Wirkens, daher absicherndes Verhalten gegenüber Umgebung und deren Aufklärung. Bezeiht sich auch auf Personen, vorallem in Gesprächsführung. Versucht zu objektivieren, daß MfS hinter allen Erscheinungen seiner Person steht.

173 474 150.0

Zu welchem Geheimdienst/feindliche Organisation besteht Verbindung bzw. der Verdacht, als was tätig (Spion, Kurier, Werber, Funker, u. a.) Verletzung welcher Strafrechtsnormen (§§ – auch bei Verdacht)?

Bearbeitung gemäß §§214,218,219 u.220 STGB,Verbindung zu"Grünen","Green Peace" Charta 77

Wurde die Person bereits beobachtet (wann, wie lange, durch wen)? Inwieweit ist die Person mit der Beobachtung vertraut, durch welche Umstände? Welche Methoden der Absicherung und Kontrolle sind bekannt/ist zu rechnen?

op.Beobachtung durch BV Halle,Abt.VIII am 27.11.87 in Trebnitz imelterlichen Wohn-/Pfarrhaus.Objekt reagiert ständig selbstkontrollieren Einsatz IM,Maßnahme Abt 26,M,-TOV VI des ZOV"Konflikt"der HA XX/4

Welche weiteren oper. Maßnahmen zur Person wurden bzw. werden zur Zeit durchgeführt oder sind geplant, die im Zusammenhang mit der Beobachtung zu beachten sind? Was, wann, wo? (Entwicklungsstand des oper. Materials)

HA XX/4,HA XX/1,Abt.XX/4,KD Hohenmölsen,KD Zeitz,KD Jena,BV HALLE,

Welche anderen Diensteinheiten arbeiten koordiniert an diesem Vorgang mit? (Angaben über Fahndungs-Nr., Decknamen, u. a. Vereinbarungen, die für die Beobachtungsführung bedeutsam sind)

BV Erfurt,BV Leipzig,BV KMST,

Bei welcher operativen Maßnahme traten wann Dekonspirationen auf/Ausmaß? (auch bei Verdacht)

erfaßt für auftraggebende DE

Wann wurde die Person in der Abteilung XII überprüft? (Ergebnis/registriert für wen?)

persönlich nach Vereinbahrung

Die Person soll wie folgt an die Beobachter übergeben werden: (Wer, wann, wo, wie?)

Kindertageskrippe Gera,Nicolaistr.6

Welche Personen/Institutionen können wie zur Beobachtung genutzt werden?

Objekt ist an keine Zeiten gebunden und daher zu unterschiedl.Zeiten

Welche territorialen und zeitlichen Schwerpunkte sind bekannt/was ist dabei besonders zu beachten?

flexibel ,teilweise überöötl.unterwegs,Einsatz zum Objekt erfolgt nach kurzfristiger Inf.der Abt.26und/oder IM

Konkrete Angaben über Familienangehörige, Verbindungen, Anlaufstellen (Anschriften, Personenbeschreibung, Fotos) Wer ist davon in strafbare Handlungen eingeweiht/auch bei Verdacht?

- Eltern(Vater Pfarrer) wh:Trebnitz,Kr.Hohenmölsen,Dorfstr.135,
- Meyer,Cornelia und Breinl,Karl,besch.Museum f.Naturkunde Gera, wh:Gera-Lusan,Kahlaer Str.3,Gera,Sommerleithe 33,Gera,Zschochernstr.54, Gera,Nicolaistr.27,
- Anders,Astrid,besch:BAK Gera,Apotheke,wh:Gera,E.-Thälmann-Str.73 u. E.Thälmann-Str.71 bei Fischer
- Grasemann,Michael,z.Z.Studiumin Halle,wh:gera,Leninstr.117 u.Gera, Rudolf-Diener-Str.22 bei Bley,Cordula

Ziel und Aufgabe der Beobachtung

Die Person soll vom .... bis .... täglich/an den Tagen nach Vereinbarung über Dispatcher der Abt.VIII

in der Zeit von .... bis .... beobachtet werden.

Wo soll die Beobachtung stattfinden? (DDR, Hauptstadt der DDR – Berlin, BRD, Berlin (West), sozial./kapital. Ausland, Transitwege von/bis, Benutzung welcher GÜST?)

Die Beobachtung des Objekt soll im Raum der Bezirke Gera,Halle, Leipzig,Karl-Marx-Stadt(Zwickau,Werdau,Meerane)durchgeführt werden.

Konkrete Begründung der Notwendigkeit und der Zielstellung der durchzuführenden Beobachtung. Was soll konkret durch die Beobachtung erarbeitet werden?

Das Objekt ist Initiator/Org.im Rahmen der unabhänigen Friedens-, Okologie-u.Menschenrechtsbewegung innerhalb der DDR,welcher in Verbindung mit anderen Init./org.der PUT fdl.überörtl.wirkt u.entspr. Aktivitäten entwickelt.Zielstellung:1.Erfassung von Personen,Kontaktn, Handlungen,Objekte,i Territorium,insbesondere im Einzugsgebiet der SDAG Wismut.2.Dokumentierung von Personen,Kfz.,Handlungen,wie fotografieren,Entnahmen von Proben(Wasser,Luft,Mineralien),Feststellung verwendeter Hilfsmittel/Geräte/Gegenstände/Meßgeräte.

Wer soll nach Zusammenkünften/Verbindungsaufnahmen weiter beobachtet werden? (Konkrete Angaben zur Person)

Bei unbekannten Personen Beobachtung bis zur Personifizierung

Was soll bei der Beobachtung fotografiert/gefilmt werden?

Unter Pkt.2 ausgewiesene Zielstellung der Beobachtung,

Die Beobachtung kann unabhängig vom festgelegten Termin beendet werden, wenn festgestellt wurde, daß

Objekt allein eigene Wohnung aufsucht, bei fehlenden Stützpunkten nach eigenem vertretbaren Ermessen, eintreten objektiver Umstände

Welche Maßnahmen sind bei Verdacht oder nach eingetretenen Dekonspirationen einzuleiten?

Sofortige Information der auftraggebenden DE, Abbruch der Beobachtung, wenn Gefährdung der Beobachter und angewandte Mittel/Methoden eintritt bzw. zu erwarten ist.

Das vorliegende Auftragsersuchen ist mit der Diensteinheit der Linie VIII abzusprechen!

Wann, durch wen erfolgt?

Erläuterungen/Ergänzungen zum Auftragsersuchen:

Das Objekt wirkt überörtl. im DDR-Maßstab, kann äußerst flexibelohne zeitl. Bindung nach eigenem Ermessen sich bewegen, wobei in der Regel öffentliche Verkehrsmittel, wie ZUg u. Bus genutzt werden. Im Ausnahmefall Fahrten mit PKW durch Bekannte, Ändert kurzfristig/spontan seine Aufenthaltsabsichten.

Bei Feststellung des Tätigwerdens an Objekten, auf dem Territorium der SDAG WismutHerbeiführung der Entscheidung der Möglichkeiten des Einschaltens des Betriebsschutzes bzw. Kräfte der betriebl. Ordnung u. Sicherheit zur Veranlassung der Feststellung der Personalien, Gründe des Handelns u. gegebenenfalls der zeitweiligen Beschlagnahme der Kamera bzw. der Sicherstellung genutzter Technik/Hilfsmittel zur Schaffung offizieller Beweise/Beweismittel.

Objekt ist intelligent, sehr redegewandt, verhält sich stark absichernd, bei Konfrontation/auftretenden Problemen versucht er die Aufklärung seines Gegenübers bzw der Erfassung der mögl. Hintergründe des Sachverhaltes. Diese Aufklärung erfaßt auch das Erkennen mögl. Vorgehens-u. Verhaltensweisen des MfS, wobei er dafür offizielle Bestätigung erhalten will.

Bestätigt

P[illegible] /Hauptmann
Sachbearbeiter

Erhardt /Oberst
Abteilungsleiter bzw. Leiter der Kreis-/Objektdienststelle

Bezirksverwaltung
für Staatssicherheit
Abteilung VIII

Gera, 24.2.1988
mu-th

Samstag, 20.2.1988 9.00 Uhr bis 19.00 Uhr

9.08 Uhr wurde „Entomologe" beim Verlassen seines Wohnhauses in Gera, Georg-Büchner-Str. 1

festgestellt. Als Beiwerk führte er einen großen beigen Umhängebeutel bei sich. „Entomologe" ging über die Elsterbrücke, Straße der Republik, Schmelzhüttenstraße zur
Kaufhalle „Centra",
welche er
9.15 Uhr betrat. Hier tätigte er Einkäufe.
9.46 Uhr verließ er die Kaufhalle und lief die o.g. Wegstrecke zurück zum Wohnhaus, welches „Entomologe"
9.56 Uhr wieder betrat.

11.42 Uhr parkte die Freyer, Astrid ihren Pkw

Typ	Trabant 601
Farbe	beige
polz. Kennz.	NGG 5 - 93

vor dem Wohnhaus von „Entomologe" ab und betrat dieses
11.44 Uhr.
12.20 Uhr verließen „Entomologe" und die Freyer, Astrid das Wohnhaus Georg-Büchner-Straße 1 und begaben sich zum abgeparkten Trabant. „Entomologe" nahm auf dem Beifahrersitz Platz.
12.22 Uhr fuhr die Freyer, Astrid den Pkw über die Leninstraße, Straße Am Sommerbad, Am Stadion, Dimitroffallee, Klement-Gottwald-Straße, Wilhelm-Pieck-Straße, Swerdlowstraße zur Autobahnanschlußstelle Gera. Diese nutzten sie
12.27 Uhr in Richtung Hermsdorfer Kreuz.
12.48 Uhr fuhr der Trabant 601 auf den Parkplatz Hermsdorfer Kreuz in Richtung Hirschberg auf.
12.49 Uhr parkte die Freyer, Astrid den Pkw ab.
12.51 Uhr betraten „Entomologe" und die Freyer, Astrid gemeinsam die
Raststätte Hermsdorfer Kreuz.
... Bei einer weiteren Kontrolle 14.50 Uhr wurden „Entomologe", die

Freyer, Astrid sowie die BRD-Personen

Falter, Reinhard
wh. BRD
erfaßt für die KD Bernau

Knaier, Waltraud
wh. BRD
erfaßt für die HA XX/2

an einem Vierertisch sitzend, im Langen Zimmer der Gaststätte festgestellt. Sie hatten im hinteren Teil links, am vorletzten Tisch Platz genommen. „Entomologe" und die Freyer, Astrid saßen mit Blickrichtung zum Eingang. Der Falter, Reinhard saß „Entomologe" und die Knaier, Waltraud der Freyer, Astrid gegenüber. Sie führten eine angeregte Unterhaltung und nahmen Speisen und Getränke zu sich. Die beiden männlichen Personen tranken dabei Bier.

18.15 Uhr beglichen „Entomologe" sowie der Falter, Reinhard die Rechnungen.
18.20 Uhr kamen „Entomologe" und die Freyer, Astrid aus der Gaststätte und begaben sich zu dem abgeparkten Trabant. Mit diesem fuhren sie
18.23 Uhr ab. Von
18.24 Uhr bis
18.28 Uhr betankte die Freyer an der Intertankstelle ihr Fahrzeug. Anschließend setzten sie ihre Fahrt über St. Gangloff bis Windischenbernsdorf fort.
18.47 Uhr hielt die Freyer in dieser Ortslage kurz an, um die Scheiben des Fahrzeuges zu säubern.
18.52 Uhr betraten „Entomologe" und die Freyer das Wohnhaus Georg-Büchner-Straße 1. Da bis
19.00 Uhr weder „Entomologe" noch die Freyer, Astrid das Wohnhaus verließen, wurde die operative Beobachtung beendet.
18.25 Uhr verließen die beiden Treffpartner von „Entomologe" die Raststätte. Sie suchten kurz den Transitintershop auf und begaben sich dann durch die Unterführung zum Parkplatz in Richtung Berliner Ring.
18.30 Uhr stiegen beide in den Pkw

Typ	VW Passat
Farbe	rot
amtl. Kennz.	M - PN 6307

ein. Das Fahrzeug wurde von der Knaier, Waltraud gesteuert. Gemeinsam fuhren sie auf der Autobahn in Richtung Berliner Ring.
18.50 Uhr passierte das Fahrzeug die Autobahnabfahrt Naumburg/Zeitz weiter in Richtung Berliner Ring. Daraufhin wurde die operative Beobachtung an dem VW beendet.

Leiter der Abteilung	Referatsleiter
Rahming	Musiol
Oberstleutnant	Major

Bezirksverwaltung für Staatssicherheit
Abteilung VIII

Gera, 24.2.1988

Objekteinschätzung
„Entomologe" trat im Beobachtungszeitraum ruhig und sicher auf. Den Weg zur Kaufhalle „Centra" legte er, ohne sich umzusehen, in zügigem Tempo zurück.
Während der Fahrt zum Hermsdorfer Kreuz bestand für „Entomologe" keine Möglichkeit, den nachfolgenden Fahrzeugverkehr zu kontrollieren, da die Heckscheibe des Trabant vollständig beschlagen und kein rechter Außenspiegel vorhanden war. Die Fahrerin blieb durchgängig 10 bis 20 km/h unter den jeweiligen zulässigen Höchstgeschwindigkeiten. Sie stellte das Fahrzeug am Rand der für Pkw gekennzeichneten Parkfläche des Autobahnhotels ab.
Während der ungewöhnlich langen Wartezeit von rund 2 Stunden, wurden bei „Entomologe" keine Anzeichen von Nervosität festgestellt.
In der Gaststätte musterte er die eintretenden Personen, offensichtlich in Erwartung von Bekannten. Da die stattgefundenen Gespräche nur leise geführt wurden, konnten keine Einzelheiten festgestellt werden.
„Entomologe" rauchte nicht.

Referatsleiter
Musiol
Major

▶ Bezirksverwaltung
für Staatssicherheit
Abteilung VIII

Gera, 22.2.1988
mu-th

Deliktspezifische Einschätzung
Am 20.2.1988 kam es in der Zeit von 14.50 Uhr bis 18.15 Uhr zu einem Treff in der Raststätte Hermsdorfer Kreuz. Zum genannten Zeitraum herrschte ein starker Publikumsverkehr.
Nähere Einzelheiten zum Treff bzw. dem Gaststättenaufenthalt können nicht getroffen werden, da die Beobachtungskräfte nicht in die unmittelbare Nähe der Objektpersonen platziert wurden.
Die Trennung erfolgte in der Gaststätte; zu unterschiedlichen Zeiträumen verließen sie den Rasthof ...

Referatsleiter
Musiol
Major

▶ Bezirksverwaltung
für Staatssicherheit
Abt. VIII/1

Gera, den 22.02.1988

Zusatzbericht
Auf dem Rückweg von der Kaufhalle „Centra" am 20.02.88 interessierte sich „Entomologe" für den B 1000, der als variabler Sichtstützpunkt am Wohnhaus eingesetzt wurde.
Dabei lief er um das Fahrzeug herum und versuchte durch das Fenster am Heck des B 1000 zu sehen.
Auch bei der Abfahrt am Mittag des 20.02.88 schaute er nochmals auf den B 1000.

Die am 20. Februar 1988 von der Stasi aufgenommenen Fotos.

Bezirksverwaltung
für Staatssicherheit
Abteilung VIII

Gera, 3.2.1988

Personenbeschreibung
DN „Entomologe"

Geschlecht	männlich
Alter	28 - 33 Jahre
Größe	168 - 173 cm
Gestalt	schlank
Gesicht	
-farbe	gerötet
-fülle	voll
Kopfhaar	
-struktur	glatt
-farbe	dunkelblond
-frisur	Kurzhaarfrisur – Messerformschnitt
-wuchs	große Stirnecken, Ansatz zur Wirbelglatze
Bart	kurzer Vollbart
Stirn	hoch und breit
Nase	auffallend spitze Nase
Gang	schnell, weitausholende Schritte, leicht schaukelnd
Bekleidung	graublaue Kutte
	blaue Jeans
	braune Halbschuhe
Beiwerk	heller Umhängebeutel

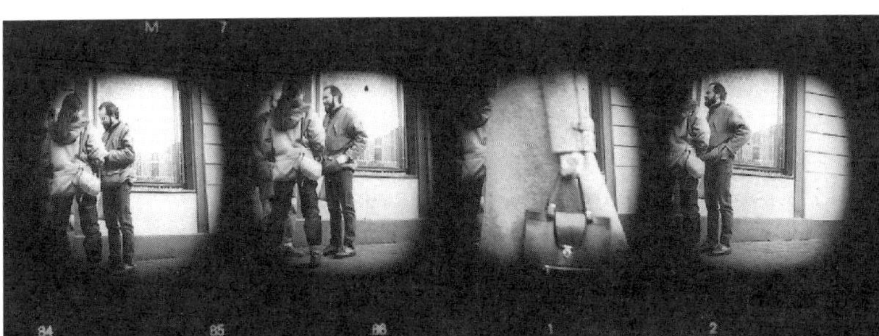

Am 3. Februar 1988 von der Stasi aufgenommene Fotos.

Die abgehörten Telefongespräche wurden von der Abteilung 26 als Tonbandabschrift an die „auftraggebende Diensteinheit", in meinem Fall an die Kreisdienststelle Gera, weitergegeben. Hier ein solches Abhörprotokoll der Abteilung 26:

▶ Abt. 26/3

Merseburg, 01.12.87
Az.26/ 43 / A 25/87 Ka

KD Zeitz
Gen. Bartosch

Streng Vertraulich

OV „Pädagoge"
F r a n k e, Jörg

Gen. OSL Lehmann
Bitte zur Auswertung TOV
„Entomologe". So bewertet
er Aktion Zionskirche.
Abt. XX ist bereits informiert
Markgraf [1]

Information
Ka. 0978
TOV „Entomologe" /KD Gera

Michael B e l e i t e s meldet sich aus Berlin zurück und fragt bei Franke an, ob er schon etwas Neues gehört hätte. Wie Franke meint, kenne er den jetzigen Stand nur aus den Medien und danach wären alle inhaftierten wieder raus.
Beleites berichtet anschließend von seinen Erlebnissen in Berlin:

B.: Es waren gestern noch heiße Diskussionen. Es ging darum, ob sie die Mahnwachen fortsetzen, weil sie noch die Forderung aufrecht ...
F.: ... Die wollen die Vervielfältigungsgeräte wieder haben!
B.: Die wollen die Geräte wieder zurück haben und wollen, daß die Ermittlungsverfahren eingestellt werden. Es sind noch vier imgange.
F.: Ich weiß, daß steht in der Zeitung heute!
B.: Von den fünfhundert Leuten in der Kirche waren bestimmt dreiviertel der Meinung, daß die Mahnwachen fortzusetzen sind. Und viele haben aber auch gesagt, so S t o l p e und F o r k, die Mahnwachen haben ja offenbar Erfolg gehabt, in dem Zusammenhang, wenn Leute im Knast sind. Wenn das ein geeignetes Mittel zu scheinen sei, dann sollte man das für diesen Zweck einsetzen. Und wenn wir das jetzt weiter machen, für die anderen Forderungen, dann würden wir dieses Mittel praktisch abwerten. Wenn sie wieder Leute einknasten, könnten wir nichts mehr steigern. Das brauchte aber Zeit, bis die ganzen Knaben das begriffen haben. Ich hatte noch versucht einen Vorschlag zu machen, sich nicht nur auf eine Aktionsform zu stürzen, sondern für

die verbleibenden Forderungen sich eben weitere Aktionsformen auszudenken. Vielleicht eine Aufstellung an einer Außenwand von einem kirchlichen Gebäude, wo man cinmal die Gummiparagrafen vorstellt und den Kommentar dazu schreibt. Im eigentlichen Sinne geht es ja darum.

F.: Das darf man aber nicht!

B.: Und die eben wieder rein nimmt, wenn die Forderungen erfüllt sind. Ich dachte, wenn ich mich davor stelle, mich kennt ja keiner, da nimmt mich doch keiner ernst und ich hab dort, als das imgange war, verschiedene Leute angesprochen. Es hat sich aber keiner dafür gefunden, der das unterstützt hätte ...

Dann ist beschlossen worden die Mahnwachen jetzt wegzunehmen und abzuwarten, ob jetzt in der kommenden Woche diese Forderungen erfüllt werden, oder nicht und dann am Freitag zu entscheiden was gemacht wird. Es soll jeden Tag in der kommenden Woche eine Vollversammlung sein, wo beraten wird, was gemacht wird.

Dann haben sie praktisch beschlossen, wir gehen jetzt hin, damit die mitkriegen, daß das von uns demokratisch beschlossen ist und gemeinsam getragen wird, und machen dort die Kerzen aus und lösen dort die Mahnwache auf an der Zionskirche. Das war ein Weg von ca. zwei Kilometer durch die Stadt und sie hätten da nichts dagegen, wenn, wegen der schlechten Straßenbeleuchtung, einige Leute Kerzen anmachen. Etwa fünfhundert Leute sind da lang gezogen und wirklich jeder mit einer Kerze in der Hand.

F.: Gab es Behinderungen?

B.: Ohne irgendwelche Behinderungen.

F.: Die waren aber da?

B.: Ganz zurückgezogen. Polizei auf dem Weg überhaupt nicht. An der Zionskirche standen sie den ganzen Tag rum und da hatten sie sich ganz zurückgezogen. Es ist dann auch erstaunlich gut gelaufen, weil es ja auch auf der eigenen Seite Leute gab, die das nicht so gut fanden.

Es ist insofern gut, daß jetzt feststeht, bei jeder kommenden Verhaftung gehen sofort fünfhundert Leute auf die Straße!

F.: Wahrscheinlich noch mehr! Und, gab es schon einen Grenzfall?

B.: Noch nicht! Die Umweltblätter gibt es mit einem Stempel hinten drauf, wegen Konfiszierung der Druckmaschinen unvollständig!

F.: Hast du einen mitgebracht für mich!

B.: Für uns beide. Ich geb es dir dann mal.

Ich hatte eigentlich nicht erwartet, daß es einen so guten Ausgang hat!

F.: Das hat sich schon abgezeichnet. Der Stolpe ist da schnell eingesprungen.

B.: Ich hatte befürchtet, daß die Leute da selbst nicht richtig differen-

zieren und genau so weiter machen, als wenn die Leute noch im Knast wären und sich deshalb politisch etwas unglaubwürdig machen. Das sah anfänglich so aus ...
F.: Schreib doch einmal einen Bericht darüber!
B.: An wen? Den „Neuen Weg"?[2]
F.: Z.B. Wenn der nicht bereit ist, dann müssen wir es eben anders machen! (lacht)
Das ist doch eine ganz interessante Geschichte, die auch sehr hoffnungsvoll ist.
B.: Was ich sehr hoffnungsvoll fand war, daß Massen da waren, die aus ihren inhaltlichen und persönlichen Differenzen zu den Betroffenen nie ein Hehl daraus gemacht haben. Das sie sich aber jetzt mit den Leuten solidarisiert haben.
F.: Anders geht es ja auch nicht!
Warn die Leute von der Initiative auch da?
B.: Klar, alle!
F.: Und Freya und Stefan auch? (Krawzcik und Lebensgefährtin)[1]
B.: Auch.
F.: Ich hab ja mit Freya gesprochen!
B.: Ich weiß! Die hatten die Sache von Xsenia und mir schon dort gehabt. (Disziplinierung vom 28.11.87)[1]
F.: Das hatte ich gesagt.
B.: Jedenfalls! Wenn überall[3] diese Sachen, die im Lande gelaufen sind, berichtet wird, wird der Name Hohenmölsen eine Rolle spielen!
F.: Das ist doch egal. Einmal sehen wie sich die Sache weiter entwickelt. Da werden sie sich auch hüten Stefan anzuzählen!
B.: Das ist eigentlich das Beste, was rausgekommen ist und überhaupt rauskommen konnte.
F.: Da werden wir wieder etwas organisieren hier, was?!
B.: (lacht)
F.: Jetzt bist du wieder in Trebnitz?
B.: Ja. Du weißt jetzt auch warum?
F.: Schreib das mal alles auf. Es ist ganz wichtig, daß sowas auch rum geht. Das ist nämlich nicht berichtet worden. Und wenn, dann kommt es sehr kurz.
B.: Gibt es sonst etwas Neues?
F.: Nein, was soll es schon Neues geben? Ich kriege doch keine Post mehr. Doch, von der Frauenhilfe krieg ich noch!
B.: Kein „Grenzfall" mehr im Kasten?!
F.: Die TAZ ist heute auch nicht gekommen.
Sind da noch andere durchsucht worden, außer der Bohley?
B.: Da hab ich Widersprüchliches gehört. Namentlich ist nur Bärbel

Bohley genannt worden. Es gibt Leute die sagen, daß die das jetzt ausgenutzt haben um bei allen Leuten, die mit der ganzen Sache nichts zutun haben, einmal zu Hause nachzusehen, wie es aussieht in ihrer Wohnung. Ich weiß eben nicht, was daran ist ...
Jedenfalls war die ganze Aktion ein Bumerang.
F.: Das stand jetzt auch in der Zeitung, die Haftbefehle sind aufgehoben. Und sie hoffen, daß sie sich jetzt auch besser verhalten. Das ist jetzt völlig unentschieden. Die wissen doch gar nicht was sie machen sollen.
B.: Ich denke, das hat auch bei denen innerhalb viel Wind gemacht. Und die Leute die das ausgelöst haben, die müßten eigentlich im Zivilen[4] sitzen und Streichhölzer schnitzen.
F.: Ich weiß auch nicht. Wahrscheinlich etwas überreagiert die Genossen. Die wollten vielleicht auch einmal austesten, wie sich die Amtskirche dazu stellt!
B.: Das war doch etwas riskant!
F.: Ja! In so einem Land ist das doch kein Problem. Da kann man doch sowas machen.
B.: Auf der anderen Seite weiß man auch nicht, ob das nicht doch bewußt gemacht worden ist, weil ja die Leute gegriffen worden, die die engsten Kontakte zu den Windmachern haben. Und es klar war, daß das Wind macht und sonst nichts.
F.: Ich glaube, die hatten nicht damit gerechnet, daß die ganze Sache so schnell durch die Medien geht.
B.: Es ist wichtig, daß sie gemerkt haben, daß es eben so ist. Sie hätten es sich denken müssen.
F.: Das setzt voraus, daß man denken kann!
Habt ihr auch über die bevorstehenden Reisebeschränkungen gesprochen?
B.: Das haben wir nur am Rande besprochen und es wurde gesagt, es sei eine Ente.
F.: Gut! Bis dann!
B.: Tschüß!
- 30.11.87 - 13.30 Uhr -
Verteiler:
1. KD Zeitz
2. Abt. XX/4
3. Abt. 26
4. KD Gera

Knoblauch

Anmerkungen zum Abhörprotokoll: 1.) handschriftliche Vermerke 2.) „Neuer Weg“ = Regionalzeitung der Ost-CDU 3.) über all diese ... 4.) in Zellen ...

Die Informanten – Doppelgesichtigkeit oder Bewußtseinsspaltung

Die größte Fehlerquelle bei der geheimdienstlichen Informationsgewinnung waren die Spitzel. Während die Abhörprotokolle und Briefabschriften nur im begrenzten Umfang durch ungenaue Aufzeichnungen und Fehlinterpretationen zu Falschaussagen führen konnten, waren die Informationen der Spitzel immer entscheidend von der subjektiven Einstellung und dem Auffassungsvermögen des jeweiligen Informanten geprägt. Die Spitzel-Berichte sagen oft mehr über die Haltung des Spitzels zum Bespitzelten aus, als über wirkliche Äußerungen und Absichten des Betroffenen.

Von den auf mich angesetzten Stasi-Informanten wurde keiner extra in meine Umgebung eingeschleust, einige gehörten sogar seit langem zur oppositionellen Szene. Zwei wollten freiwillig Stasi-Informanten werden, die anderen haben sich mehr oder weniger starkem Druck gebeugt. Dieser Druck hat offenbar deshalb so gut funktioniert, weil die von der Stasi ausgesuchten „IM-Kandidaten" den – oft nur indirekt angedrohten – äußeren Konflikt mehr fürchteten, als den inneren Konflikt. Nachdem die neu „geworbenen" Stasi-Informanten erste unbedenkliche Aufträge ausgeführt hatten, wurden sie allmählich dazu aufgefordert, ihren eigenen Freundes- und Bekanntenkreis zu bespitzeln. Dabei wurde ihnen der Eindruck vermittelt, daß die Stasi schon anderweitig informiert wäre und sie nur noch Ergänzungen oder Bestätigungen zu liefern hätten. Oft wurde ihnen gesagt, daß sie selbst kontrolliert werden, ob sie auch vollständig und wahrheitsgemäß berichten. In dieser Situation sahen sie schließlich keinen Ausweg mehr und ließen sich auf das absurde Spiel ein. Die Führungsoffiziere boten ihren Spitzeln in der Regel sehr bald das Du an, und es entwickelte sich ein scheinbar vertrautes Verhältnis. Während sich bei vielen Spitzeln im Laufe der Zeit ein gewisses Anlehnungsbedürfnis gegenüber dem jeweiligen offiziellen Stasi-Mitarbeiter herausbildete und diese nicht selten in die Rolle des „Seelsorgers" gerieten, wußten die Spitzel über die privaten Lebensverhältnisse ihrer Führungsoffiziere fast nichts. Die Stasi hat das Bewußtsein vieler Spitzel immer tiefer gespalten und dann in seiner Spaltung instrumentalisiert.

Um sich selbst gegenüber der Stasi aufzuwerten, haben manche Informanten die Äußerungen der Bespitzelten gefährlicher dargestellt als sie waren. So hat der IM „Eberhard" der Stasi erzählt, ich hätte ihm gesagt, daß er niemandem etwas von der Existenz der Studie „Pechblende" mitteilen dürfe und er nur für „wirklich zuverlässige" Leute weitere Exemplare erhalten würde, was beides nicht stimmt. Er ging später sogar soweit, daß er andere als Stasi-Spitzel verdächtigte, um die Geraer Umweltgruppe zu spalten.

Andere bemühten sich wirklich darum, zu informieren, ohne dabei zu verraten, was jedoch nicht immer gelang. Diese Informanten, die sich in dem Zwang sahen, alles was sie wußten, der Stasi zu berichten, versuchten dann, sich aus meiner Umgebung zurückzuziehen, um möglichst wenig über mich zu erfahren. Wenn sich Informanten für mein Tun nicht mehr interessierten und dennoch nach Details gefragt wurden, entstanden die schwachsinnigsten Berichte. So heißt es z.B. in einem IM-Bericht vom 27. April 1989:

B. hat auch an der Elster gemessen, wahrscheinlich hinter seinem Haus. Dort wäre aber eine Messung kaum genau möglich, da man das Plutonium, welches sich im Wasser befindet, nicht so einfach messen kann. Man müsse es ansaugen, verdichten und dann berechnen. Dies versuchte B. mit dem Staubsauger. Da hätte der Zähler viel angezeigt.

Hier hat der Informant nicht nur Radium und Radon mit Plutonium verwechselt, sondern auch noch Wasser und Luft durcheinandergebracht. Der IM „Mario“ versuchte tatsächlich einmal, unberechtigte Vorwürfe von mir zu nehmen, indem er in seinem Bericht vom 28. Oktober 1988 formulierte:

Insgesamt hatte ich den Eindruck, daß der Vortrag von Beleites fundiert, sachkundig und wenig spekulativ war.

Von den Stasi-Informanten, die bis zum Herbst 1989 Berichte über mich abgegeben haben, ist im Jahr nach der Stasi-Auflösung kein einziger von sich aus zu mir gekommen, um sich zu erklären bzw. zu entschuldigen. Den meisten bin ich nach wie vor regelmäßig begegnet, und sie wußten auch, daß ich meine Stasi-Akten eingesehen hatte. „Mario“ engagierte sich beim Geraer Neuen Forum und kandidierte bei der Kommunalwahl im Mai 1990 für die Stadtverordnetenversammlung. „Eberhard“ war bis Mitte 1990 Mitglied unseres Bürgerkomitees – zuerst für den Demokratischen Aufbruch, dann als Vertreter von amnesty international. Zwei frühere Informanten habe ich vorsichtig auf ihre Stasi-Tätigkeit angesprochen; sie haben es abgestritten. Erst Ende 1990 waren einige bereit, ihre Zusammenarbeit mit der Stasi zuzugeben und mit mir darüber zu sprechen. Zu dieser Zeit, also ein ganzes Jahr nach der Stasi-Auflösung, hatten einige noch nicht einmal ihren Ehepartnern erzählt, daß sie Stasi-Informanten waren! Die Informantin der MfS-Kreisdienststelle Bernau, deren Bericht über unser Ost-West-Treffen in Prag 1987 zu meiner Ausreisesperre führte, hat erst im Sommer 1991 zugegeben, daß sie Stasi-Spitzel war. Sie war wohl am engsten mit dem Stasi-System verbunden, hat ihre „Legenden“ am längsten aufrecht erhalten – doch sie ist heute ehrlicher als die anderen.

Aus Angst vor ihrer „Dekonspiration" haben die Spitzel zunächst weniger Interesse an einer Aufarbeitung gezeigt, als ihre Führungsoffiziere. Auch aus der jahrelangen Bewußtseinsspaltung herauszufinden, ist sicherlich ein viel komplizierterer Prozeß, als die mit Überzeugung vertretene Politik als falsch zu erkennen. Mit der Ausführung von Aufträgen für die Stasi taten die meisten Spitzel etwas, das sie gleichzeitig verachteten, während die Führungsoffiziere sich in der Regel mit ihrer Tätigkeit identifizierten. So erleben wir heute, daß diejenigen, die von ihrem Tun überzeugt waren, wie die Oppositionellen und viele hauptamtliche Stasi-Mitarbeiter, weniger Probleme mit der Vergangenheitsbewältigung haben, als diejenigen, die mit einem gespaltenen Bewußtsein lebten, also gegenüber staatlichen Stellen andere Meinungen vertraten, als im privaten Kreis, wie die meisten inoffiziellen Stasi-Mitarbeiter – und die Mehrheit der Bevölkerung.

Eine heimliche Verbindung zur Stasi

Nicht alle IM standen auf der Seite der Stasi. Ende 1986 war Michael Unruh aus Zeitz, wegen seines verlorengegangenen Museums-Dienstausweises von Angehörigen der Stasi genötigt worden, eine Verpflichtungserklärung zur inoffiziellen Zusammenarbeit mit dem MfS zu unterschreiben. Nachdem er eine Zeitlang lediglich den Auftrag hatte, bei naturwissenschaftlichen Exkursionen „wachsam" zu sein, um eventuell westliche Spione zu entdecken, verlangte man von ihm ab Mitte 1987, Informationen über mich weiterzugeben. In dieser Situation stieg Michael Unruh aus dem System der Geheimhaltung aus und sprach mit mir darüber. Er sagte, daß er, trotz der sich mit großer Wahrscheinlichkeit für ihn ergebenden Repressalien, eine solche Spitzeltätigkeit prinzipiell ablehnen will. Ich hatte damals ein Interesse daran, daß der Stasi die Angst vor mir genommen wird, um möglicherweise das Recht des Reisens zurückzuerhalten. So habe ich Michael Unruh ausdrücklich darum gebeten, die Zusammenarbeit mit der Stasi nicht abzubrechen, sondern der Stasi ein möglichst harmloses Bild über mich zu vermitteln.

Nach längerem Überlegen sagte er zu, und wir haben dann über ein halbes Jahr lang jeden „Bericht" vorher gemeinsam durchgesprochen. Gleichzeitig war es für mich während der Recherchen zur Erarbeitung der Studie „Pechblende" enorm wichtig, zu wissen, was die Stasi über mich weiß und was sie nicht weiß. Genau dies war an den Fragen, die Michael Unruh gestellt wurden, präzise erkennbar. Da er mich ständig darüber informierte, was die Stasi über mich wissen wollte, konnte ich mir ein recht gutes Bild über die Interessen und damit den Informationsstand der Stasi machen. Und weil ich auf diesem Wege wußte, daß die Stasi über die von mir vorbereitete Uran-Studie noch nicht informiert war, konnte ich im Sommer und

Herbst 1987 mit Fotoapparat und Videokamera die Nähe der Wismut-Anlagen betreten, ohne Angst vor einer gezielten Verfolgung durch die Stasi zu haben. Ohne dieses Hintergrundwissen hätte ich meine Recherchen vorzeitig selbst begrenzt.

Michael Unruh hat dann Anfang 1988 seine Verbindung zur Stasi abgebrochen, weil ihm klar geworden war, daß sich die Stasi durch Informanten nicht informieren lassen wollte, sondern lediglich ein Interesse daran hatte, sich ihre vorgefaßten Meinungen durch konkrete Fakten bestätigen zu lassen.

Auf Michael Unruhs Informationen ist die Stasi in den umfangreichen Zwischenberichten tatsächlich nur ein einziges Mal eingegangen. Dort ist allerdings das Bemühen um eine Entschärfung von Verdächtigungen deutlich erkennbar:

▶ Durch den in die operative Bearbeitung eingeführten IM der KD Zeitz – auf der Grundlage des abgestimmten Vorgehens – konnten nachstehende Motive des Verdächtigten, welche sein Handeln bestimmen, herausgearbeitet werden.
Der Verdächtigte will etwas zur Herbeiführung von Veränderungen in Bezug auf die Umweltbelastungen in der DDR tun. Dabei beabsichtigt er nachzuweisen, – entsprechend Diskussionsbeitrag zum Konsiliaren Prozeß, auf welchen noch eingegangen wird – daß die Auswirkungen sich bereits jetzt auf die Menschen richten.
Er sieht in der Kirche Raum für dieses Betätigungsfeld, will aber auf der anderen Seite verhindern, daß damit die Kirche von staatlicher Seite als Opposition gegen die gesellschaftlichen Verhältnisse in der DDR dargestellt wird.
(Aus dem Zwischenbericht zum TOV „Entomologe" der KD Gera des MfS, vom 5. Juli 1988)

Die Bemerkung „auf der Grundlage des abgestimmten Vorgehens" bezieht sich hierbei nicht auf Michael Unruh und mich, sondern auf die Kreisdienststelle Zeitz und die Kreisdienststelle Gera (Bezirksverwaltung Halle und Bezirksverwaltung Gera) des MfS, weil bei der Stasi eine überbezirkliche Zusammenarbeit besonderer Abstimmungen bedurfte. Das abgestimmte Vorgehen zwischen Michael Unruh und mir ist der Stasi nie bekannt geworden – dies hätte für Michael Unruh zu erheblichen Schwierigkeiten geführt.

Michael Unruh hat sich durch seine Bereitschaft, in Absprache mit mir seine Kontakte mit der Stasi fortzusetzen in eine reale Gefahr begeben. Mit dem Versuch, mir auf diese Weise zu helfen, hat er wesentlich mehr Mut und Charakter bewiesen, als die vielen „Unbelasteten", die keine Kontakte zur Stasi hatten und dennoch jede Auseinandersetzung und jedes Risiko gescheut haben. Ich bin Michael Unruh zu großem Dank verpflichtet, weil er rechtzeitig gemeinsam mit dem von ihm zu Bespitzelnden einen Ausweg gesucht hat – und so nicht Spitzel sondern Helfer und Freund wurde.

Erschwernisse bei der Beweisführung

Die vermeintliche Gefährlichkeit des „Verdächtigen“ hat die Stasi oft aus den eigenen Schwierigkeiten bei der Informationsbeschaffung und Disziplinierung abgeleitet. Im Zwischenbericht zum TOV „Entomologe“ der KD Gera des MfS, vom 24. November 1987, heißt es:

Politisch-strafrechtliche Wertung
Im Ergebnis des Prozesses der operativen Bearbeitung zeichnete sich erneut und verstärkt ab, daß der Verdächtige seine umfangreichen Aktivitäten/Handlungen bewußt und zielgerichtet durchführt, bisher dennoch unter der strafrechtlichen Relevanz geblieben ist, kaum Ansatzpunkte für die Durchführung von politisch-operativen Maßnahmen der Disziplinierung, Zersetzung und Verunsicherung bot und sein Handeln weiter konspiriert.
Erschwerend bei der offiziellen Beweisführung wirkt der Umstand, daß er sich weitgehend, außer dem Kontakt zur OPK-Person „Grün", vom Handlungsbereich der Interessengemeinschaft Natur und Umwelt des Kulturbundes Gera entfernt und damit der Informationsgewinnung und operativen Kontrolle durch IMS/GMS unserer DE weitgehenst entziehen konnte. Anhand der bisherigen operativen Kenntnisse aus der Vorgangsbearbeitung zum Verdächtigen und der im Zwischenbericht genannte operativ angefallenen Personen kann im Rahmen des koordinierten Vorgehens mit anderen DE geschlußfolgert werden, daß deren Quellen in der Regel über einen peripheren Einsatz ebenfalls nicht hinauskommen, was sich erschwerend auf die Schaffung offizieller und inoffizieller Beweise/Beweismittel auswirkt.
Einerseits zieht sich der Verdächtige bei kleinsten Anlaß von Personen, Treffen und Veranstaltungen sofort zurück und verstärkt sein selbstkontrollierendes Verhalten, andererseits nutzt er alle staatlich zugelassenen Möglichkeiten, insbesondere in Form von Eingaben, um offensiv allen Verdacht und alle Schatten bezüglich der Unbescholtenheit seiner Person abzuweisen und um gleichzeitig durch Einzelpersonen und/oder Mitarbeiter staatlicher Organe die offizielle, möglichst schriftliche Bestätigung dafür zu erhalten, daß sich das Ministerium für Staatssicherheit mit ihm beschäftigt. Das ist ihm nicht gelungen.

Oh doch! Zwar nicht offiziell, aber schriftlich.

DIE BETEILIGTEN – BETRACHTUNGEN DANACH

„Die Aggressionen müssen erst mal raus. Aber darüber nun zwischen Tätern und Opfern zu sprechen – das wäre nun eigentlich die Aufgabe.“

Heino Falcke

Das Gespräch zwischen Tätern und Opfern läßt sich nicht dokumentieren. Es muß von den Gesprächsführenden selbst erlebt werden und es kann nur dann wirklich ernsthaft sein, wenn es nicht für die Veröffentlichung bestimmt ist. Doch ich will verschiedene Personen, die an den dokumentierten Auseinandersetzungen in unterschiedlichster Weise beteiligt waren, selbst sprechen lassen. Dabei geht es mir einerseits um eine mehrdimensionale Darstellung der jeweiligen Begebenheiten; andererseits will ich aufzeigen, daß es sich nicht um einen abstrakten Konflikt zwischen Opposition und System handelte, sondern auf beiden Seiten – und zwischen beiden Seiten – Menschen standen.

Wie die Stasi-Mitarbeiter vorgingen, um andere Menschen für ihre Zwecke „nutzbar“ zu machen und welche Möglichkeiten der Reaktion gegeben waren, soll von denen beschrieben werden, die direkt mit der Stasi zu tun hatten.

Es ist nicht das Ziel dieses Buches, mich bei den früheren Stasi-Mitarbeitern und ihren Helfern zu rächen. Auf die erfahrenen Entwürdigungen will ich nicht mit neuen Entwürdigungen antworten, indem ich mit dem bloßen Zitieren aus den zum Teil perversen Stasi-Texten ihren Verfassern indirekt das Mensch-Sein abspreche. Deshalb habe ich mich dazu entschlossen, den betreffenden Stasi-Mitarbeitern die Möglichkeit zu geben, sich mit zeitlichem Abstand und als Privatperson zu bestimmten Konflikten und ihrer Rolle im Repressionsapparat zu äußern. Nach mehreren Gesprächen haben sie sich bereiterklärt, zur Dokumentation des von ihnen veranlaßten Unrechts ihre eigenen Stellungnahmen hinzuzufügen. Ich glaube, dies ist eine Form der Aufarbeitung, die nicht die alten Feindschaften fortführt, sondern beiden Seiten ermöglicht, aufrechten Ganges aus dem Konflikt herauszugehen.

Außerdem sollen einige Mitbetroffene die menschliche Tragweite der von der Stasi inszenierten Unterdrückungsmaßnahmen sowie die Intention unseres gemeinsamen Engagements aus ihrer Sicht beschreiben.

„Die Gefühle waren sehr gemischt" – Stasi-Informant im Interesse des Betroffenen

Der Vorwand der Stasi für eine erste unverfängliche Kontaktaufnahme mit mir war der von mir gemeldete Verlust meines Museums-Dienstausweises in Baschkirien im Sommer 1986. Dabei wurde mir offenbart, daß das MfS schon sehr lange auf eine Gelegenheit wartete, um sich mit mir zu treffen. Aufgefallen war ich durch die Naturschutzarbeit im Kreis und eine rege Korrespondenz mit Kollegen und Bekannten im Ausland. Dazu belasteten mich meine häufigen naturkundlichen Exkursionen in den Zeitzer Forst, der damals der Stationierung sowjetischer SS 20-Atomraketen diente.

Dieses erste Treffen verfolgte mit zwei Taktiken ein Ziel. Zunächst wurde an meine „patriotische Gesinnung" und Friedensliebe appelliert, gleichzeitig aber der Verlust des Dienstausweises sehr großzügig behandelt. Das Ergebnis dieses Gesprächs war die Aufforderung, über eine Mitarbeit zur Aufdeckung westlicher Militärspionage nachzudenken. Obwohl ich nicht unter Druck gesetzt wurde, sagte ich meine Mitarbeit auf diesem Gebiet zu, weil ich etwas zur Erhaltung des Friedens tun wollte. Erst viel später wurde mir klar, daß in dieser Zeit vor allem der innere Widerstand, den man in den Reihen von Naturschutzmitarbeitern vermutete, aufgedeckt und mundtot gemacht werden sollte.

Die Militärspionageabwehr bezog sich lediglich auf die Mitteilung der von mir im Zeitzer Forst festgestellten Autonummern, die ich während verschiedener Exkursionen gelegentlich notierte. Dabei handelte es sich ausschließlich um faule Pilzsucher, die, zu träge zum Laufen, ihr Auto im Forst parkten. Ein Spion wurde im Raum Ossig-Lonzig-Schellbach vermutet, bei dessen „Enttarnung" ich mithelfen sollte. Obwohl ich damals von der Notwendigkeit dieser Arbeit überzeugt war, verlief das Ganze nicht gerade aufregend.

Von Ende 1986 bis Mitte 1987 standen Fragen der Militärspionage im Zeitzer Forst im Vordergrund, ab Mitte 1987 versuchte man, mich auf Michael Beleites „anzusetzen". Zunächst wurden Dinge angesprochen, die sich aus unserer gemeinsamen beruflichen Tätigkeit ergaben, wie Herstellung und Preis von Präparaten, wer diese bestellt usw. In diesen Fragen sah ich damals nicht das Problem, hatte ich doch von Anfang an versucht, die ideologisch verbrämten Anwürfe und Entstellungen zu entschärfen. Nach dem zweiten oder dritten Gespräch spürte ich einen wachsenden emotionalen Widerstand, Klima und Inhalt der Gespräche wurden mir zuwider. Es war der Zeitpunkt, als die Stasi Vertrauen zu mir gewonnen hatte und eine Einarbeitung in die konspirative Tätigkeit, sprich Einschleusung in kirchliche Oppositionsgruppen, versuchte. Abstoßend war auch die Aufforderung, die Anschriften all meiner Bekannten (vor allem der aus der BRD) vorzulegen, um ihre politische Integrität zu überprüfen. Im Gespräch kam es zu einer ersten Auseinandersetzung – ich verweigerte beides. Danach wollte ich dieses zunehmend belastender werdende Verhältnis beenden, zumal die Spannungen zu Hause ebenfalls deshalb zunahmen. Meine Frau wußte davon und drängte mich, hier abzubrechen. Das Unwohlsein war so stark geworden, daß ich unbedingt diese sinnlosen und entwürdigenden Treffen in einem geschmacklos als gute Stube bei Kaffee und Kuchen eingerichteten Zimmer abbrechen wollte. Übrigens wurde auch ständig Cognac angeboten.

Als Michael Beleites wieder einmal bei uns zu Besuch war, weihte ich ihn in das Geheimnis meiner bisherigen Tätigkeit ein. Auch kündigte ich an, diese Verbindung sofort zu beenden. Michael Beleites bat mich, nach Möglichkeit die Kontakte fortzusetzen. Er sprach von einer „schwarzen Liste" im Computer der Stasi, die für die Betroffenen mit Reisesperre und Berufsverboten verbunden war. Als Oppositioneller durfte Michael Beleites die DDR nicht verlassen, er erhielt keine Genehmigung für die Ausübung seines Berufes und durfte nicht beim Museum angestellt werden. Meine weitere Mitarbeit zu seinen Gunsten könnte unter Umständen dazu führen, ihn aus dieser Negativ-Liste zu löschen. Seitdem besprachen wir alle weiteren Gesprächsinhalte gemeinsam. Wir sprachen ab, welche Informationen von geringfügigem Wert für die Stasi bedeutsam sein konnten, um ein möglichst ungefährliches Bild über Michael Beleites zu vermitteln.

Nachdem ich meine weitere Mitarbeit zugesagt hatte, wurde ich mir der Gefahr und der Last dieser Aufgabe bewußt. Einerseits mußte der Eindruck eines verläßlichen Mitarbeiters bestehen bleiben, andererseits wollte ich Michael Beleites helfen.

Jede Detailinformation, die ich überbrachte, wurde mit einem gönnerhaften Einblick in Methoden und Ergebnisse der MfS-Arbeit belohnt. Doch auf einem Ohr war man taub: nur belastende Details gegen Michael Beleites wurden genauestens zur Kenntnis genommen und schriftlich fixiert beim nächsten Treffen zur Unterschrift vorgelegt. Meine Argumente für Michael Beleites, wie Humanismus, Aufdeckung der Umweltverseuchung und Unterstützung von Friedensinitiativen, wurden nur unwillig registriert und mußten in den Protokollen erst nach meiner Korrektur nachgebessert werden. Ich glaube, daß wir redlich versuchten, die Stasi an der Nase herumzuführen; diese ganze Mühe aber fast vergeblich war. Nach einer Bilanz Anfang 1988 stellten wir die Sinnlosigkeit meiner Tätigkeit fest. Es hatte sich an Michael Beleites' Situation nichts verbessert, trotz meines Einsatzes für ihn.

Ich fühlte mich selbst sehr mies, meine Frau machte mir wiederholt Vorwürfe wegen meiner Feigheit. Dazu kam die immer deutlicher werdende Kluft zwischen dem gesellschaftlichen Anspruch des sozialistischen Staates und dem real existierenden Sozialismus in allen Bereichen. Ich fühlte mich mitschuldig. So versuchte ich den ersten Anlauf, meine Verbindung zur Stasi aufzuheben, unter dem Vorwand, meine Frau habe erfahren, daß ich abends aus einem Haus gekommen sei, in dem keiner unserer Bekannten wohnt, also mit einer erfundenen „Eifersucht". Das klappte nicht, man wartete erneut auf eine Gelegenheit, mich zu treffen. Nun erfand ich mehrere Vorwände, um den Termin eines letzten Treffens hinauszuzögern, dann setzte ich endgültig einen Schlußstrich. Ich kündigte meine Verpflichtung mit Unterschrift. Man versuchte dann nicht mehr, mich unter Druck zu setzen, sondern teilte mir die Möglichkeit strafrechtlicher Konsequenzen bei Verletzung der Schweigepflicht mit. An diese hatte ich mich durch die Verbindung zu Michael Beleites ohnehin nicht gehalten.
Die Gefühle waren sehr gemischt. Nie konnte ich den Gedanken ganz loswerden, ein mieser Spion zu sein, obwohl ich moralisch nichts verwerfliches getan hatte. Es war einfach alles unwürdig.

(Juli 1990) Michael Unruh

„Er ließ nicht locker" – Über eine versuchte IM-„Werbung"

Im Oktober '88 bat mich eine ehemalige Kollegin, doch im Betrieb für eine Woche auszuhelfen. Seit Dezember '87 hatte ich mein Arbeitsverhältnis in der Apotheke des Bergarbeiterkrankenhauses beendet, um danach als Instrumentallehrerin zu arbeiten. Damals hatte ich meinen Kollegen versprochen, bei Arbeitskräftemangel auszuhelfen. Ich hatte gerade Ferien und sagte zu. In dieser Woche hatte ich nicht den Eindruck, unbedingt gebraucht zu werden. Auch fand ich merkwürdig, daß ich auf dem Arbeitsplan am Freitag für keine Abteilung eingeteilt war.
Freitagmittag erschien dann pünktlich zur Kaffeepause ein geschniegelter Herr mit Aktentasche und „Bonbon" am grauen Anzug und klingelte an der Glastür der Apotheke. Ich machte ihm auf. Dieser Herr sagte, er wolle zum Chef, und ich brachte ihn zu ihm. Dieser kam aber kurz darauf aus seinem Büro und meinte, der Besuch wäre für mich. Schon hatte ich ein ungutes Gefühl – und recht hatte ich. Er zeigte mir seinen Ausweis: „Ministerium für Staatssicherheit, Genosse P.".
Auf die Frage, was er von mir wolle, antwortete er stets unklar. Er

wolle sich über meine derzeitigen Aktivitäten unterhalten, und er erklärte mir, wie tolerant die Stasi bisher gewesen sei. Mein „größtes Vergehen" wäre eine Meinungsumfrage über die Umweltprobleme Geras. Ich solle doch Vertrauen zur Stasi haben, denn schließlich sehe man von einer strafrechtlichen Verfolgung ab. Es folgte ein etwa dreistündiges „Gespräch". Er mahnte mich, keine „neuen" Straftaten zu begehen und versuchte, mich zu weiteren Treffen mit ihm zu zwingen. Natürlich vorerst nur mit versteckten Drohungen, wie „Sie wollen doch noch mal was vom Staat" oder „Sie lieben doch ihre jetzige Arbeit, nicht wahr?"
Ich sollte unser Gespräch streng geheimhalten. Er wollte mich das nächste Mal auf dem Platz der Republik, am Zeitungskiosk treffen. Ich sollte ihm dann unauffällig in ein Haus folgen, und er würde mich erst dort begrüßen. In einer Wohnung, wo uns eine Frau Kaffee kocht, wollte er sein Gespräch mit mir fortsetzen. Das war mir natürlich „etwas" zu intim. Ich fragte ihn, wofür er mich eigentlich halte und sagte, daß ich so etwas nicht mitmache. Er ließ nicht locker und drängte auf ein Treffen in meiner Wohnung, aber ich müßte ganz alleine sein. Wenn ich nicht einwilligte, würde er in meinen neuen Betrieb kommen müssen, und es wäre doch nicht schön, wenn die Schüler dann wegbleiben. So kam er am Dienstag darauf in meine Wohnung.
In der Zwischenzeit hatte ich alles andere getan, als diesen unangenehmen Besuch geheimzuhalten. Ich ließ mich von Freunden und zwei Pfarrern beraten, und mein Mann wußte auch Bescheid. P. kam mit der Aktentasche voller Gesetzblätter in unser Haus und mußte dann unverrichteter Dinge wieder gehen. Ich sagte ihm, daß ich nicht bereit wäre, mich mit ihm allein zu unterhalten. Er bestellte dann mich und meinen Mann per Karte zur „Klärung eines Sachverhaltes" in das Kreisamt der Kriminalpolizei. Dort mußten wir uns eine langweilige Belehrung anhören, die ich unterschreiben sollte. Meine Unterschrift verweigerte ich. Böse über meine Unwilligkeit entließ er uns dann. Der Name Michael Beleites wurde nicht erwähnt.

(August 1990) Astrid Fischer

„Ich hatte einen Schlüssel"– Dissidenten-Tochter als Stasi-Spitzel

Nach unserem Gespräch hatte ich das Gefühl, mich in manchen Dingen nicht so deutlich ausgedrückt zu haben. Es fiel mir schwer, die Gedanken zusammenzuhalten, zumal es zum ersten Mal war. Ich hatte schon während der ganzen Reise überlegt, wie und was

ich Dir sage. Das Wie ging ja, aber Wichtiges habe ich nur halb gesagt, so glaube ich jedenfalls. Ich entschuldige es mit der Situation des Nebentisches und der Anwesenheit der Kinder.
Du fragtest nach der Intensität der Befragungen zu meinem Vater*. Na sicher habe ich artig zeitliche Abläufe geschildert, Personen genannt und auch eingeschätzt, wie intensiv die Beziehung war. Aber inhaltlich war nichts drin. Ich habe mir nie so große Mühe gegeben, meinen Vater zu begreifen, um nicht in die Versuchung zu kommen. Es müßte Euch aufgefallen sein. Alles war nur meine ureigene Interpretation. Daher war ich für die Berliner nicht tiefgründig genug. Es war nichts abzuschöpfen, was sie nicht ohnehin schon wußten. Ich habe es damals nicht bewußt getan, etwas im Bauch sagte mir, es sind deine Eltern – es ist nicht deine Aufgabe.
Aber gerade diese Verwandtschaft war der eigentliche Aufhänger. Mit diesem Vater wurde ich für „gewisse Kreise" interessant. Darauf bauten sie und irgendwann war es auch so. Ich hatte ein enormes Plus, einen Schlüssel.
Doch zwischendurch begann ich die „Arbeit" nicht mehr ernst zu nehmen und verletzte die Konspiration. Ein Grund, miteinander bitterböse dieses Verhältnis zu beenden. Mein alter Freund kam wieder und rettete mich. Ich schreibe es nicht in Anführungsstriche, weil es wirklich so war. Zu der Zeit war ich mitten drin in einem menschlichen Abstieg. Nichts lief, die Ehe war kaputt, die Arbeit ein Graus und Freunde hatte ich kaum welche, nachdem man mir meine einzige Freundin abspenstig gemacht hatte. (Später erfuhr ich, daß sie auch IM war und ganz konkret zu meiner Überwachung eingesetzt war. Kein Wunder, daß meine Quatscherei raus kam.) Und mitten in dieser Einsamkeit kam der Typ. Kein Traummann, aber resolut und mit Autorität. Hob mich einfach auf und schubste mich weiter.
Ich habe Dir von meiner Motivation erzählt. Aus dem Abenteuer wurde verdammt harte Arbeit. Leb Du mal zwei Leben, halte sie auseinander, so daß eines das andere nicht berührt. Ein Schizophrener kann es, aber ich bin nicht schizophren. Ich habe so gelebt und gearbeitet.
Ich habe Dir von den Tränen erzählt, sie kamen nachts...
Meine Kinder haben verdammt früh gelernt, abends allein zu sein, wenn sich die Mutter in die Dunkelheit schlich, irgendwo in ein Auto stieg und freudig den Partner erwartete. Ja sicher Partner, denn wem teilt man sonst Geheimnisse mit.

---

*Rudolf Bahro

Diese Beziehungskiste bindet uns noch heute. Ich habe in den 10 Jahren auch ihn sehr gut kennengelernt und gerade, da ich heute noch mit ihm Kontakt habe, wird mir seine Wahrhaftigkeit in persönlichen Dingen bestätigt. Ich konnte ihm über die Zeit der Wende hinweg helfen. Aber mein Ding mache ich irgendwann allein.

Du hast vom IMB gesprochen. Ich habe erstmal nachgelesen,was damit zusammenhing. Weißt Du, ich habe viele Bücher über die Zusammenhänge, aber auch Angst, sie zu lesen. Es ist ein Spiegelkabinett, ich komme da noch nicht heraus. Ich kann mich doch nicht in ein Kämmerlein setzen, Asche auf's Haupt und rund rum geht das Leben weiter. Ich bin noch relativ jung und muß jetzt mitten drin sein. Ich sagte Dir ja, die Last ist Strafe genug. Nein, nicht Märthyrer verdammt. Es ist mein Leben gewesen und alles war meine Entscheidung, ich hätte bestimmt nein sagen können ... aber es war wie mit der Zigarette, eine Sucht nach Gefahr, ein ständiges abtasten seiner Grenzen, ein riesiges Theater – Regie: die Stasi, Hauptrolle: die Opposition, Gegenspieler: die Spitzel, Statisten: die restlichen 16 Millionen, Ort: DDR mit Ausschnitten von Auslandsaufnahmen. Die Theaterkritiker rissen das Maul auf und hier und da wurde aufgrund dessen ein Schauspieler ausgewechselt. Na und ... Das Theater ist abgebrannt. Meinst Du nicht, daß das Schauspiel weiter geht, nur mit anderer Rollenbesetzung? Das neue Theaterhaus heißt Deutschland. Ich weiß, daß ich meine Rolle gut gespielt habe, denn schließlich habe ich mit ihr gelebt. Ich bin mir sicher, daß ich selbst heute einem Angebot kaum widerstehen könnte. Und solange ich das von mir weiß und glaube, kann ich nicht so tun, als ob ich alles bereue. Es war nicht die Überzeugung, daß Ihr Feinde ward. (Dazu hatte ich zu viele Eurer Texte gelesen.) Es war die Freude am Spiel. Dies ist das eine. Andererseits sagte ich Dir schon, daß ich von dem Ausmaß der Schweinereien nichts wußte, geschweige denn ahnte. Dies ist der einzige Faktor, der Gewissensbisse bei mir hervorruft. Die Folgen waren mir nicht immer klar. Da möchte ich heute bei jedem Einzelnen Abbitte tun. Aber ich weiß nicht, was wirklich war. Wo war ich der wahrhaftige Auslöser (Ich hoffe, daß Du eine Ausnahme bist)? Ich möchte meine Akte lesen, aber die Akten, die ich selbst geschrieben habe. (Er sagte mir, es seinen 30 Bände.) Ich drehe mich nicht und sage, die haben mich gezwungen, ich mitleidswerte Geschöpf – so klingt es aus manchen Berichten ehemaliger IM's. Zu pauschalisieren ist einfach dumm. Wir haben beide in unseren Welten gelebt. Wir müssen und nur wir können unsere

Zeit, unseren Konflikt unseren Kindern begreifbar machen ...
Eben sprach ich mit meinem Führungsoffizier. Ich fragte auch nach dem „B". In der Reihenfolge wurde ich als GMS – IMS – IMV – IMB geführt. Die Ausbildung erfolgte indirekt.
Bis jetzt wurden wir beruhigt, daß unsere Akten vernichtet wären. Heute gab er zu, daß meine Unterlagen in Frankfurt liegen. Etwas peinlich berührt nahm er Kenntnis von meinem Vorhaben, diese zu lesen. Ich will einfach wissen, wie die Drähte gezogen wurden.

Bernau, im August 1991 Sylvia Henning

„Es war zermürbend" – Museumsdirektorin als Stasi-Helfer

In der DDR war ein staatlicher Leiter für alles zuständig... Bei mir rief im Juni 1986 ein Herr an, stellte sich als Mitarbeiter vom Ministerium für Staatssicherheit vor und wünschte mich zu sprechen – ein Termin wurde vereinbart. Dieses Telefonat löste Gedankenlawinen bei mir aus, kannte ich doch nicht den Grund für das Gespräch. Am vereinbarten Termin meldete mein Kollege von der Kasse, Herr Gerisch, den Besuch eines Herrn bei mir an. Arglos bat ich ihn, diesen zu fragen, ob er vom MfS sei – mein Kollege hat dies auch gemacht. Wenige Minuten später saß ich schon völlig verschreckt in meinem Zimmer. Durch meine Unbefangenheit, ihn nach seiner Dienststelle fragen zu lassen, hatte ich Herrn P. vom MfS maßlos verärgert...
Jahrelang nahm ich an, daß dies der Grund für sein einschüchterndes Verhalten mir gegenüber gewesen ist. Doch das Einschüchtern und Verunsichern gehörte zu den Dienstvorschriften des MfS. Die wenigen Andeutungen und Bemerkungen zu meiner Person und die Art und Weise, wie Herr P. es sagte, schockierten mich außerordentlich. Ich nahm an, daß die Stasi meinen Lebenslauf besser kannte, als ich selbst, und daß ihr absolut nichts verborgen blieb. Monatelang stand ich unter diesen belastenden Eindruck, und mein Verhalten wurde vorsichtig, geradezu ängstlich.
Nach der „Einstimmung" wurde ich von Herrn P. auf meine Verantwortung als Direktor hingewiesen, alles zu tun, damit der Klassenfeind keine Angriffsflächen in den Museen findet, weil der kulturelle Bereich als besonders labil eingeschätzt wurde. Diese Verantwortung habe ich akzeptiert. Einmal, weil ich Direktor war (die staatlichen Leiter wurden ständig auf ihre Aufgaben hingewiesen, letztendlich hatte der Kulturbereich, und damit auch die Museen, eine Ideologie zu vertreten – und damit eine staatstragende Funktion auszuüben), und zum anderen

zweifelte ich nicht an der Lauterkeit des Sozialismus in der DDR. Das hängt sicher mit meinem Entwicklungsweg zusammen:
Ich wurde 1951 geboren und wuchs in einer Zeit auf, die relativ stabil war. Durch den Einfluß Gleichaltriger trat ich früh in die SED ein, ohne die Rolle der Partei überhaupt begriffen zu haben. Später identifizierte ich mich durchaus mit dem Sozialismus in der DDR.
Natürlich bin ich täglich mit den Unzulänglichkeiten konfrontiert worden, habe sie aber als Gebrechen des frühen Sozialismus angesehen. Zweifel an der Richtigkeit des realen Sozialismus sind erst im letzten Drittel der achtziger Jahre gekommen, aber keineswegs an den theoretischen Grundlagen. Ich habe mich natürlich gehütet, diese Zweifel öffentlich zu äußern. Ich habe, wie viele andere auch, bis zum Herbst 1989 gehofft, daß „Perestroika" und „Glasnost" in der Politik der DDR wirksam werden. Das Erscheinen von Herrn P. im Museum habe ich deshalb nicht für unrechtmäßig gehalten, sondern habe es als seine „normale" Aufgabe angesehen. Erst allmählich habe ich das restriktive Wirken des MfS nach innen erfaßt.
Herr P. hatte aber in dem Gespräch mit mir ein konkretes Anliegen: Das Museum für Naturkunde zeigte gerade eine Sonderausstellung, die Probleme des Natur- und Umweltschutzes zum Inhalt hatte. U.a. war ein Foto ausgestellt, auf dem stark rauchende Schornsteine zu sehen waren. Dieses Foto gehöre nicht in die Ausstellung. Als Direktor wäre es meine Pflicht gewesen, das selbst festzustellen. Auf jeden Fall sollte das Foto entfernt werden. Doch das war nicht möglich, und so beauflagte er mich, dafür zu sorgen, daß das Foto nicht mit der Ausstellung weiterverliehen wird. Sicher hat sich das Gespräch noch in die Richtung von Michael Beleites bewegt, doch richtig erfaßt habe ich das nicht. Ich war viel zu sehr mit meinem Schreck beschäftigt, und nach dem Herr P. gegangen war, saß ich völlig konsterniert da.
Herr P. muß 1986 noch zweimal im Museum gewesen sein. In diesen Gesprächen wurde ich mit der Tatsache vertraut gemacht, daß Michael Beleites ein „Staatsfeind" ist und daß das Museum diese Tätigkeit begünstigt, weil nicht genügend auf Disziplin geachtet wird. Ab Frühjahr 1987 nahm das Interesse der Stasi an Michael Beleites merklich zu, und Herr P. kam jetzt öfter. Ich nahm an, daß Michael Beleites jetzt noch aktiver war als bisher. Er hatte gerade Funktionen im Kulturbund, der Gesellschaft für Natur und Umwelt, übernommen. Erstaunt war ich darüber, daß Herr P. nichts dagegen hatte. Bisher hatte ich den Eindruck, daß von der Stasi kein Wert auf gesellschaftliches Engagement von Michael Beleites gelegt würde.
Ab März wurde die Leiterin des Museums für Naturkunde, Frau Russe, ebenfalls in die Gespräche mit Herrn P. einbezogen. Das empfand ich

als Erleichterung – konnte ich mich doch jetzt über diese für mich bedrückende Situation austauschen...
Von Herrn P. wurden Frau Russe und ich beauftragt, in einem Gespräch (damals Kadergespräch) mit Michael Beleites konkrete Festlegungen zu seiner Arbeit im Kulturbund zu treffen. Die Festlegungen wiederum gab Herr P. vor. Dazu gehörten u.a., die Tätigkeit nur in der Freizeit auszuüben, einen klaren Klassenstandpunkt zum Umweltschutz zu vertreten und vierteljährlich dem Direktor über die Arbeit zu informieren.
Außer diesem Gespräch gab es noch zwei oder drei weitere, in denen es immer um Disziplinprobleme ging. Im Grunde genommen war es albern und peinlich. Während der Gespräche ging mir oft der Gedanke durch den Kopf: „Hoffentlich nimmt der Beleites nicht an, daß wir uns diesen Quatsch ausgedacht haben". Einige Male habe ich auch überlegt, mit M. Beleites unter vier Augen über alles zu sprechen. Aber weil ich ihn absolut nicht einschätzen konnte, habe ich es wieder verworfen.
Der Höhepunkt war Ende April 1987 – jetzt überschlugen sich fast die Ereignisse: Zweifelsohne stand dies in engem Zusammenhang mit dem „VII. Festival der Freundschaft" der FDJ und des Komsomol, das im Juni in Gera stattfinden sollte. Herr Beleites bereitete über die Gesellschaft für Natur und Umwelt ein Podiumsgespräch zu Umweltfragen vor, das vom Kulturbund anfangs nicht weiter beachtet wurde. Erst als Michael Beleites bereits nach Halle fahren wollte, um diesbezüglich persönliche Absprachen zu treffen, setzte sich ein Räderwerk in Gang. Zuerst kam ein Anruf von Herrn P. – der beabsichtigte Freistellungsantrag von M. Beleites dürfe auf keinen Fall genehmigt werden. Frau Russe und ich hatten deshalb den Antrag auch nicht befürwortet. Herr Beleites ist trotzdem gefahren. Das gab natürlich anschließend großen Ärger.
Ich bekam dann die Aufgabe, von Michael Beleites eine schriftliche Stellungnahme zu dieser Angelegenheit abzufordern. Eigentlich war das großer Unsinn, doch die Stasi war sehr interessiert daran. Herr P. holte sie noch am gleichen Tag ab und brachte später eine Kopie davon zurück.Das Podiumsgespräch sollte auf keinen Fall stattfinden, mußte doch mit unangenehmen Fragen zu Umweltproblemen gerechnet werden. Es fand auch nicht statt.
Kurze Zeit später brachte Herr Beleites die schriftliche Bitte um einen Aufhebungsvertrag. Ich war tatsächlich sehr froh darüber, war ich doch bald alle Sorgen mit Michael Beleites los. Doch leider teilte Herr P. meine Meinung nicht, dem Aufhebungsvertrag dürfe ich nicht zustimmen. Die Stasi war sehr nervös geworden.
Da es in der DDR-Praxis nicht üblich war zu kündigen, rechnete sicher

auch die Stasi nicht mit einer Kündigung des Arbeitsverhältnisses durch Michael Beleites.
Doch M. Beleites kündigte. Nun mußten Frau Russe und ich ihm erklären, welche Widerwärtigkeiten das Leben für ihn bereithielt, falls er nicht recht schnell eine andere Arbeit bekam. Doch davon ließ sich Michael Beleites auch nicht abschrecken, er blieb bei seiner Kündigung.
Das Anfertigen der nun erforderlichen Beurteilung von Michael Beleites wurde den Museen nicht allein überlassen. Frau Russe erhielt von Herrn P. genaue Vorgaben.
Mehrmals hatte Herr P. durchblicken lassen, daß es in den Museen einen oder mehrere Mitarbeiter gab, über die das MfS Informationen, eben auch zu Michael Beleites, erhielt. Das war eine furchtbare psychische Belastung für mich. Ich war bemüht, mich absolut korrekt zu verhalten und keinerlei Anlaß für Kritik zu bieten. Wem konnte ich vertrauen, wem nicht? Unentwegt hat mich das beschäftigt, es war zermürbend. Aber diese Atmosphäre des Mißtrauens gehörte zum System des sozialistischen Staates.

(Januar 1991) Ute Heckmann

„Mein Handeln im guten Glauben ..." – Der zuständige „Sachbearbeiter" der Geraer Stasi-Kreisdienststelle

Zum allgemeinen Verständnis möchte ich kurz auf meinen eigenen Werdegang eingehen. Mein Vater war seit 1928 Mitglied der KPD und später der SED, welcher mit voller Überzeugung der sozialistischen Idee ergeben war. Für seinen Widerstand gegen den Faschismus wurde er 1945 zum Tode verurteilt und überlebte nur durch einen Überraschungsangriff der Amerikaner auf Zeulenroda. Ab 1945 widmete er sich dem Aufbau und der Verwirklichung der kommunistischen Ideale. In diesem Sinne erzogen, wurde ich später Kandidat und Mitglied der SED.
1977 wurde ich Mitarbeiter des MfS, worauf ich persönlich stolz war. In diesem Organ glaubte ich, besonders meinem Vaterland zu dienen und den Aufbau der Gesellschaft aktiv zu gestalten. Galt es doch, den Aufbau des Sozialismus gegen alle Störungen des Gegners von außen und innen zu sichern. Innerhalb des MfS arbeitete ich zunächst operativ im Bereich der Sicherung der Volkswirtschaft und wurde später zur Abwehr des „Gegners" in medizinischen Kreisen zur weiteren Unter-

bindung von Schleusungen der medizinischen Intelligenz, sowie der Republikflucht eingesetzt, um die medizinische Versorgung der Bevölkerung durch weitere „Abwanderungen" nicht zu gefährden.
Ab 1984 erfolgte die befehlsmäßige Versetzung zum sogenannten Referat „Untergrund". Die Aufgaben des Referates bestanden in der Bekämpfung des politischen Untergrundes mit dem Ziel der Verhinderung des Aufbaues einer legalen Opposition, deren Existenz – nach den Wertungen der Parteiführung und der dienstlichen Leitung – die Gefährdung der DDR und damit ihres Bestandes nach sich zieht. Hieraus leitete sich für mich persönlich die operative Notwendigkeit ab, alle Erscheinungen des politischen „Untergrundes" mit größtmöglichem Erfolg zu bekämpfen, um den Aufbau der Gesellschaft im Interesse der Bevölkerung zu forcieren.
Ca. 1986 wurde durch unsere Kreisdienststelle das operative Material über Herrn Michael Beleites mit dem Decknamen „Entomologe" entsprechend des Territorialprinzips von der Bezirksverwaltung Halle zur weiteren Bearbeitung übernommen und mir zugewiesen. Aus dem Material war zu entnehmen, daß es sich bei Herrn Beleites um einen Menschen handelt, welcher mit einer ihm eigenen Hartnäckigkeit an seinen Handlungen/ Vorgehen/ Zielen festhält, erteilte Auflagen umgeht und geschickt seine eigene Position und den sich daraus resultierenden Spielraum recherchiert, wobei eine ausgeprägte Selbstkontrolle zur Sicherung der eigenen Person immer deutlicher zu verzeichnen war.
Nach den vorliegenden Erkenntnissen versuchte Herr Beleites, unter Nutzung ökologischer Grundfragen, die Umweltpolitik der DDR in Zweifel zu ziehen, wobei sich sein Hauptaugenmerk auf den Industriezweig der SDAG Wismut richtete. Zu diesem Zweck suchte er nach „Gleichgesinnten", welche ihn offensichtlich unterstützen sollten. Insbesondere die Teilnahme an Treffen der sogenannten Basisgruppen und deren mögliche Zusammenführung im Schutz der Kirche, die intensiven Verbindungen in das sozialistische und kapitalistische Ausland, zu „Freunden und Experten" schienen geeignet, oppositionelle Kräfte zu organisieren.
Alle diese Handlungen entsprachen nicht den „Vorstellungen" der Parteiführung und paßten in das gezeichnete Bild der Schaffung eines politischen Untergrundes und dessen Etablierung in der DDR, entsprechend der Richtlinien und Befehle des MfS.
Unter diesem Aspekt erfolgte die operative Bearbeitung von Herrn Beleites mit dem Ziel
- des Erkennens der tatsächlichen persönlichen politischen Haltung zur Gesellschaft, sich daraus ergebender möglicher Gefährdungen für den Staat und der Art der Verwirklichung seiner Absichten;

- der Unterbindung aller Aktivitäten gegen den Industriezweig der SDAG Wismut;
- der Herausarbeitung möglicher feindlicher Handlungen;
- der Zusammenführung Gleichgesinnter zu entgegnen;
- der Verhinderung der Beunruhigung der Bevölkerung durch unwissenschaftliche Veröffentlichungen über Umweltgefährdungen.

Andererseits sollten alle Aktivitäten des Herrn Beleites gefördert werden, wenn sie einem gesellschaftsgemäßen Handeln der Bürger der DDR entsprachen, was insbesondere in den Aktivitäten im Kulturbund der DDR im Ansatz zu erkennen gewesen war.

Im Rahmen der operativen Bearbeitung entwickelte sich das Material zum Operativvorgang und wurde später ein Teilvorgang eines ZOV der HA XX des MfS Berlin. Daher war es für uns legitim, alle vorhandenen politisch-operativen Mittel und Methoden im Rahmen der operativen Bearbeitung zur Anwendung zu bringen, welche nach den dienstlichen Richtlinien des MfS geeignet waren, um erfolgreich die Zielstellung des Operativvorganges verwirklichen zu können.

Dazu gehörten Maßnahmen wie
- Zersetzung
- Disziplinierung
- Verunsicherung
- Kriminalisierung bei vorhandenen objektiven Handlungsweisen, welche eine Verletzung von Rechtsnormen der allgemeinen Kriminalität darstellten
- Unterbindung von Kontakten ins Ausland durch Reisesperren u.a.m.

Die durch die Reisesperre, welche unabhängig auch von der Hauptabteilung in Berlin zu bestimmten politischen Höhepunkten eingeleitet wurde, entstandenen Einschränkungen in der persönlichen Freiheit von Herrn Beleites wurden als Mittel angesehen, um
- Kontakte zu unterbinden/verhindern,
- die Beweglichkeit einzuengen und
- psychischen Druck auszuüben, um ihn zu veranlassen, Abstand von seinen Vorhaben zu nehmen.

Dabei wurde eine evtl. Antragstellung auf Übersiedlung in die BRD oder in ein anderes kapitalistisches Land nicht ausgeschlossen. In diesem Falle wäre kurzfristig die Bearbeitung des Vorganges abgeschlossen worden.

Vor allem nach der „Veröffentlichung" der „Pechblende" wurden die Aktivitäten der Bearbeitung von Herrn Beleites verstärkt, da aus der Sicht des MfS und gefertigter Gutachten durch die entsprechenden staatlichen Stellen das „Pamphlet" geeignet war,

- Beunruhigung unter der Bevölkerung hinsichtlich einer Gesundheitsgefährdung durch die Umwelt auszulösen,
- durch unwissenschaftliche Behauptungen und Darlegungen den Industriezweig der SDAG Wismut und die Umweltpolitik der DDR in der Weltöffentlichkeit zu diffamieren, was ein Gegensatz zu der bestehenden Gesetzlichkeit war (aus damaliger Sicht, heute sind bekanntlicherweise andere Aussagen dazu getroffen),
- Kräfte zusammenzuführen, welche ihre Handlungen gegen die Politik der Regierung und der Parteiführung richten könnten.

Im Ergebnis der Durchführung der operativen Maßnahmen und der bereits genannten operativen Mittel und Methoden wurde immer deutlicher erkennbar, daß sie nur begrenzt für die Bekämpfung des politischen „Untergrundes" geeignet waren, vor allem bei solchen Personen, welche unbedingt in der DDR verbleiben und vor Ort eine Veränderung der Situation erreichen wollten. Das betraf auch Herrn Beleites.

Die persönlichen Empfindungen bei der Wertung des Verhaltens und der Einstellung von Herrn Beleites waren geprägt von der Richtigkeit des eigenen Handelns, welche durch die Übereinstimmung der eigenen persönlichen Standpunkte und der bestehenden Richtlinien und Weisungen des MfS Bestätigung fanden.

Unabhängig davon wurde die operative Bearbeitung und Wertung des Vorganges auf der Grundlage objektiv vorhandener Informationen/Kenntnisse und damit nach meiner Auffassung keine bewußte subjektive Verurteilung von Herrn Beleites vorgenommen.

Die Wertung der Motive und der Zielstellungen des Handelns von Herrn Beleites konnte anhand des Wissensstandes jedoch nicht eindeutig herausgearbeitet werden.

Die Persönlichkeit von Herrn Beleites und legendiert vorgenommene Kontakte zur Durchsetzung operativer Maßnahmen führten daher zur Schlußfolgerung, mit ihm das Gespräch zu suchen, um Erkenntnisse zur Person zu gewinnen, Unklarheiten/Zweifel zur Person auszuräumen und einen gemeinsamen Konsens in der Betrachtungsweise der Gesamtsituation zu finden. Als Maßnahme formuliert, wurde das Vorhaben durch die Bezirksverwaltung Gera gebilligt, jedoch ohne Begründung durch die HA XX wiederholt abgelehnt.

Bei meinem Vorgesetzten und auch bei mir leiteten sich bei der gemeinsamen Bearbeitung des Vorganges verstärkt Zweifel und Unverständnis in der Richtigkeit der Art und Weise der Bekämpfung des politischen Untergrundes in spezifischen Fragen ab, zumal keine Lösungen mit Akzeptanz angeboten wurden und an „Bewährtem" festgehalten wurde.

Etwa Mitte November 1989 erfolgte die Weisung von Berlin, mit der Einziehung operativer Materialien zu beginnen. Somit wurden Dienstanweisungen, Operativvorgänge, OPK und IM-Unterlagen vernichtet. Darunter befand sich auch der Teilvorgang „Entomologe".
Diese Niederschrift ist im Ergebnis gewonnener Erkenntnisse zur Situation und der Persönlichkeiten aus dem operativen Materialien entstanden. Aus heutiger Sicht handelt es sich nicht um „Gegner", sondern Personen, welche demokratischere Verhältnisse forderten, welche wiederum positive Wirkungen auf die Entwicklung der Gesellschaft ausgelöst hätten. Die Hoffnungen richteten sich auf den XII. Parteitag der SED, da klar geworden war, daß wesentliche Veränderungen im Aufbau des Sozialismus erforderlich waren. Diese Hoffnung hätte sich nach den gegenwärtigen Erkenntnissen vermutlich nicht erfüllt.
Meine persönliche Schuld sehe ich darin, daß, aufgrund der verfehlten Politik der Regierung und Parteiführung, durch mein Handeln im guten Glauben, Herr Beleites wesentliche Einschränkungen seiner Freiheit und Entwicklung hinnehmen mußte. Viele Mitarbeiter haben, ebenso wie ich, aus voller Überzeugung und Ideale gearbeitet und mußten nun feststellen, daß sie Jahre ihres Lebens umsonst gearbeitet haben.
Zur Aufarbeitung der Vergangenheit bin ich zu weiteren Gesprächen bereit.

(November 1990) Dietmar P.

„Durch Druck nur Gegendruck erzeugt" – Der für den politischen Bereich verantwortliche Stellvertreter des Leiters der Stasi-Kreisdienststelle Gera

Ich war mehr als 20 Jahre Mitarbeiter des MfS und war überzeugt, daß ich durch meine Arbeit dazu beitrage, die DDR gegen Angriffe von außen und innen zu schützen. Gleichzeitig war ich der festen Überzeugung, daß gegen „Feinde" des Sozialismus mit den Mitteln des konspirativen Kampfes und des sozialistischen Rechts vorgegangen werden muß.
Dies muß ich meinen Darlegungen vorausschicken zum besseren Verständnis, denn ich bin charakterlich nicht so veranlagt, daß ich mich drehen und wenden kann, wie es entsprechend der politischen Situation manche andere tun.
Meine Überzeugungen basierten vor allem auf einem anerzogenen Vertrauen zur Parteiführung auf allen Ebenen. Ich trat mit 18 Jahren in die Organe (MfS) ein. Während meiner langjährigen operativen Arbeit auf

den Linien Spionageabwehr und Sicherung der Volkswirtschaft bis 1987 hatte ich eigentlich nie ernsthafte Zweifel an der Richtigkeit unseres Tuns. So ging ich auch davon aus, daß alle konspirativen Mittel und Methoden legitim sind, um in die Konspiration des „Gegners" innerhalb und außerhalb der DDR einzudringen. Ich bekam auch keine Zweifel an der Richtigkeit unserer Arbeit, als sich seit Ende der 70er Jahre die monatlichen Lageeinschätzungen an die Partei immer negativer zum Sozialismus in der DDR gestalteten, auch teilweise zum MfS. Aufgrund meines Vertrauens zur Parteiführung war ich der festen Überzeugung, daß dort unsere Informationen ernst genommen werden und trotz vorübergehender Schwierigkeiten (volkswirtschaftlich gesehen) nach Lösungen gesucht wird. Dabei verbanden sich bei mir Hoffnungen nach 1985 mit dem Machtantritt von M. Gorbatschow.
Zweifel an meinem Vertrauen zur Parteiführung hatte ich erst ab 1985, als zu bemerken war, daß übernommene Ideen von Gorbatschow hier bei uns nicht „erwünscht" waren. Seit Anfang der 80er Jahre war in Dienstversammlungen, Befehlen und Weisungen immer wieder zu hören, daß sich in der DDR ein „politischer Untergrund" etabliert hat, der mit allen Mitteln zu bekämpfen ist.
Bis 1987 – wie gesagt – kannte ich den „politischen Untergrund" nur aus vorgenannten Quellen aufgrund des anderen Arbeitsgegenstandes. Durch meine Versetzung innerhalb der KD Gera Anfang 1987 hatte ich nun plötzlich mit dem „politischen Untergrund" zu tun und wollte nun natürlich aufgrund meiner Erziehung und Überzeugung beweisen, daß ich auch auf diesem Arbeitsgebiet erfolgreich sein kann.
Dazu kam, daß ich bei der Übergabe erfuhr (eigentlich wußte ich es durch „Rederei" schon vorher), daß mit der Vorgangsperson „Entomologe" ein ganz gefährlicher Gegner bearbeitet werden müsse.
Bei der ersten Sichtung des Materials dazu überzeugte ich mich davon, daß diese Person tatsächlich gefährlich war, d.h., ich war fest überzeugt, daß hier Grundlagen der sozialistischen Gesellschaft angegriffen werden, unter Ausnutzung des Umweltschutzes, wo doch bei uns alles dafür getan wurde. (Dies ist teilweise lächerlich – aus jetziger Sicht auch für mich, aber so waren meine Beweggründe.)
Da Straftaten nicht nachzuweisen waren, wie es ständig gefordert wurde, auch teilweise von mir, konzentrierten wir uns darauf, über inoffizielle Mittel und Methoden jeden Schritt des Verdächtigten Michael Beleites, besonders hinsichtlich von Kontakten und Verbindungen unter Kontrolle zu bekommen. Dann sollten diese Verbindungen durch Reisesperren unterbrochen werden.
Die Hauptabteilung in Berlin wollte über die Abteilung im Bezirk Ergebnisse sehen, eine Anleitung im eigentlichen Sinne gab es nicht.

Im Juni 1987 kam von dort die Weisung, über Auflage nach § 11 VP-Gesetz, die Anreise von Michael Beleites zum Kirchentag nach Berlin zu verhindern. Dies mußte gemacht werden, obwohl wir wußten und es auch mitteilten, daß eine solche Reise gar nicht geplant war. Wir machten es also, da angewiesen, fragten uns aber, was dieser „Blödsinn" sollte, zumal § 11VP-Gesetz rechtlich fast nicht zu halten war. Nach diesem Gespräch trat ein, was vorauszusehen war: der Verdächtigte fuhr nun gerade nach Berlin (was uns eigentlich nicht störte) und beschwerte sich massiv bei der Polizei, da die Auflage nach § 11 VP-Gesetz unter Legende VP von zwei MfS-Mitarbeitern erfolgte. Um von der VP des VPKA Gera den „Druck" zu nehmen, habe ich dann mit Herrn Beleites gesprochen, denn von den Fachabteilungen war auch dann „niemand zuständig".
Bereits vor diesem Gespräch kannte ich viele Schriften des sogenannten „gefährlichen politischen Untergrundes". Deshalb gab es bei mir auch eine gewisse „Neugier", einen solchen Menschen kennenzulernen und über Gespräche zu testen, ob nicht eventuell ein ständiger Gesprächskontakt möglich ist. Nach diesem Gespräch war ich überzeugt, daß ständige Gespräche möglich sein müßten. Wir schlugen deshalb vor, die Reisesperren nicht mehr durchzuführen und weitere Gespräche zu führen. Dies wurde vom Bezirk Gera auch befürwortet, von Berlin aber abgelehnt, es blieb also alles beim „alten".
Durch diese untauglichen Praktiken zur Disziplinierung „unbequemer Leute" und die sogenannte „oppositionelle Lektüre" kamen wir, d.h. meine Mitarbeiter und ich, zu der Erkenntnis – ohne hier alles widerspruchslos zu akzeptieren –, daß so auf die Dauer durch Druck nur Gegendruck erzeugt wird und der „politische Untergrund" nicht „bekämpft" werden kann, sondern nur aufgebaut wird.
Wir für unseren Teil waren zumindest zu der Einstellung gelangt, mit Kritikern zu reden und sie nicht auszugrenzen. Generell herrschte aber das Prinzip vor, und dies nicht nur im MfS, abweichende Meinungen sind „gefährlich" und müssen bearbeitet bzw. bekämpft werden. Warum dies so war, ist schwer zu erklären, zumal die Partei formal Kritik und Selbstkritik forderte. Aus jetziger Sicht gibt es für mich nur eine Erklärung – in den Parteiführungen auf allen Ebenen saßen offensichtlich „Götter", denn nur diese sollen unfehlbar sein.
Als ich 1988 erstmalig die „Pechblende" las, ging ich davon aus: ein „Pamphlet" ohne wissenschaftliche Grundlage. Wir haben dann ja auch einiges unternommen, um es als solches in der Öffentlichkeit darzustellen. Gleichzeitig führten wir aber Untersuchungen mit Experten und mußten nach und nach feststellen, daß Wismut und SAAS Berlin ihre Kontroll- und Überwachungspflichten grob vernachlässigt hatten.

Aus den Untersuchungsergebnissen fertigten wir mehrere Informationen an die SED-GL-Wismut und über MfS Berlin an das SAAS der DDR. Außer, daß durch das SAAS 1989 im Thüringer Raum mehrere Meßstellen in Privatgrundstücken eingerichtet werden sollten, sind mir keine Ergebnisse bzw. ernsthaften Reaktionen bekannt.

Erst hier kamen mir verstärkte Einsichten, daß solche kritischen Informationen nicht erwünscht sind, da sich trotz Mängeln nichts ändert, wir aber weiter die kritischen „Oppositionellen" jagen sollen.

Deshalb haben wir 1989 Auflagen von Berlin (z.B. Neues Forum – Anreise in Berlin verhindern) nicht mehr befolgt und nur telegrafiert, daß die Leute nicht angetroffen worden waren, obwohl durch uns keinerlei Aktivitäten entwickelt wurden.

Dies sind eigentlich auch die Gründe dafür, daß 1989 die Suche nach strafrechtlichen Ansatzpunkten im Prinzip eingestellt wurde. Wir konzentrierten uns lediglich darauf, Herrn Beleites bzw. die anderen Personen unter inoffizieller Kontrolle zu halten. Später kam dazu, daß die im Juli/August beginnende „Fluchtwelle" sowieso nur noch Zeit für die Registratur ließ, wer alles die DDR verlassen hatte.

Für mich war dies der vorgezeichnete Anfang vom Ende, da absehbar war, wie die Führung reagieren würde. So geschah es dann auch. Alle, die das Land verließen, waren „Verräter", dies mußte den Zorn der Bevölkerung erregen, die – und dies sagten unsere Lageeinschätzungen – eindeutig nicht mehr im geringsten mit der DDR verbunden war. Alle weiteren Ereignisse, egal, ob Revolution oder Zusammenbruch (beide Momente waren meiner Meinung nach vorhanden), waren eigentlich vorprogrammiert.

Als dann Mitte November 1989 von Berlin die Weisung erfolgte, mit der Einziehung/Vernichtung von Material zu beginnen, wurden zuerst Dienstanweisungen eingezogen bzw. vernichtet. Wir haben dann bis zum Verbot Anfang Dezember 1989 auch IM-Akten und operative Materialien vernichtet. Vor allem um Quellen zu schützen, und das Material vor unbefugtem Zugriff zu schützen. Dies ist auch heute noch meine Einstellung dazu.

Über den Umgang mit der „Stasi" nach deren Auflösung nur soviel: Man hört viele sachlich empörte, aber auch viele unsachliche Wertungen zur „Stasi", bis hin zu Morddrohungen. Man sollte sich immer ansehen, was von wem kommt. Jetzt, bei verstärkten Ängsten um den Arbeitsplatz, werden sich Forderungen gegen „Stasi-Leute" wieder verstärken, aber damit muß man leben.

Viel tragischer ist es zur Zeit für mich, daß ich 20 Jahre im Prinzip umsonst gearbeitet habe, denn ich gehörte zu jenen Mitarbeitern, die aus Überzeugung dabei waren, nicht des Geldes wegen, denn weitere

Privilegien gab es – zumindest auf meiner Dienstrangebene – nicht. Den unter meiner Anleitung bearbeiteten Michael Beleites sehe ich schon längst nicht mehr als „feindlich Negativen". Und dies nicht erst seit Herbst 1989, was ich versuchte darzulegen.
Ich hoffe, daß die geführten Gespräche je nach Zeit und gegenseitigem Bedarf nicht die letzten gewesen sind. Dabei bin ich mir bewußt, daß auch durch mein Tun der „Verdächtigte" eigentlich unannehmbare Einschränkungen seiner persönlichen Freiheiten erdulden mußte. Darin sehe ich meine persönliche Schuld, obwohl auch ich mich hinter Befehlen und Weisungen „verstecken" könnte. Entschuldigungen sind „Lippenbekenntnisse", dies möchte ich nicht tun. Deshalb soll dieses Schriftstück ein Stück Aufarbeitung darstellen.

Gera, im August 1990 Reiner Markgraf

„Die Verantwortung dafür trage ich" – Der „1. Stellvertreter Operativ" des Leiters der Stasi-Bezirksverwaltung Gera

Das zu Ihnen, Herr Beleites, vorliegende operative Material führte mich zunächst zu der Auffassung, daß ein offenes Gespräch nicht sinnvoll erschien. Es ging mir dabei auch darum, den Forderungen des Stellvertreters des Ministers für Staatssicherheit, Generaloberst Mittig, zu entsprechen.
Dieser verlangte kategorisch, daß wir (MfS) die Auseinandersetzungen mit kritischen Bürgern nicht zu führen haben. Ihm (Mittig) schwebte vor, daß die Partei alles unternimmt, um eine sogenannte „gesellschaftliche Front" zu schaffen, welcher die Aufgabe gestellt wird, sozialismusfeindliches Gedankengut in der offensiven Diskussion mit dem bereits beschriebenen Personenkreis ad absurdum zu führen. Seine Forderungen beinhalteten weiter, daß durch die Parteiführung besonders die Blockparteien und Massenorganisationen aktiviert werden müssen. Generaloberst Mittig vertrat diese Auffassung stets mit großem Engagement.
Er versprach sich davon, daß insbesondere jene, die politische Verantwortung tragen, diese auch wahrzunehmen haben. Es war äußerst kompliziert und schwierig, solche Kräfte für derartige Aufgaben zu motivieren oder zum Einsatz zu bringen. Dies lag im Wesentlichen – wie übrigens in Ihrem Fall, Herr Beleites – an der Ignoranz der damaligen zentralen staatlichen Gremien im Rat des Bezirkes, einschließlich solcher renommierter Unternehmen wie das SAAS Berlin.

Die von GO Mittig vorgegebene Linie fand nicht den Beifall der Parteiführung. Diese erhoffte sich durch den „offiziellen" Einsatz von MfS-Mitarbeitern eine schnelle Klärung der anstehenden offenen Fragen. Man warf dem MfS Untätigkeit und Besserwisserei vor. Es hieß „die reden nur, wissen alles besser und unternehmen selber nichts".
Sowohl von der Parteiführung, aber auch von Verantwortungsträgern des MfS wurde die Auffassung vertreten und kolportiert, daß jedes Gespräch mit den Führern von Oppositionsgruppen oder alternativer Bewegungen über deren Haltungen zum jeweiligen Problem zu unterbleiben hat. Es sollte vermieden werden, daß durch eine solche Vorgehensweise eine Aufwertung der jeweiligen Oppositionsgruppe stattfindet.
Aus diesen Gründen, Herr Beleites, kam es zu keinem Kontakt zwischen Ihnen und Mitarbeitern des MfS.
Aus heutiger Sicht, basierend auf dem Versuch einer Analyse der Vergangenheit, war es falsch, nicht auf „oppositionelle Kräfte" zuzugehen. Das dort vorhandene Gedankengut hätte zu einer Belebung/Auflockerung erstarrter Strukturen geführt. Voraussetzung allerdings wäre gewesen, daß der Apparat die Fähigkeit gehabt hätte, sich diesen daraus entstehenden Aufgaben mit einem hohen Engagement zu stellen. Daran habe ich jedoch viele Zweifel.
Über die Bedeutung von Reisesperrmaßnahmen, Herr Beleites, haben Sie sicherlich in verschiedenen Dokumenten des ehemaligen MfS nachgelesen.
Sie wurden sowohl für Bürger der DDR als auch gegen Bürger anderer Staaten angewandt. Diese Maßnahme wurde auch gegen Sie wirksam. Die Verantwortung in Ihrem Fall dafür trage ich. Genau wie die Führung des ehemaligen MfS war ich damals davon überzeugt, daß solche Maßnahmen dazu dienten, Kontakte, die sich im Endergebnis gegen die Sicherheit der DDR richteten, zu unterbinden. Es galt – nach damaliger Sicherheitsdoktrin – zu verhindern, daß sozialismusfeindliches Gedankengut in die DDR transformiert und somit wirksam wird. Dabei wurde in Kauf genommen, daß das Ansehen der DDR Schaden nahm. Es wurde als das kleinere Übel betrachtet. Zentrale Diensteinheiten des MfS betonten das immer wieder. Die menschlichen Komponenten solcher Maßnahmen, die natürlich bekannt waren, führten zu Reaktionen, und Reisesperren wurden teilweise – wie Sie selbst feststellten – zeitweilig aufgehoben.
Im Kampf der Motive – Reisesperre ja/nein – in Ihrer Angelegenheit siegten jedoch oft bei mir die eingefahrenen alten Sicherheitsdenkschablonen.
Zentral festgelegt war, wie die Eingaben der betroffenen Menschen zu

behandeln waren. Es wurden in der Regel keine Antworten oder Auskünfte erteilt. Über meine heutige Meinung zu diesen Maßnahmen hatten wir uns mündlich ausgetauscht. Es war falsch, solche Reisesperrmaßnahmen undifferenziert auszusprechen.
Einige Bemerkungen zu dem von Ihnen genannten Disziplinierungsgespräch vom 8.11.1988 beim Rat des Bezirkes Gera, Abteilung Wismutangelegenheiten.
Die Einschätzung der von Ihnen verfaßten Schrift „Pechblende" ließ aus meiner Sicht keine eindeutige operative Wertung zu. Es gab mündliche Bemerkungen von Experten, die Ihre Schrift als Machwerk und Schmähschrift bezeichneten. Es fanden sich aber keine dieser Sachverständigen, die bereit und willens waren, zumindestens sachkundige Einschätzungen zu treffen.
Aus dieser Situation heraus entschied ich mich nach entsprechender Konsultation, die Führung eines solchen Gesprächs durch kompetente Vertreter staatlicher Organe anzuregen. Insofern ist dies meine Idee, und ich habe auch erhebliche Aktivitäten beim Rat des Bezirkes Gera eingeleitet, damit ein solches Gespräch zustande kommen konnte. Aus Gründen des Schutzes der daran beteiligten Personen verzichte ich bewußt darauf, die dort gemachten Bemerkungen wiederzugeben. Soviel sei gesagt, daß man sich äußerst schwer tat, einem solchen Vorhaben zuzustimmen.
Es war vorgesehen, daß Experten zu den einzelnen Fragen Ihrer Ausarbeitung, die aus meiner Sicht strittig waren, Stellung nehmen sollten. Zu diesem Zweck habe ich Ihre Schrift dort an diesen Personenkreis eigenhändig in mehreren Exemplaren verteilt. Diese Art der Diskussion mit Ihnen scheiterte am Veto des Präsidenten der Staatsbank der DDR, H. Kaminski, der zuvor vom Rat des Bezirkes Gera informiert worden war. (Herr Kaminski gehörte wohl zum Aufsichtsrat der SDAG Wismut.) Über die Motive dieses Herrn kann ich keine Auskunft geben, da selbst kompetente Mitarbeiter des MfS äußerste Mühe hatten, mit diesem charakterlich wohl sehr komplizierten Menschen ein klärendes Gespräch zu führen.
Bereits während der Gespräche zur Vorbereitung des Disziplinierungsgespräches mit Ihnen versicherten mir die anwesenden Experten aus dem Bereich der Medizin, daß es im Bezirk unter Bergarbeitern der SDAG Wismut zu keinen gehäuften Fällen von Karzinomen jedweder Art gekommen sei. Auch die Lebenserwartung der Kumpel sei höher als die Durchschnittswerte in der DDR.
Diese Bemerkungen könnten mich zu der Auffassung gebracht haben, daß Sie, Herr Beleites, mal vor Bergarbeitern auftreten sollten, um Ihre Thesen dort zu vertreten. Eine Androhung, wonach sich die Bergarbei-

ter an Ihnen rächen sollten, war meines Wissens weder beabsichtigt noch geplant.
Ich habe diese, wie Sie es ausdrücken, harte Linie gegen Sie gefahren, weil diese Angelegenheit, aus meiner Sicht gesehen, vom Tisch mußte. Gemeinsam mit dem mir unterstellten Mitarbeitern kam ich zu der Auffassung, daß hier eine Klärung im Interesse des Staates DDR erfolgen mußte.
Angemerkt sei die Tatsache, daß nach Einschätzung zentraler Dienststellen des MfS keine Möglichkeiten gesehen wurden, das Amt für Strahlenschutz und Atomsicherheit in diesen Klärungsprozeß einzubeziehen.
Kritische Texte, wie die „Pechblende" oder Schriften zur Umweltsituation in der DDR, haben bei mir neue Überlegungen ausgelöst. Dabei ging ich jedoch immer davon aus, daß die dafür Verantwortlichen in der Partei und Regierung (wie ZK und Bezirksleitung der SED, Regierung, Rat des Bezirkes) entsprechend der vom MfS erarbeiteten Informationen Handlungsbedarf ableiten und den Ist-Zustand verändern. Diese Überlegungen erwiesen sich jedoch als Trugschluß.
Sie schneiden die Frage nach dem „Umgang mit dem Widerspruch" an. Eine entscheidende Frage, die mich täglich berührt hat, immer auf der Suche nach den richtigen Entscheidungen. Es ging ja immer um Menschen, und ich wußte wohl, daß diese Entscheidungen tief in das Leben, in die Gefühlswelt der Betroffenen eindringen konnten.
Es ist immer sehr schwer (zumindest bei mir), sich aus vorgeprägten und anerzogenen Denkmodellen und Schemata zu lösen. Letztendlich siegte die Überzeugung, alles für das Land DDR zu tun, seine Sicherheit stets und ständig zu garantieren. Nicht zuzulassen, daß einzelne – im Bezirk Gera konnte man diese Menschen an beiden Händen abzählen – die Grundlagen oder gar die Existenz dieses Staates in Frage stellen. Es waren, gemessen an der Bevölkerungszahl des Bezirkes, sehr wenige, die konzeptionell an der Erneuerung der DDR arbeiteten. Ich bin heute nicht mehr in der Lage, konkrete Zahlen zu nennen. Eine Auflistung jener OAM/OPK/OV aus diesem Bereich könnte diese Behauptung stützen.
Herr Beleites, in Anlehnung Ihrer Aufforderung an mich, Fragen zu beantworten, stellten Sie die eine nach der Beurteilung der 1989er Revolution. Ich bin mir nicht sicher und vermag es auf keinen Fall einzuschätzen, ob die Ereignisse 1989 als Revolution einzuschätzen sind. Für mich persönlich kamen bestimmte Ereignisse nicht überraschend. Im internen Kreis haben einige Leiter und Mitarbeiter von mir seit Jahren diese Entwicklung vorausgesehen.
Wir lebten doch immer mit dem Widerspruch zwischen der Realität ei-

nerseits und dem Wunschdenken der Parteiführung und der Regierung andererseits. Wir kannten den rasanten Verfall der Volkswirtschaft, wir wußten um die Nichtrealisierung weit gesteckter Investitionen, der Nichtrealisierbarkeit des Wohnungsbauprogramms bis 1990, und vor allem kannten wir die reale Stimmung großer Teile der Bevölkerung. Die erarbeiteten Informationen brachten und förderten dies auch zu Tage. Aber es änderte sich nichts. Ignoranz, Überheblichkeit und völlige Fehleinschätzung der Regierenden ermöglichten erst die Zuspitzung der Lage.
Im Zusammenhang mit den Ereignissen im November 1989 in der DDR habe ich meine Verantwortung darin gesehen, im Bezirk Gera keine Gewalt zuzulassen und den Problemen der Auflösung des AfNS Genüge zu tun.
In mehreren mündlichen Gesprächen mit Ihnen, Herr Beleites, habe ich Sie als einen sachlichen und fairen Partner kennengelernt und respektiere Sie.
Ich habe die Gelegenheit genutzt, mich bei Ihnen für die Ihnen von mir zugefügten Ungerechtigkeiten zu entschuldigen.

(August/September 1990) Jürgen Seidel

„Mit Eifer, Leidenschaft und auch Selbstüberschätzung" – der Leiter der Hauptabteilung XX/4 des MfS Berlin

Der real existierende Sozialismus wollte nicht nur keine Opposition, er sah in ihr die vom Westen organisierte Gegnerschaft, die den Sturz des Sozialismus und die Liquidierung der DDR zum Ziel hatte.
Wir waren daher staatlicherseits zum Schutz der Arbeiter-und-Bauern-Macht und politisch von der Partei der SED beauftragt, oppositionelle Kräfte differenziert zu bekämpfen. Das erfolgte je nach Grad der Opposition und der in den Gruppen wirkenden politischen Kräfte – eben differenziert. Und je weiter die Zeit voranschritt, um so breiter, und unübersichtlicher und auch unkontrollierter erfolgte die Bekämpfung der Gruppen durch das MfS.
Mielkes Orientierung, daß das gesamte MfS diesen Kampf führen sollte, hatte aufgrund der unterschiedlichsten politischen Haltungen, Interessen und operativen Möglichkeiten eine destabilisierende Wirkung für die DDR. Zu viele Hardliner waren aufgefordert, einbezogen und wirksam.
Diese Auseinandersetzungen hätten, wie mehrfach von uns vorgeschlagen, politisch durch die Parteien und Massenorganisationen und

nicht durch das MfS geführt werden müssen. Diese Auseinandersetzungen hätten mit den Gruppen politisch für einen besseren demokratischen Sozialismus geführt werden müssen, denn die Gruppen waren in der Regel in ihrer Gesamtheit nicht antisozialistisch, sie waren für einen besseren Sozialismus, für mehr Demokratie, Mitbestimmung, Ökologie, Menschenrechte, Abrüstung, Reisefreiheit, Informationsfreiheit usw. Sie waren vor allem auch für die Erhaltung des Friedens. Das alles ließ die auf Alleinherrschaft setzende stalinistisch geführte Parteiführung nicht zu.

In unserer Abteilung gab es eine traditionelle Erkenntnis, die sich in der täglichen Arbeit durch die reale Situation immer wieder bestätigte. Es durfte zu keinem Kirchenkampf kommen, den schlossen wir aus und bemühten uns ständig, ihn zu vermeiden. Ein Zweifrontenkrieg sollte der DDR erspart bleiben, der Rücken im inneren freigehalten werden für die äußere Auseinandersetzung mit der imperialistischen BRD. Wir verstanden uns eingebunden in den Warschauer Vertrag gegen die NATO, für das sozialistische Lager, gegen den Imperialismus. Wir taten, wie gesagt, nicht nur alles, einen Kirchenkampf zu vermeiden, keine Konfrontation zwischen Staat und Kirche zuzulassen, sondern mehr noch eine Konsolidierung, eine Zusammenarbeit zwischen Staat und Kirche zu erreichen. Deshalb war es unser Anliegen, Personen der Kirchen zu gewinnen, die selbst Interesse daran hatten, mit dem Staat zusammenzuarbeiten, einer Politisierung der Kirche entgegenzuwirken, sich für den Sozialismus und gegen Imperialismus einzusetzen. Kirche sollte Kirche bleiben und sich nicht zur politischen Partei entwickeln.

Den Widerspruch in sich erkannte ich schon. Wenn ich wollte, daß sich die Kirche für den Sozialismus engagierte, ging das nicht unpolitisch. Ich entschuldigte mich damit, sah ich doch in unserem Anliegen ein humanistisches und soziales, ein gerechtes Ziel.

Schon lange war uns klar, daß überall in der Welt ein politischer Mißbrauch der Kirchen und der Religionen betrieben wurde – gegen den Willen der Gläubigen.

Das ist in Nordirland zwischen Katholiken und Protestanten nicht anders, wie zwischen den christlichen Milizen und moslemischen Parteien im Libanon, zwischen den Sikhs und Hindus in Indien sowie zwischen Christen und Moslems weltweit.

Es gibt kaum einen Brennpunkt auf der Welt, wo der Imperialismus zur Durchsetzung seiner Interessen nicht religiöse Motive mißbraucht. Das trifft ebenso auf Diktatoren und Diktaturen zu. Die Kirche stellte auch in der DDR mit ihrer auf die Bibel begründeten und der sozialistischen Ideologie entgegenstehenden einheitlichen Theorie sowie den in Jahrhunderten gewachsenen organisatorischen Strukturen ein enormes

Gewicht dar, welches von der Partei- und Staatsführung politisch absolut unterschätzt wurde.

Es gab – leider – in arroganter Selbstüberschätzung des anmaßenden Alleinführungsanspruches keine Bündnispolitik mit der Kirche. Die viel zitierte und beschworene Einbeziehung fand in der Tat nicht statt, sie blieb in schüchternen Anfängen stecken, funktionierte allenfalls zwischen einzelnen Menschen. Neben vielen anderen Fehlern war das in der DDR zum Krebsgeschwür Wirtschaft eine wesentliche Tochtergeschwulst.

Wie bereits erwähnt, sollten wir, uns selbst unverständlich, die politisch nicht stattfindende Auseinandersetzung führen. Das taten wir dann allerdings mit Eifer, Leidenschaft und auch Selbstüberschätzung. Wir entwickelten uns zu „Experten".

Wir hatten eine hohe Anzahl von inoffiziellen Mitarbeitern aus den Kirchen, befaßten uns mit gesellschaftlichen Entwicklungen und Inhalten der Kirchen und Religionen. Wir unterhielten eine hohe Anzahl offizieller Kontakte zu den Kirchen, führten viele Gespräche und werteten offiziell zugängliche Informationen weltweit aus. Aufgrund unserer Informationen hatten wir enorme Kenntnisse und waren den anderen immer ein Stück voraus. Mitunter auch denen in den Kirchen. Wir gaben der Partei, den staatlichen Vertretern und den gesellschaftlichen Organisationen Ratschläge, Hinweise und machten Vorschläge für Maßnahmen bis hin zu konkreten Gesprächskonzeptionen, die wir ausarbeiteten.

Die damit von uns erhoffte politische Einbeziehung Andersdenkender erfolgte in Wahrheit nicht, ein innerer Frieden in der DDR konnte nicht bewahrt werden. Unsere Maßnahmen blieben Stückwerk. Die DDR schuf sich selbst die meisten Probleme, die zu ihrer Zerstörung führten. Den Rest erledigte die BRD.

Wir mußten als Lückenbüßer wirken, dort wo die Partei unfähig war, die Probleme zu lösen. Wir durften aber andererseits nicht das tun, was wir als zweckmäßig erkannten, z.B. in breiter Front offizielle Gespräche mit Oppositionellen führen, deren Schriften nicht verbieten, weil das einer Aufwertung derselben diente und anderes mehr.

Die politische Lesart und die befehlsgemäße Orientierung dazu lautete:

Mit Feinden spricht man nicht! Das bedeutet eine öffentliche Anerkennung einer Opposition, die es nicht gibt. Nach den der ehemaligen BV Gera vorliegenden Informationen gehörten Sie mit Ihren intensiven Kontakten in die BRD, u.a. zu Reinhard Falter, und Ihren Zusammenkünften mit weiteren Personen aus dem „Operationsgebiet" in der ČSSR und Volksrepublik Ungarn zum harten Kern der Opposition. Aus

den genannten Ländern lagen von deren Sicherheitsorganen Ersuchen vor, Sie nicht dorthin einreisen zu lassen. Die BV Gera teilte diesen Standpunkt und beantragte die Reisesperre gegen Sie. Damit sollte einer Internationalisierung der Opposition vorgebeugt werden.
In Reisesperren sahen wir eine Möglichkeit, die betreffenden Personen zu disziplinieren.
Aus heutiger Sicht ist mir klar, daß eine solche Maßnahme eher das Gegenteil bewirkte und mit einem Gespräch, mit einer Begründung der Reisesperre hätte verbunden werden müssen. Mitunter habe ich mich auch mit Praktiken anderer Staaten, ihr Reiserecht zu regeln, getröstet, z.B. USA.
Konzentrierte Zusammenkünfte feindlich-negativer Personen im DDR-Maßstab sollten vorbeugend verhindert werden, um eine zentral gelenkte Opposition nicht zuzulassen und kirchliche Zusammenkünfte, wie z.B. Kirchentage, nicht politisch zu überfrachten. Gleichzeitig wurde alles unternommen, sie im Sinne des Sozialismus zu beeinflussen. Deshalb der Versuch, Ihre Anreise zum Kirchentag 1987 nach Berlin zu unterbinden. Zu diesem Kirchentag war uns im Vorfeld bekanntgeworden, daß eine Kirche in Berlin besetzt werden sollte.
Gegen andere konfrontative Auffassungen setzten wir uns durch und erzielten gemeinsam mit Personen aus der Kirche Übereinstimmung, eine Kirche anzubieten, damit es zu keiner Besetzung kam.
Die „Pfingstkirche" in Berlin wurde benannt für die Arbeit der „Kirche von unten", für Skinheads, Punks, Homosexuelle und andere Gruppen. Gleichzeitig ergaben sich für uns bessere operative Kontroll- und Einflußmöglichkeiten.
Die Bezirke der DDR waren aufgefordert, bestimmte zum harten Kern der Opposition gehörende Personen und bekannte kriminelle Jugendliche, solche, die durch ihr rowdyhaftes Verhalten bekannt waren, nicht nach Berlin anreisen zu lassen. Wir waren gegen eine Vermischung krimineller Jugendlicher mit kirchlichen Gruppen. Uns war auch klar, daß Berlinverbote kein Mittel waren, Anreisen durchgreifend zu verhindern.
Im weiteren Verlauf der Entwicklung, und insbesondere mit der Herausgabe Ihrer „Pechblende", die nach vorliegender Bewertung keine strafrechtlichen Ansatzpunkte enthielt, sowie aus der Erkenntnis einer verfahrenen Situation, hielten wir es nunmehr für angebracht, mit Ihnen ins Gespräch zu kommen. Das ergab sich auch aus dem Gutachten des Staatlichen Amtes für Atomsicherheit und Strahlenschutz, welches aus medizinischer Sicht die von Ihnen aufgezeigten Gefahren erkannte und akzeptierte. Das Amt riet trotzdem von einem Gespräch mit Ihnen ab und machte auf Gefahren, die Gewährleistung des Geheimnisschutzes betreffend, aufmerksam. Diesen sah das Amt

durch ein Gespräch mit Ihnen gefährdet. Ungeachtet dessen machten wir den Vorschlag, sowohl durch das MfS als auch durch die „Wismut" mit Ihnen zu sprechen. Diese Vorschläge wurden schriftlich fixiert und mit der BV Gera abgesprochen. Die „Wismut" betreffend haben wir diese Vorschläge dem Staatssekretariat für Kirchenfragen übergeben für eine entsprechende Veranlassung. Die „Wismut" vertrat eine andere, eine harte Position. Das Ergebnis kennen Sie.
Die Mitarbeiter unserer ehemaligen Abteilung haben lange vor der Wende und auch noch danach mit Vertretern der Kirchen, von Gruppen und mit Andersdenkenden Gespräche geführt. Nützliche und sinnvolle, aber auch ausweglose Gespräche. Vor der Wende mit dem Ziel, einen Konsenz zu finden im Sinne des Sozialismus, dem wir uns verpflichtet sahen, und nach der Wende mit Überlegungen der Aufarbeitung.
Meine Gedanken und Gefühle waren davon bestimmt, für den Sozialismus einzutreten, für seine Ideale und Vorzüge, und gegen den menschenfeindlichen und maßlos aufrüstenden Imperialismus zu kämpfen. Haß habe ich gegen die Kirche oder ihre Vertreter nicht empfunden, bis heute nicht. Ausfälle des Hasses, wie Sie mir jetzt entgegenschlagen, die Wahrheit verdrehend, Tatsachen verleugnend, sind mir persönlich bisher unbekannt gewesen. Dieser Haß geht nicht von der Kirche aus – aber ganz bestimmt von der Politik.
Eine Anweisung, Akten über Betroffene zu vernichten, hat es von mir nicht gegeben. Der Vorgang „Konflikt" wurde aufgelöst, da es keine Bearbeitungsgrundlage mehr gab, der Verdacht der bisherigen Bearbeitung hatte sich nicht bestätigt. Das hatte in jedem Fall immer eine Einstellung der Bearbeitung zur Folge.
Wahr ist, daß ich mich für die Vernichtung der Unterlagen eingesetzt habe, welche Aufschlüsse über inoffizielle Mitarbeiter enthielten, insbesondere auch IM-Akten. Dazu stehe ich auch heute noch. Ich bin dafür, Schuldige nach rechtsstaatlichen Normen zu bestrafen. Ich bin dagegen, ehemalige inoffizielle Mitarbeiter schuldig zu sprechen, nur weil sie IM waren oder Kontakte zu uns unterhielten.
Sie haben oftmals vielmehr für die Kirche und für Menschen getan, als die vielen Wendehälse, die das jetzt von sich behaupten.
Im Nachhinein bin ich mit meiner Auffassung, die Quellen zu schützen, bestätigt worden:
Es gibt pauschal und undifferenziert eine Volksverhetzung gegen ehemalige inoffizielle Mitarbeiter, eine Vorverurteilung und üble unbegründete Nachreden.
Die Betroffenen können sich nicht wehren – sie sind ungefragt verdammt, sie sind ungeschützt Schimpf und Schande ausgesetzt. Als Atheist sage ich – Gott sei dank – ich konnte helfen Menschen zu

schützen, menschliches Leid, familiäre Tragödien, öffentliche Herabwürdigungen, ja sogar Suizid abzuwenden. Gott sei dank.

(Dezember 1990) Jochen Wiegand

„Eine andere Welt tat sich auf" – Die Ost-West-Begegnungen vom Westen aus betrachtet

Die erste Berührung mit einer eigenständigen Wirklichkeit der DDR ist ganz abstrakt politisch entstanden, aus dem Versuch einer Parallelaktion von Friedensbewegung in Ost und West. Meine politischen Zusammenhänge waren damals einerseits die Vereinigten Münchner Friedensinititativen (VMF), die sich, der ewigen Streitereien leid, von der DKP-initiierten BIFA getrennt hatten, andererseits der Bundeshauptausschuß der Grünen, in den ich 1982 als Vertreter des Landesverbands Bayern gewählt worden war.
In der VMF arbeiteten wir zu dieser Zeit an einem friedenspolitischen Positionspapier, das mit einigen – nicht unwesentlichen – Abstrichen im November 1983 vom Bundesparteitag der Grünen angenommen wurde, durch den Einfluß des damals noch mächtigen linken Flügels der Partei aber nie große Bedeutung in der Selbstdarstellung der Partei nach außen erlangte.
Dieses Papier orientierte sehr stark auf eine blockübergreifende Zusammenarbeit. In ihm war auch die Idee einer Parallelaktion im Fulda-Gap als Perspektive zum ersten Mal formuliert.
Diese Aktionsidee entstand buchstäblich am Tisch über einer Generalkarte. Es ist symptomatisch für die Geschichte der Friedensbewegung, daß es uns zwar gelang, diese für den Sommer 84 tatsächlich auf das Fulda-Gap zu orientieren, die ursprünglich damit verbundene Ost-West-Ausrichtung aber dabei völlig unterging zu gunsten eines platten Antimilitarismus. Wir waren als Freizeitpolitiker zwar fähig, unsere Stichworte durchzubringen, doch wurden sie ihres Inhalts entleert.
Unsere Überlegungen waren ungefähr die folgenden: Es war absehbar, daß wir die Nachrüstung nicht würden verhindern können, und die Gefahr schien groß, daß die Friedensbewegung dann auseinanderlaufen würde, wie sie es ja schließlich auch tat. Als Gegenstrategie erachteten wir gerade eine Ausweitung der Ziele für nötig. Wenn die Friedensbewegung als ihr Hauptziel die Verhinderung der Nachrüstung ansah, würde sie sich als gescheitert begreifen, wenn sie aber die Nachrüstung nur als einen Kristallisationspunkt zu verstehen lernte, von dem

aus erst die weiterreichenden Ziele, nämlich die Sprengung der Blocklogik, anschaulich wurden, würde sie weitergehen. In den Vorbereitungen für die großen Menschenketten im Herbst 83 erfuhren wir, daß von Weimarer und Berliner Gruppen eine Parallelkundgebung auf dem Alexanderplatz geplant wurde. Es schien uns perspektivreicher, dies zu unterstützen, als bei der Menschenkette mitzumachen, und so fuhren wir nach Berlin.

Der Versuch scheiterte kläglich. Bereits an den Übergängen nach Ostberlin waren Sonderkontrollen eingerichtet. Wir machten gleich wieder kehrt, um nicht registriert zu werden.

Am Tag darauf gingen wir nach Ostberlin zu der Kontaktadresse, die wir bekommen hatten, und trafen U. von den „Frauen für Frieden". In intensiven und bereichernden Gesprächen wurde deutlich, wie wenig wir voneinander wußten, wie unterschiedlich die Ausgangsvoraussetzungen waren. Begegnung schien erst einmal angesagt, nicht Aktion.

Nachdem U. im Frühjahr 84 in den Westen gegangen war, ließ ich mich gern von ihr als Kurier gebrauchen, um Leute kennenzulernen. Zur Faszination des Ostens. Eine andere Welt tat sich auf, die mir existentieller schien, als unsere westliche Art alternativer Politik. Anziehend war der Osten in vieler Hinsicht. Alles schien dort ruhiger, persönlicher zuzugehen, es war normal, daß man einfach wo vorbeischaute. Mir wurde im Vergleich erst vieles klar, was unser Leben prägte und was uns zuvor selbstverständlich geschienen hatte.

Vieles schien mir geradezu befreiend: Es gab nicht die Unübersichtlichkeit und Beliebigkeit des Pluralismus. Der Einzelne schien ganz im Gegensatz zur Theorie letztlich sogar mehr zu zählen, und sei es gerade, weil das System jede individuelle Äußerung mit Argwohn beäugte und ihr dadurch Bedeutung verlieh.

Es schien, als ob – wieder ganz im Gegensatz zur Ideologie – hier der Materialismus weniger entwickelt sei, oder als sei er im Osten im Denken geblieben, während er im Westen ganz das Wollen der Menschen durchsetzt hatte, auch derer, die idealistischen Theorien anhingen.

Erst langsam wurde deutlich, daß das System nicht nur materielle sondern auch menschliche Kosten mit sich brachte.

Die gegenseitigen Verdächtigungen als Stasi-Leute und der Kampf um die Monopolisierung von Westkontakten zwischen verschiedenen Gruppen erschien uns Westlern oft grotesk. Ansonsten aber erlebten wir eine bestimmte Szene, so wie wir auch im Westen in einer bestimmten Szene lebten, und bei diesem „Systemvergleich" schnitt der Osten recht gut ab.

Ich bin mir nicht sicher, ob es, angesichts des weit verbreiteten völli-

gen Desinteresses an den Menschen jenseits der Mauer, Erfolg hätte haben können, den Ost-West-Ansatz der Friedensbewegung mit voller Kraft voranzutreiben.
Für mich fiel aber der Beginn der Stationierung damit zusammen, daß ich nach 3 Jahren mehr oder weniger hauptberuflichem politischen Engagement den Eindruck hatte, nun wirklich einmal studieren zu sollen. Ich kandidierte deshalb auch nicht noch einmal für den Bundeshauptausschuß.
So war auch die Fulda-Gap-Meiningen-Sache nichts mehr, was ich mit voller Kraft betrieb, zumal der politische Kampf, die Parallelaktion zum Zentralpunkt zu machen, im Westen bereits verloren war.
Es blieb zunächst einmal bei deutsch-deutschen Kontakten. Die neuen Erfahrungen, die dabei zu bewältigen waren, waren zunächst genug. Ungarn als Treffpunkt wurde nur wegen des unbeobachteteren Diskutierens gewählt. Ein halbherziger Versuch, Kontakt zu ungarischen Oppositionellen aufzunehmen, blieb erfolglos. Erst mit den ersten Reiseverboten wurde Prag als Ort von Zwischentreffen wichtig, und in Prag ergaben sich auch am meisten Kontakte.
Gerade daß ich in den Nischen des real existierenden Sozialismus doch viel menschlich Bewundernswürdiges fand, bestärkte mich in der zunächst abstrakten Vorstellung, daß es einen dritten Weg geben müsse.
Der real existierende Sozialismus war zwar schlecht, aber er zeigte immerhin die Möglichkeit einer Alternative, und wer konnte sagen, ob nicht aus seinen inneren Problemen heraus, eher der Aufbau einer ökologisch solidarischen Wirtschaftsordnung entstehen würde. Das Hauptproblem schien mir nämlich, daß der Sozialismus vielleicht wegen seiner materialistischen Hypothek es nicht geschafft hatte, eine nicht egoistische Arbeitsmoral hervorzubringen, und warum sollten dies nach Bahro nicht allmählich auch andere Funktionäre erkennen?
Nicht zuletzt der Aufstieg Gorbatschows bestätigte die Sympathien für den Sozialismus. Es schien kein Zufall, daß gerade hier einer zur höchsten Stellung kommen konnte, der glaubwürdig Menschheitsfragen thematisierte, während die Mehrheitswahlen im Westen als Prämie auf Demagogie einen Cowboy-Schauspieler an den Drücker von Atomraketen brachten.
Allerdings war die Konfrontation mit der realen Existenz des Sozialismus doch ein Wechselbad.
Die Tiefenkontrolle der tschechischen Zöllner, die uns schließlich die für Sabata bestimmten Unterlagen vom Menschenrechtskongreß abnahmen, machte mich wieder so wütend, daß ich mir schwor, trotz Gorbatschow kein gutes Wort mehr für dieses System zu verlieren.

Es waren diese konkreten Erfahrungen, die mich überhaupt die Unversöhnlichkeit auch linker Oppositioneller in der CSSR und in Polen verstehen ließen, die sagten, erst muß dieses System weg, dann können wir weitersehen, auch auf die Gefahr hin, daß dann die Rechten siegen. Allerdings glaubte daran auch von ihnen niemand so recht. Es schien realistischer, daß irgendwann doch die Intelligenteren der Machthaber in einen Dialog mit der prosozialistischen Opposition eintreten würden, und selbst für den Fall eines wirklichen Umsturzes rechnete ich eher damit, daß die Massen auch an vielen „sozialistischen Errungenschaften" hängen würden.
Auch ich selbst hatte keineswegs wirklich begriffliche Klarheit darüber, daß, wie ich es dann im November 89 formulieren konnte, man aus der Geschichte hätte wissen können, daß auch dem scheinbar Festgefügtesten oft ganz unerwartet seine Stunde schlägt, daß aber die Gewinner von Revolutionen nie die sind, die sie gemacht haben, sondern die, die dann die zugkräftigsten Ideen haben. Und im Herbst 89 war dann einfach nichts da, was dem westlichen Modell auch nur ansatzweise entgegengeleuchtet hätte.
Es ist eigenartig: die Mitteilung, daß ich für den Stasiapparat kein ganz kleiner Fisch war, ruft Schuldgefühle hervor: habe ich die Sache ernst genug genommen? Mir kam mein Engagement jedenfalls nicht sehr bedeutend vor.
Natürlich entsteht auch die andere Frage, wie wenige haben überhaupt etwas gemacht, wenn das schon bedeutend war. Nun eigentlich wußten wir das, aber so eine amtliche Bestätigung fehlte eben noch.
„Stasi" das war ein Feindbild, die Leute in ihren Ladas vor dem Haus von Bärbel Bohley, die Leute, die uns nachgefahren sind, nach dem Treffen am Hermsdorfer Kreuz.
Mich würde interessieren, ob sie überzeugt waren oder nur Opportunisten.
Ich habe keinen Haß auf die, die an die Wahrheit des Sozialismus geglaubt haben, sie gehören mit uns zu den Verlierern der Geschichte.
Aber ich habe einen unbändigen Haß auf alle die, die mit ihrer unüberzeugten Obrigkeitshörigkeit, ihren begründungslosen Abweisungen schon heute beginnen, das Klima in der erweiterten BRD zu prägen.
Und was das Schlimmste ist, dieses Erstaunen „wie konnten so viele da mitmachen, haben die alle nichts gewußt?" löst nirgends die Frage aus, wie können wir alle weiter beim Ausverkauf unserer Erde mitmachen? Wir werden mit recht einmal genauso gefragt werden, wie jetzt die Mehrheit der DDR-Bürger.

(Februar 1991) Reinhard Falter

„Ungreifbares Gegenüber" – Unerwünscht in der Deutsch Demokratischen Republik

„Nach Abschluß der Bearbeitung des von Ihnen für Knaier, Waltraud, gestellten Ersuchens teilen wir Ihnen mit, daß diesem nicht entsprochen wird. Hochachtungsvoll", bekam ich übers Telefon vorgelesen. Ende 1985.
Im ersten Augenblick tut gar nichts weh. Ich weiß schon, ich werde wütend und traurig sein, aber jetzt spür ich noch nichts. Schockähnlich, seelischer Schutz.
Und ich weiß sofort: So ist es. Es stimmt. Ich kann nichts dagegen machen. Das ist meine neue Realität, ich kann nicht mehr „rüber" und meine Freunde sehen.
Das Schlimme ist: es dauert unabsehbar. Monate? Jahre? Jahrzehnte? Und das schnürt mir erstmal den Hals zu.
Was mich erstmal so zusammenziehen läßt vor Schmerz und ungerichteter Energie ist mein ungreifbares Gegenüber, dem ich die Ablehnung verdanke. Mein starker Impuls – der so weh tut, weil ich ihm nicht folgen kann – ist, denjenigen (oder diejenige? In meiner Vorstellung ist es ein Mann mittleren Alters, vielleicht ein bißchen älter als ich.) zu fassen zu kriegen, buchstäblich mir gegenüber hinzusetzen, so daß er mir in die Augen schauen muß und mit mir reden muß.
Der macht sich's zu leicht. Ich möchte, daß er sich mit mir als Person zu Person auseinandersetzen muß.
Ich möcht wissen, warum, und was er selber wirklich dazu meint. Jedenfalls, daß er *mich* wahrnehmen muß, nicht nur einen Namen und irgendwelche Notizen auf einem Blatt Papier. Dann könnte ich leichter damit umgehen.
Aus den Gefühlen ohnmächtiger Wut gegen „die" und der Traurigkeit über den verlorenen, kaum begonnenen Besuchsalltag mit den Freunden wächst ziemlich schnell ein weiteres: So einfach nicht! Gut, dann wird es halt in Zukunft schwieriger und anstrengender. Müssen wir halt andere Wege gehen. Alle Löcher lassen sich nie verstopfen. Man kann Menschen nicht einfach den Kontakt verbieten und die Verbindung wegnehmen. So nicht. Aber ich ahne auch, es wird unseren Kontakt verändern, wenn man sich immer in „Drittländern" treffen muß!
Sommer 1988 sitze ich im Zug nach Warschau, Transit DDR. Ich habe keinen Zweifel, morgen Mittag in Warschau auszusteigen. Den Transit wenigstens können sie mir nicht verbieten. Wie jeden Sommer in den letzten Jahren wollen wir, Freunde aus der BRD und der DDR, eine Woche lang miteinander zelten, diesmal in den Masuren.
Nach langer Warterei in Gutenfürst, an der einsamen, dunklen Grenz-

station mit kaltem Neonlicht, in dem Grenzer mit Schäferhunden rumstehen – Paß- und Zollkontrolle sind längst vorbei – stürzt ein schweißüberströmter dicker Grenzer ins Abteil rein und kommandiert: Rauskommen, Gepäck mitnehmen! Auf meine Frage nach dem Grund dieselben Worte, noch unfreundlicher. Rasendes Herzklopfen spüre ich, die netten polnischen Frauen, mit denen ich mich vorher unterhalten habe, schauen mich verunsichert an, und kaum sind wir zwei Waggons entlanggegangen, fährt der Zug ab. Ohne mich! Der Zug ist weg, uneinholbar, diese gemeinen Kerle, und ich weiß, daß keiner mehr fährt, und morgen warten Freunde aus der DDR auf mich am polnischen Bahnhof, denen ich noch nicht mal Bescheid geben kann ... Wieso holen sie mich raus? Was werden sie mich fragen? ... Was muß ich ihnen überhaupt antworten? Was sind meine Rechte? Was kann ich tun, um diese Situation in dieser Ausgeliefertheit wenigstens ansatzweise in die Hand zu nehmen? Ich will dieses entwürdigende Gefühl, Opfer zu sein und von allen schief oder gar nicht angeschaut zu werden, loswerden und „denen" als Person gegenübertreten.

Es hilft mir, die Situation möglichst genau wahrzunehmen und zu beobachten, inclusive mich selbst, meine eigenen inneren Reaktionen. Es hilft mir, um mich bis zu den Gepäckkontrolleuren zumindest ansatzweise zu beruhigen und aktiv zu fühlen: Alles können sie mit mir nicht machen.

Wie ich es erwartet habe, lassen sie mich erst mal in der Ungewißheit schmoren, lassen mich lang und breit mein Gepäck incl. Tampons und Unterhosen auspacken und antworten mir nicht auf meine Fragen nach dem Grund.

Ich sage, ich muß auf die Toilette – ein minimaler Schutzraum, um mich zu fassen und mich auf mögliche kommende Fragen vorzubereiten. Aber die kommen nicht. „Kein Transit!" sagt mir ein Beamter.

Ein paar Stunden muß ich im nächtlichen Warteraum warten, dann werde ich in ein extra Abteil in den nächsten Zug nach München gesetzt. Am anderen Morgen steige ich wieder am Hauptbahnhof München aus und fühle, ich gehöre jetzt nicht hierher.

(Juli 1990) Waltraud Knaier

„Die Stasi begann, unsere Freundschaften zu bekämpfen" – Erfahrungen in unserer Gruppe

Das Wesentliche für mich war die Gruppe, unser Freundeskreis. Wir waren eben kein Arbeitskreis, keine thematische Gruppe, kein politischer Zirkel. Unser Engagement war völlig freiwillig. Es war ein Ergebnis unserer Interessen und begründet in gesellschaftlichen Defiziten, die wir erlebten.
Aus heutiger Sicht lag die Stärke dieses Freundeskreises in der Verschiedenartigkeit seiner Mitglieder. Wir waren gerne zusammen, und unsere Interessen- und Wissensgebiete waren ganz unterschiedlich, wie auch unsere Herkunft. Wir brauchten keine Basisdemokratie und waren trotzdem eine Gruppe. Über die Personen wurden Themen transportiert, nicht umgekehrt.
Intensive Kontakte gab es nach Schleswig-Holstein und nach München. Von hier kamen inhaltliche Impulse zu uns, so die Themen Nord-Süd-Konflikt, Solidarität mit Nicaragua, amnesty international u.a. Unsere eigenen Themen, wie Einsatz für den Sozialen Friedensdienst in der DDR, Risiken der Kernenergie, Wirtschaftsfragen, Schulsystem usw. wurden dadurch internationalisiert und damit auch relativiert. Vor dem Hintergrund der Kenntnis sozialer und politischer Verhältnisse in anderen Ländern erlebte man die eigenen Verstrickungen ganz anders.
Zunehmend arbeiteten wir seminaristisch zu gesellschaftspolitischen Themen. Hier war das Defizit am größten. Wir wollten Verantwortung übernehmen und etwas tun.
Wir hatten uns auf mehreren Seminaren zu den Themen „Weltwirtschaftsordnung", „Uranbergbau in der DDR", „Politische Bewegungen im Baltikum" Wissen verschafft und dabei viele neue Freunde gewonnen.
Nach langem Ringen und intensiver Vorarbeit sollte ich 1987 zu einer Gruppe evangelischer Jugendlicher gehören, die für einige Wochen im Rahmen eines kirchlichen Solidaritätseinsatzes nach Nicaragua geschickt wurden. Alle Vorbereitungen und „Kadertests" hatte ich scheinbar überstanden und stand überglücklich mit dem grünen Reisepaß und dem Flugticket in der Hand am Abfertigungsschalter in Berlin-Schönefeld. Dann holte mich meine Akte ein. Aus der Luft wurde ich wieder auf den Boden der Realität zurückgeworfen. Man zog mir am Schalter den Reisepaß ein. Ich durfte nicht mitfliegen. Wieviel kann man uns eigentlich von unserem Leben nehmen, fragte ich mich und zog mit gebrochenen Flügeln zurück und tauchte ein in die unwirtliche Stadt Berlin, in der die Stasi in dieser Nacht die Umweltbibliothek stürmte.

Die Stasi begann, nicht mehr unsere Themen zu bekämpfen, sondern unsere Freundschaften. Es begann die Zeit der Einreisesperren für unsere westlichen Freunde. Zuerst durfte Karlemann nicht mehr kommen. Als dann der Besuch von Waltraud aus München begründungslos abgelehnt wurde, war auch ich wortlos geworden und meinte, daß es keinen weiteren Gesprächspartner in der DDR für mich gebe. Ich wollte weg und bin dann doch geblieben, weil andere auch noch da waren, und weil ich dann gelernt hatte, daß ich nur leben kann, wenn ich selber bemüht bin, die bestehenden Verhältnisse zu überwinden.
Die Konflikte mit der DDR-Realität hatten sich wesentlich verschärft. Immer mehr wurde der Staat für mich zu einem „Unstaat". Immer mehr lebte ich in einer Gefühlswelt, die abwechselnd von Bauch oder Faust regiert wurde. Aus Protest war Wut geworden. Wut brachte bei mir zwei Mal den Gedanken an Ausreise auf. Die Gruppe, meine Freunde hielten mich – und ich glaube, daß es gut war.
Das, was uns bewegte, wurde in den 80er Jahren vielfach in Formen gegossen und Bestandteil christlichen Bekenntnisses. Das ökumenische Konzil begann, in dem die Begriffe Frieden, Gerechtigkeit und Bewahrung der Schöpfung Geltung erlangten. Nun ging kein Weg mehr daran vorbei: Diese Worthülsen mußten mit Leben gefüllt sein, und vor allem verlangten sie praktische Umsetzung. Sie waren als Bekenntnis nur etwas wert, wenn sie aus der Utopie heraus zur gelebten Alternative werden konnten.
Das gesellschaftliche System, in dem wir lebten, mußte verändert werden. Es war Herbst 1989, die Wende begann. Kurzzeitig wurde aus der Gruppe eine Masse. Dann zerfiel die Masse wieder in Gruppen. Wir sind noch lange nicht am Ende.

(Januar 1991) Jörn Mothes

DIE REVOLUTIONÄRE ZEIT – EIN KLEINES TAGEBUCH

„Das Überwinden der Tabus und Verbote, das Aufrichten, das Aus-Sich-Herausgehen und das Erheben der Stimme, das schrittweise Überwinden der neurotischen Gehemmtheit mit Hilfe der kollektiven Verbundenheit: das war nicht nur ein politischer Protest, das war ein Stück kollektiver psychischer Befreiung."

Hans-Joachim Maaz

In diesem Kapitel will ich weder eine Chronik der Ereignisse wiedergeben, noch alle Faktoren aufführen, die im Herbst 1989 zum Umbruch geführt haben. Anhand einiger ausgewählter Tage will ich die revolutionäre Zeit so beschreiben, wie ich sie konkret erlebt und empfunden habe.

12. Juli 1989

Die Androhung des Geraer Rates des Kreises vom 4. Juli, mir wegen des nicht vorhandenen „Arbeitsrechtsverhältnisses" Schwierigkeiten zu machen, nahm ich sehr ernst. So fuhr ich am 12. Juli 1989 zu dem Juristen des Magdeburger Konsistoriums, Detlef Hammer, um mich rechtlich beraten zu lassen. Anschließend besuchte ich Susanne Seils, die ich seit 1981 vom Landesjugendkonvent her kannte und nun ebenfalls als Jurist am evangelischen Konsistorium arbeitete. Sie erzählte mir von den Plänen Markus Meckels und Martin Gutzeits, eine sozialdemokratische Partei in der DDR zu gründen, und daß sie sich daran beteiligen wollte. Zur Vorstellung der sozialdemokratischen Inititiative zeigte sie mir ein Positionspapier, mit dessen inhaltlichen Aussagen wir uns jedoch nur teilweise identifizieren konnten. Wir waren uns beide darüber einig, daß es unsinnig ist, sich von vornherein auf Sozialismus und Zweistaatlichkeit Deutschlands festzulegen – und staunten über uns, weil keiner dem anderen so viel Radikalität zugetraut hatte. Doch es war letztlich sekundär, ob im ersten Papier Sozialismus stand oder nicht. Das entscheidende war: jetzt bewegte sich etwas in unserem Land. Die sozialdemokratische Initiative war in meinen Augen ein ganz entscheidender Auslöser für die politischen Veränderungen in der DDR. Das, was hier entstehen sollte, war genau das, was fehlte: Eine alternative politische Partei, die den zu eng gewordenen Rahmen der kirchlichen Basisgruppen sprengte. Die Existenz einer sozialdemokratischen Partei in der DDR und der zu erwartende Konflikt mit der SED-Diktatur mußte die West-SPD dazu zwingen, ihre unerträglich gewordene Dialogpolitik mit der

SED-Führung aufzugeben und sich endlich mit den politisch Verfolgten in der DDR offen zu solidarisieren. Und es lag auf der Hand, daß eine von einer goßen westdeutschen Partei unterstützte Oppositionsbewegung in der damaligen Situation schnell zur Massenbewegung werden konnte.

Susanne Seils und ich sahen jetzt tatsächlich das Ende der SED-Diktatur kommen. Wir nahmen uns, halb im Spaß und halb im Ernst, ein Blatt Papier und schrieben darauf die Namen der Leute, die unserer Meinung nach wegen ihres bisherigen aufrichtigen und konstruktiven Widerstands in das Kabinett einer demokratisierten DDR kommen sollten. In diesem Moment begann für mich die Revolution.

Von unserer Wunschregierung saßen dann fast alle am Runden Tisch – in die Regierung de Maiziére kam nur einer. Aber immerhin wurde Susanne Seils im März 1990 in das Präsidium der Volkskammer gewählt.

18. September 1989

Sebastian Pflugbeil, der Anfang September 1989 den Gründungsaufruf des Neuen Forums mit unterzeichnet hatte, bat mich, am 18. September nach Berlin zu kommen. Als ich am 18. September in Berlin angekommen war, erfuhr ich, daß sich Freimut Duve und ein weiterer Bundestagsabgeordneter der SPD angekündigt hatten, die sich in Ost-Berlin mit Vertretern der oppositionellen Bewegungen der DDR treffen wollten. Wir fuhren zur Pankower Superintendentur, wo das Treffen vereinbart war. Im Garten hinterm Haus versammelten wir uns. Zu den etwa 15 Teilnehmern gehörten u.a. Ulrike Poppe, Hans Misselwitz, Martin Gutzeit, Markus Meckel, Erhard Neubert, Hans-Jürgen Fischbeck, Christian Matthes, Joachim Krause und Sebastian Pflugbeil. Auf die westdeutschen SPD-Vertreter warteten wir vergebens. Sie waren offensichtlich an der Grenze zurückgeschickt worden – und vielleicht war es gut, daß sie nicht kamen. So haben wir, statt des Gesprächs mit den Westdeutschen, erst einmal unter uns beraten, wie wir die parallel entstandenen Demokratisierungsinitiativen sinnvoll koordinieren könnten. Die sozialdemokratische Initiative, die Bürgerbewegung „Demokratie jetzt“, das „Neue Forum“ und die Initiative zur Gründung des „Demokratischen Aufbruchs“ stellten sich in Pankow vor. Wir waren uns darüber einig, daß es nützlich ist, für alle Demokratiebewegungen eine „Plattform“ bzw. eine „Dachorganisation“ zu schaffen. Doch das Neue Forum und der Demokratische Aufbruch traten beide mit dem Anspruch an, „Plattform“ für alle zu werden. Erhard Neubert kündigte die Gründung des Demokratischen Aufbruchs für den 1. Oktober an und lud uns alle dazu ein. Am 18. September gingen wir in der Hoffnung auseinander, daß es am 1. Oktober zu einer Einigung zwischen Neuem Forum und Demokratischen Aufbruch kommt.

Ich gehörte zu denen, die dafür plädierten, aus beiden ein „Demokratisches Forum“ entstehen zu lassen – auch um von den situationsgebundenen Namen wegzukommen. Die meisten der parallelen Entwicklungen waren ja lediglich auf persönliche Differenzen der „Gründer“ zurückzuführen und nicht auf unterschiedliche politische Richtungen. Mir kam es in diesen Tagen darauf an, einer Zersplitterung der gerade entstehenden Demokratisierungsbewegungen zu verhindern. Ich versuchte zwischen dem Neuen Forum und dem Demokratischen Aufbruch eine Einigung zu vermitteln und fuhr zu Friedrich Schorlemmer, einem der Initiatoren des Demokratischen Aufbruchs, nach Wittenberg. Er begrüßte mich mit den Worten: „Michael, komm zu uns, wir sind die Besten“ – eine Aussage, die er einige Monate später mit seinem Austritt aus dem Demokratischen Aufbruch korrigierte. Es kam also zu keiner Einigung der Demokratisierungsbewegungen. Die Zersplitterung der neuen Parteien und Initiativen hatte allerdings auch einen positiven Effekt: Sie schaffte später am Runden Tisch das – vielleicht entscheidende – zahlenmäßige Gegengewicht zu den sich nur langsam verändernden fünf Blockparteien.

1. Oktober 1989

In Berlin traf ich mich mit Jörn Mothes, und wir fuhren zum vereinbarten Treffpunkt der Gründungsversammlung des Demokratischen Aufbruchs, zur evangelischen Samaritergemeinde. Dort waren die Straßen voller Polizei und Stasi. Vertreter der Initiativgruppe kamen uns entgegen und flüsterten uns zu, der neue Treffpunkt sei in der Wohnung Erhard Neuberts in der Wilhelm-Pieck-Straße. Als wir dort ankamen, standen bereits zwei Polizisten vor der Haustür und ließen niemand in das Haus. Nun stauten sich immer mehr Menschen vor dieser Haustür, bis wir hier aufgaben und zu dem nächsten Ausweichort, zu einem Pankower Gemeindehaus fuhren. Dorthin war uns zwar die Stasi hinterhergefahren, aber die Polizei war noch nicht da. So konnten sich etwa 25 Teilnehmer im evangelischen Gemeindehaus versammeln. Schließlich kam auch hier die Polizei vorgefahren, und zwar ganz massiv. Zwei Polizei-Lkw und sechs Polizei-Pkw standen nach kurzer Zeit vorm Gemeindehaus, und der Eingang wurde abgesperrt. Alle danach kommenden Teilnehmer mußten vor dem Gartenzaun auf der Straße warten. Jetzt gab es drei Gruppen, eine bei Erhard Neubert in der Wohnung, eine im Alt-Pankower Gemeindehaus und eine davor. In den einzelnen Gruppen diskutierten wir einige vorbereitete Papiere, aber eine Gründung des Demokratischen Aufbruchs konnte so nicht stattfinden. Wir wußten nun nicht, ob uns die auf der Straße wartenden Polizisten gehen lassen oder festnehmen und auf die Lkw aufladen würden. Nachdem sich Jörn Mothes für den Hinterausgang entschieden hatte, ging auch ich zusammen mit Ibrahim

Böhme und Markus Meckel aus dem Hinterausgang des Gemeindehauses durch den Garten, über die Gleise der S-Bahn und über ein Betriebsgelände – von den Polizisten unbemerkt – nach draußen. Am Abend wollte ich wieder zu Pflugbeils, doch hier standen ebenfalls zwei Polizisten vor der Haustür und ließen mich nicht hinein. Es wäre oben gerade eine „nichtgenehmigte staatsfeindliche Zusammenkunft“. Ich wurde nun ziemlich wütend, denn am nächsten Morgen wollte ich von Berlin aus mit dem Zug nach Vilnius fahren, und mein Gepäck war bei Pflugbeils in der Wohnung. Schließlich fand sich doch noch ein Weg. Ich rief Sebastian Pflubeil an, und er sagte mir durchs Telefon, daß ich über das Nachbarhaus und den Hinterhof von hinten in das Haus komme. Die Polizisten starrten mich an, als sie mich durch die Glasscheibe der Haustür die Treppe hinaufgehen sahen – aber sie blieben vor der Tür.

Hier einige Stasi-Dokumente zum 1. Oktober 1989, die zugleich zeigen, daß die Informationsweitergabe innerhalb der Stasi nicht 100%ig funktionierte:

▶ TELEGRAMM

EINGANG (Nichtzutreffendes streichen) AUSGANG

Dringlichkeit GKS GVS VVS Fu/FS-Nr.: 74

Absender: BV Gera, KD Gera

Empfänger: MfS Berlin, HA XX/4, HA XX/1 u. BV Gera, AKG, Abt. XX/4

Gera, den 27.9.1989

INFORMATION

Der Verdächtigte des TOV „Entomologe“ war bis 21.9.89 in Berlin bei seiner Verbindungsperson

PFLUGBEIL, Sebastian.

Gegenüber ihm vertrauten Personen, wie OV „Pädagoge“ der KD Zeitz, berichtete er, daß er den Text vom „Neuen Forum“ hat, den er „Pädagoge“ zur Verfügung stellte. (KD Zeitz ist informiert)

„Entomologe“ habe in Berlin vom „neuen Forum“ einen guten Eindruck, ist aber der Meinung, daß es zu viele parallele Entwicklungen gibt und persönliche Rivalitäten.

Am 1.10.89 wird „Entomologe“ wieder nach Berlin zu Pflugbeil kommen, um dann von dort aus am 2.10.89 in die UdSSR zu reisen. Obwohl er bis 14.10.89 die UdSSR-Reise beantragt hat, will er aber nicht so lange bleiben.

Gleichzeitig hat „Entomologe“ für den 1.10.89 den

MOTHES, Jörn

Schwerin

nach Berlin bestellt. Mothes wird ab 29.9.89 bereits in Berlin sein und will aufgrund des Anliegens von „Entomologe" übers Wochenende bleiben.
Laut „Entomologe" würde sich am 1.10.89 in Berlin etwas Wichtiges anbahnen. Es gänge 14.00 Uhr los. Er müßte sich aber vorher mit Mothes treffen, um miteinander etwas abzusprechen, was ganz wichtig wäre.
Konkretere Angaben dazu konnten bisher nicht erarbeitet werden.

Markgraf

(Telegramm der KD Gera des MfS, vom 27. September 1989)

CFS 696 29.9.89
LUFT

BV, LEITER / Gen. Oberst Seidel
DEM MFS WURDE STRENG VERTRAULICH BEKANNT, DASZ AUF INITIATIVE VON EPPELMANN RPT EPPELMANN EINE ZUSAMMENKUNFT VON PERSONEN ZUR BILDUNG EINER DDR-WEITEN OPPOSTIONELLEN SAMMLUNGSBEWEGUNG„DEMOKRATISCHER-AUFBRUCH" DURCHGEFUEHRT WERDEN SOLL..
ZUR VORBEUGENDEN VERHINDERUNG FEINDLICHER AKTIVITÄTEN SIND FOLGENDE MASZNAHMEN SOFORT DURCHZUFUEHREN:
1.
DURCH DEN STELLVERTRETER INNERES IST SOFORT VERBINDUNG MIT EINEM ZUSTAENDIGEN LEITENDEN KIRCHLICHEN AMTSTRAEGER AUFZUNEHMEN UND IHM FOLGENDES MITZUTEILEN:
ES WURDE DURCH VERLAUTBARUNGEN VON PERSONEN AUS LEIPZIG, ERFURT UND BERLIN BEKANNT, DASZ AM 1. OKTOBER 1989 RPT 011089 IN BERLIN SOGENANNTE OPPOSITIONELLE KIRCHLICHE KRAEFTE EINE ZUSAMMENKUNFT ZUR SCHAFFUNG EINER DDR-WEITEN SAMMLUNGSBEWEGUNG/VEREINIGUNG PLANEN. AUF EINE DERARTIGE ZUSAMMENKUNFT WIES Z.B. DER PFARRER RICHTER/ERFURT RPT RICHTER/ERFURT GEGENUEBER DPA HIN. ANALOGE MELDUNGEN VERBREITETEN WESTLICHE FUNDFUNKSENDER (Z.B. „HUNDERT, 6")
BEI DEM GEPLANTEN TREFFEN HANDELT ES SICH UM KEINE VERANSTALTUNG RELIGIOESEN, SONDERN AUSSCHLIESZLICH POLITISCHEN CHARAKTERS UND DIESE DEMZUFOLGE EINEN POLITISCHEN MISZBRAUCH KIRCHLICHER VERANSTALTUNGEN DARSTELLT. STAATLICHERSEITS WIRD DESHALB GEFORDERT, DASZ DURCH DIE KIRCHE UMGEHEND EINFLUSZ ZUR UNTERBINDUNG

DER TEILNAHME AUF SOLCHE PERSONEN AUSGEUEBT WIRD, DIE BEABSICHTIGEN, AM 01. OKTOBER 1989 RPT 011089 IN BERLIN AN DER ZUSAMMENKUNFT TEILZUNEHMEN.
NACH REALISIERUNG IST DIE LAGEGRUPPE DER HAUPTABTEILUNG ROEM 20 SOFORT ZU INFORMIEREN.
2.
NACHGENANNTE PERSONEN (SIEHE ANLAGE) AUS IHREM VERANTWORTUNGSBEREICH SIND AB 30.09.89 RPT 300989 UNTER BEOBACHTUNG ZU STELLEN UND IHRE BEWEGUNGSABLAEUFE ZU KONTROLLIEREN.
SOLLTEN SIE SICH NACH BERLIN BEGEBEN, IST SOFORT UNTER DEM GENANNTEN KENNWORT DIE HAUPTABTEILUNG ROEM 20/4 (TEL. 22800 RPT 22800) ZU VERSTAENDIGEN.

MFS BERLIN, STELLVERTRETER DES MINISTERS
MITTIG
GENERALOBERST

ANLAGE ZUM CFS 696 VOM 29.09.

OBERTUER, PETER — KENNWORT: „RIEGEL"
HARTMANN, REINER — KENNWORT: „PARTNER"

MFS BERLIN, STELLV. D. MINISTER
MITTIG, GENERALOBERST

(Fernschreiben des Stellvertreters des Ministers für Staatssicherheit, Rudolf Mittig, vom 29. September 1989)

▶ MfS, ZAIG, Nr. 433/89 — Berlin, 2.10.1989
Information an Honecker, Stoph, Mittag, Dohlus, Hager, Herrmann, Jarowinsky, Krenz, Schabowski, Herger, Kraußer, Löffler, Mittig, Großmann, Neiber, Schwanitz, Axen, Keßler, Krolikowski, W., Sindermann, Tisch, Lange, Dickel, Sorgenicht, intern MfS.

Streng geheim!
Um Rückgabe wird gebeten!

Information über die Verhinderung einer geplanten zentralen Zusammenkunft zur Konstituierung einer oppositionellen Sammlungsbewegung „Demokratischer Aufbruch"
...

Den sich am 1. Oktober 1989 ab 14.00 Uhr vor der Samariterkirche in Berlin-Friedrichshain einfindenden Personen – insgesamt wurden ca. 50 Personen festgestellt – wurde durch Einsatzkräfte der DVP mit dem Hinweis darauf, daß die vorgesehene Zusammenkunft nicht genehmigt und demzufolge staatlicherseits untersagt ist, der Zutritt zur Kirche verwehrt.
Entsprechend den von den Organisatoren vorbereiteten Ausweichvarianten begab sich danach ein Teil der Versammelten zu der in einem kirchlichen Gebäude in der Wilhelm-Pieck-Straße befindlichen Wohnung des Pfarrers NEUBERT (Studienreferent des Bundes Evangelischer Kirchen – BEK – in der DDR) und ein weiterer Teil in das Gemeindehaus der evangelischen Kirchengemeinde Alt-Pankow, um dort im kleinen Kreis entsprechend ihren politischen Vorhaben tätig zu werden.
Bei diesen Personen handelt es sich nach bisherigen Feststellungen fast ausschließlich um bekannte reaktionäre kirchliche Amtsträger und andere feindliche, oppositionelle Kräfte wie die Pfarrer EPPELMANN, SCHORLEMMER, MECKEL, ALBANI, PAHNKE, Probst FALCKE, Pastorin MISSELWITZ, Vikar SCHATTA, den kirchlichen Mitarbeiter LIETZ, den Synodalen FISCHBECK und den Herausgeber des bekannten nichtgenehmigten Druckerzeugnisses „Pechblende“, BELEITES.
Nach dem MfS vorliegenden Hinweisen wurden im Rahmen dieser Zusammenkünfte Entwurfspapiere für die politische Konzeption („Programmatische Erklärung“) sowie die Struktur und die Organisierung (Statut/Satzung) der oppositionellen Sammlungsbewegung „Demokratischer Aufbruch“ beraten und präzisiert (vgl. Anlage)...
Durch das MfS wird an der weiteren Aufklärung und Aufdeckung von Plänen zur Bildung einer oppositionellen Sammlungsbewegung „Demokratischer Aufbruch“ gearbeitet.
Die Information ist wegen Quellengefährdung nur zur persönlichen Kenntnisnahme bestimmt.
(Information der Zentralen Auswertungs- und Informationsgruppe des MfS an Mitglieder des Politbüros der SED, vom 2. Oktober 1989)

9. Oktober 1989

Nach mehreren vergeblichen Bemühungen hatte es endlich geklappt: Zur Hauptvogelzugzeit war ich auf die Kurische Nehrung gekommen, nach Rybatschij, dem früheren Rossitten. In der Kirche reparierte man Fischnetze, und das Museumsgebäude der von Johannes Thienemann gegründeten Vogelwarte wurde als Sägewerk genutzt. Das Grab Thienemanns war noch erhalten – eins der zwei übriggebliebenen Gräber auf dem deutschen Friedhof des heute russischen Rybatschij. Von unserer russischen Begleiterin, einer Mitarbeiterin der Biologischen Station Rybatschij, hörten wir, daß wir die ersten Deutschen seien, die seit Kriegsende den Weg vom Dorf zum alten Rossittener Waldfriedhof gingen. Dieser Weg führte uns an rosa und hellblau angestrichenen Häusern, an mit alten Fischnetzen umwickelten Heizungsrohren, am Lenindenkmal vorm Einkaufsladen, sowie auf dem alten Friedhof an zu dichten Alleen gewordenen Hecken, verstreut umherliegenden Steinen, eingefallenen Gräbern und offenen Gruften vorbei. Während wir dies sahen hatten wir Gelegenheit, über unser Verhältnis zu den russischen Menschen nachzudenken, die aus ihren im zweiten Weltkrieg von Deutschen niedergebrannten Dörfern fliehen mußten und sich dann im ehemaligen Deutschland ansiedelten. Jetzt standen wir zu viert am Grab Thienemanns – eine Russin, eine Litauerin und zwei DDR-Deutsche. Auf dem Grabstein lasen wir den Satz: „Großer Gott, wir loben Dich“. Über unseren Köpfen zogen Hunderte von Wildgänsen in langen Ketten laut rufend in Richtung Südwesten. Es war der 9. Oktober 1989.

In Leipzig kam es an diesem Tag zur bis dahin größten und ersten gewaltfreien Demonstration für eine Demokratisierung der DDR. Der 9. Oktober 1989 in Leipzig war ein entscheidender Tag für die deutsche Geschichte. 70 000 friedlich demonstrierende Menschen erwiesen sich als stärker, als das Gewaltpotential der SED-Diktatur.

Ebenfalls am 9. Oktober1989 wurde bei der Auswertungs- und Kontrollgruppe der Geraer Stasi-Bezirksverwaltung die letzte Seite in meine Akte eingeheftet. In dem am 9. Oktober abgeschriebenen IM-Bericht vom 2. Oktober heißt es:

> Micha gab uns einen maschinengeschriebenen Aufruf zum „Neuen Forum". Dazu hielt er auch kleinere Versammlungen ab. Der Zeitpunkt und Ort ist mir unbekannt. Es müßte in der 3. Septemberwoche gewesen sein ...
> Ulrike, eine Studentin des 2. Studienjahres für Puppenspiel in Berlin ... war an diesem Wochenende in Gera bei Michas Versammlung. Sie wohnt in Gera. Sie brachte die Aufforderung zum „Neuen Forum" mit, welches sie in der Schule zur Unterschrift auslegte. Es unterschrieben

von 300 Studenten über 100. Der Rektor der Schule war im Objekt und klärte die Angelegenheit. Es fanden Gespräche statt, die wohl sehr nutzbringend waren. Es wurde nichts administriert, sondern im Dialog geklärt, was von den Beteiligten auch sehr gut aufgenommen wurde. Es ist so, daß viele Wissenschaftler, Künstler, Philosophen etc. das „Neue Forum" befürworten, so daß eine neue Dimension entsteht.

Die „personenbezogene Bearbeitung" wurde eingestellt. „Staatsfeinde" waren nun nicht mehr nur wenige Einzelpersonen, sondern immer größer werdende Gruppen, schließlich die Mehrheit der Bevölkerung.

23. Oktober 1989

Anfang Oktober hatte ich noch den Freunden in Vilnius gesagt, daß es in der DDR bestimmt nicht so bald zu Großdemonstrationen kommen wird, weil die ostdeutsche Bevölkerung ihren Widerstand nicht so mutig auf der Straße artikuliert, wie die litauische oder die polnische. Doch als ich in die DDR zurückkam und am darauffolgenden Montag, dem 23. Oktober, an der Leipziger Demonstration teilnahm, mußte ich diese Meinung korrigieren. Der Aufstand der Massen war da. Ich sah die gesamte Innenstadt voller demonstrierender Menschen, hörte den Ruf „Wir sind das Volk!" – und ich fühlte mich plötzlich diesem Volk wirklich zugehörig. In diesen bewegenden Momenten wurde mir klar: Es war Revolution in der DDR, und die bisher so braven und angepaßten Ostdeutschen wollten ihre Zukunft selbst bestimmen. Die Barrieren und Abgrenzungen zwischen den Menschen untereinander lösten sich auf. Wir waren nun ein Volk und nicht mehr nur eine Nischengesellschaft. Wenn die revolutionäre Volkserhebung auch nur einige Wochen dauerte – es hat sie wirklich gegeben!

26. Oktober 1989

Der Geraer Oberbürgermeister, Horst Jäger, hatte „kirchliche Amtsträger und Basisgruppen" Geras zu einem Gespräch eingeladen. Auf städtischer Ebene sollte ein politischer Dialog beginnen. Neues Forum, SDP, IPPNW und Ökumenischer Friedenskreis stellten sich vor und forderten, nicht mehr als „Feinde" behandelt zu werden. Von den Staatsvertretern wurde ein „Sachgespräch zu Umweltfragen" angeboten. Ich sagte, solange kritische Umweltberichte nicht gedruckt werden dürfen, wollen wir nicht über Umweltfragen, sondern über politische Veränderungen reden. Den Staatsvertretern ging es, angesichts der Donnerstags in Gera stattfindenden Demonstrationen, vor allem um eine Abschwächung der Konfrontation zwischen Volk und Regierenden.

5. November 1989

Im Geraer „Haus der Kultur“ fand das erste öffentliche „Sonntagsgespräch“ statt, zu dem Vertreter des Staates, der Wismut, der SED und anderen Blockparteien, sowie als Vertreter des Neuen Forums, Dr. Bernhard Gantenbein, eingeladen waren, um sich den Fragen der Bevölkerung zu stellen. Die Stimmung war sehr angespannt. Einige Funktionäre – besonders solche der Blockparteien – hatten noch nichts begriffen und redeten z.B. von „ausreichender Versorgung der Bevölkerung mit Obst und Gemüse“. Im Anschluß an die Veranstaltung fragte ich den Generaldirektor der SDAG Wismut, Herrn Bellmann, ob er ein Gespräch mit Fachleuten der Wismut über die Studie „Pechblende“ organisieren könnte. Er sagte mir daraufhin: „Aber selbstverständlich, jetzt sind wir doch alle für den Dialog.“ Die Wismut wollte mich einladen, doch ich wartete vergebens.

6. November 1989

Zur Demonstration der offiziellen „Dialogpolitik“ hatte man in Gera das Neue Forum zur SED eingeladen. 13.00 Uhr hatten wir einen Termin beim 1. Sekretär der SED-Kreisleitung, Wolfgang Heiland, und 15.30 Uhr beim neu eingeführten 1. Sekretär der SED-Bezirksleitung, Erich Postler. An beiden Gesprächen nahm ich teil, bei der SED-Kreisleitung zusammen mit Michael Stolle und Hans-Joachim Feustel, bei der SED-Bezirksleitung mit Michael Stolle und Dr. Bernard Gantenbein. Herr Heiland erzählte uns, daß seine Absetzung unmittelbar bevorstünde, er aber nur das getan hätte, was er in seiner Funktion tun mußte. Jeder andere, der 1. Sekretär der SED-Kreisleitung gewesen wäre, hätte dieselben Fehler machen müssen und ebenso das Vertrauen der Öffentlichkeit und der Parteibasis verloren. An dem Gespräch in der SED-Bezirksleitung nahmen auch die SED-Bezirkssekretäre Paczulla und Ukenings teil. Herr Paczulla bekannte seine Mitschuld an der Unterdrückung Andersdenkender und sagte, er wolle dadurch, daß er im Amt bleibe, seine Kraft für eine „Wiedergutmachung“ einsetzen. Herr Ukenings sagte uns, er hätte versucht, unter dem bisherigen 1. Sekretär der SED-Bezirksleitung, dem senilen Herbert Ziegenhahn, zu einer „Schadensbegrenzung“ beizutragen. Als wir erklärten, daß das Neue Forum Räume braucht, um arbeiten zu können, entgegneten uns die SED-Genossen, sie seien „auch nur eine Partei“, und über Arbeitsmöglichkeiten für das Neue Forum könnten nur die Staatsorgane entscheiden.

9. November 1989

Wie an jedem Donnerstag im Herbst 1989, fand auch am 9. November – ausgehend vom Friedensgebet in der Johanniskirche – in Gera eine größere Demonstration statt. Auf der Straße traf ich einen Bekannten, der erst später zur Demonstration hinzugekommen war. Er sagte mir, es sei eben durch die Nachrichten gekommen, daß die Grenzen offen sind. Obwohl ich zunächst nicht wußte, ob ich das nun glauben sollte oder nicht, spürte ich eine große Befreiung. Denn es war klar, daß die Grenzöffnung in allernächster Zukunft kommen mußte.

Am nächsten Tag stellte ich mich in die riesige Schlange vor der Geraer Polizei-Meldestelle, um mir ein Visum abzuholen.

11. November 1989

In Berlin-Schöneweide fand ein DDR-weites Delegiertentreffen des Neuen Forums statt, an dem ich für Gera teilnahm. Im Anschluß an die Veranstaltung fuhr ich mit Johann-Georg Jaeger zur Schönhauser Allee, und von dort aus gingen wir über den Grenzübergang Bornholmer Straße nach West-Berlin. Ich betrat zum ersten Mal die „westliche Welt“ – ein wirklich bewegender Augenblick. Für mich war „der Westen“ bis vor kurzem fast ebenso unerreichbar wie der Mars. Nun war ich da. Ich sah eine westliche Stadt voller froher ostdeutscher Menschen, nachts um elf. So viele Widersprüche gleichzeitig zu erleben, war schon beeindruckend. Vieles erschien mir völlig neuartig. Die großen Reklame-Leuchtschriften waren mir so fremd, daß ich mich immer wieder darüber wunderte, daß sie in deutsch geschrieben waren. Die sattgrünen kurzgeschorenen Rasenflächen vor der Kaiser-Wilhelm-Gedächtniskirche machten zu dieser Jahreszeit einen künstlichen Eindruck. Alles schien zu perfektioniert und irgendwie gefälscht. Die Grashalme waren alle gleichlang und die Bordsteine lagen millimetergenau aneinander. Als sich in dieser windstillen Novembernacht auf dem hellbeleuchteten Kurfürstendamm die letzten Blätter von den Platanen lösten und in die Menschenmassen hineinsegelten, hatte ich das Gefühl, als würde auch dies zur elektronisch gesteuerten Kulisse dazugehören. Dann besuchte ich West-Berliner Freunde, von denen ich einige seit über fünf Jahren nicht mehr gesehen hatte – nicht mehr sehen durfte. Ihre Wohnungen waren nicht viel anders eingerichtet, als die meiner ostdeutschen Freunde. Das Bild vom „anderen Planeten“ relativierte sich schnell.

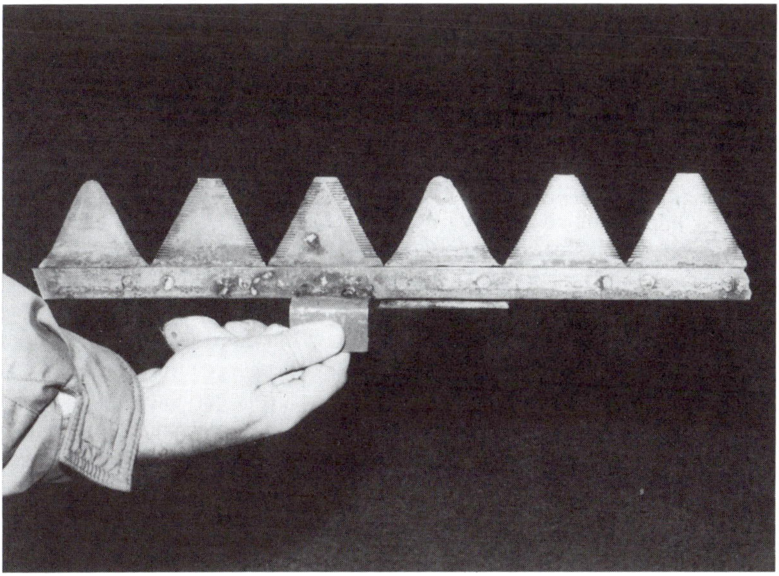

Mähdreschermesser gegen Demonstranten:
ein Polizeibeamter versucht sich zu rechtfertigen.

14. November 1989

Zusammen mit einem weiteren Vertreter des Geraer Neuen Forums war ich von Arbeitern des VEB Maschinen- und Dampfkesselbau in Gera-Liebschwitz zu einer Belegschaftsversammlung eingeladen worden. In diesem Betrieb sollten „Räumgitter“ mit einem „Übersteigeschutz“ in Form von Mähdreschermessern für Polizei-Lkw hergestellt werden. Nachdem man im Betrieb mitbekommen hatte, was es mit den als „Zaunsegmente“ getarnten Gittern auf sich hatte, verweigerten die Arbeiter am 7. November die Herausgabe der Teile und zerstückelten sie unter dem Schneidbrenner. Sie wollten bei den Demonstrationen nicht von Mähmessern der Polizei aufgeschlitzt werden, die sie selbst montiert hatten. Für den 14. November hatten sie sich zwei Vertreter der Volkspolizei-Bezirksbehörde zur Belegschaftsversammlung eingeladen, die zu der gegen das Volk gerichteten Volkspolizei-Aufrüstung Stellung nehmen sollten. Die Polizisten versuchten, sich mit „Unkenntnis der Dinge“ und „eigenmächtigem Handeln einzelner Genossen“ herauszureden. Wir wurden Zeugen einer heftigen Auseinandersetzung zwischen Arbeitern und Polizeivertretern. Uns beeindruckte das hartnäckige und selbstbewußte Auftreten der dortigen Arbeiter. Die kommunistischen Polizeibeamten bekamen die entschlossene Kraft der Arbeiterklasse zu spüren – wohl zum ersten Mal.

6. Dezember 1989

Die Bundestagsfraktion der Grünen hatte mich für den 6. Dezember zu einem Pressehintergrundgespräch über Uranbergbau nach Bonn eingeladen. Zu dieser Zeit interessierte ich mich allerdings mehr für die deutschlandpolitische Diskussion, als für die Uranbergbauprobleme. Vor dem Pressegespräch traf ich mich mit den grünen Bundestagsabgeordneten Lieselotte Wollny und Helmut Lippelt zu einem Gespräch über die Zukunft der DDR und die Vereinigungsfrage. Sie meinten, eine Wiedervereinigung sei für die Grünen kein Thema. Ich entgegnete ihnen, daß ich – noch – die Chance sah, das Thema Wiedervereinigung nicht den rechten Politikern zu überlassen, sondern mit unseren alten Zielen, wie dem Austritt aus den Militärblöcken und einer weitgehenden Entmilitarisierung Deutschlands, in Verbindung zu bringen. Im Zusammenhang mit der Forderung nach einer gleichberechtigten Vereinigung der beiden deutschen Staaten – im Gegensatz zu einer bloßen Angliederung der DDR an die Bundesrepublik – hätten wir auch die Diskussion über einen „dritten Weg“ auf eine reale politische Ebene bringen können. Doch die grünen Bundestagsabgeordneten blieben dabei: Eine Wiedervereinigung sei für sie kein Thema. Ich war mächtig enttäuscht über so viel Dogmatismus.

Am darauffolgenden Tag besuchte ich den deutschlandpolitischen Sprecher der SPD-Bundestagsfraktion, Hans Büchler. Er plädierte für einen Anschluß der DDR nach Artikel 23 des Grundgesetzes der Bundesrepublik und hatte sich zu diesem Zweck gerade Dokumente des Saarland-Anschlusses angesehen. Hans Büchler schimpfte sehr über die vielen „Zweistaatler" in seiner Partei. Auch in der SPD gab es damals noch eine Mehrheit, die prinzipiell gegen eine Vereinigung der beiden deutschen Staaten war. Gorbatschows Ausspruch „Wer zu spät kommt, den bestraft das Leben" galt auch für die Linken in der Bundesrepublik.

12. Dezember 1989

Am 12. Dezember war ich bei Jörg Naumann in Dresden, um mit ihm über die geplante Greenpeace-Konstituierung in der DDR zu sprechen. Bei einem Besuch am 29. November in Hamburg war ich von westdeutschen Greenpeace-Mitarbeitern gebeten worden, mit einigen Angehörigen der unabhängigen Umweltbewegung über die Möglichkeit der Gründung eines Greenpeace-Büros in der DDR zu beraten. Nachdem wir am 12. Dezember die Greenpeace-Angelegenheiten besprochen hatten, fuhren wir zusammen mit Achim Weber zur von Bürgervertretern und Polizei besetzten Dresdener Stasi-Bezirksverwaltung. Es war eine völlig andere Situation, doch als ich in das Stasi-Gebäude hineintrat, hatte ich ähnliche Empfindungen wie am 11. November, als ich über die Bornholmer Brücke nach West-Berlin ging. Ich betrat wieder eine bisher unerreichbare Welt. Das Unsichtbare wurde sichtbar und das Unvorstellbare wurde vorstellbar. Den Polizisten am Eingang brauchte ich nicht einmal meinen Ausweis zu zeigen, Achim Weber sagte ihnen nur: „Er gehört zu uns." Es war Revolution.

Als an die Öffentlichkeit gedrungen war, daß die Stasi in großem Umfang Akten vernichtete, war am 5. Dezember in Dresden – wie in anderen Bezirksstädten auch – die Stasi-Bezirksverwaltung von der demonstrierenden Bevölkerung besetzt worden. Seitdem hielten sich ständig Vertreter der Bürgerbewegungen, eine Regierungskommission und die Polizei in der Stasi-Bezirkszentrale auf, um die Stasi-Auflösung voranzubringen und zu kontrollieren. Die Bürgervertreter, die zur weiteren Kontrolle der Stasi-Auflösung in den Stasi-Gebäuden blieben, bildeten dann die Bürgerkomitees. Das ab Mitte November 1989 in „Amt für nationale Sicherheit" umbenannte MfS hieß ab 7. Dezember „Amt für nationale Sicherheit in Auflösung". In der Geraer Stasi-Bezirksverwaltung fanden sich aus dieser Zeit folgende Dokumente:

~~GVS~~ VVS	CFS-Nr.: 1008	
Datum	Zeit	Sig.
04.12.	16⁴⁵	Be
Empf. verst. am:	um: 16⁴⁵	

CFS 1008

\- LUFT -

ALLE KAE LEITER

BEZIRKS- UND KREISAEMTER
F. NS,
LEITER

AB SOFORT IST JEGLICHE VERNICHTUNG UND JEGLICHER TRANSPORT, EIN-
SCHLIESZLICH KURIERFAHRTEN VON DIENSTLICHEN UNTERLAGEN ZU
STOPPEN.
ES IST ALLES ZU UNTERNEHMEN, UM DIE ERFORDERLICHE SICHERHEIT
DER NOCH IN DNE AEMTERN VORHANDENEN DOKUMENTE ZU GEWAEHR-
LEISTEN.

AMT FUER NS, LEITER
SCHWANITZ
GENERALLEUTNANT

CFS 1009

- LUFT -

GVS VVS	CFS-Nr.: 1009	
Datum	Zeit	Sig.
04.12.	16⁴⁵	[illegible]
Empf. verst. am:	um:	

ALLE KAE LEITER

ALLE LEITER DER KREIS- UND BEZIRKSAEMTER FUER NS

AM HEUTIGEN TAG DRANG EINE GROSZE MENSCHENMENGE GEWALTSAM IN
DAS BA ERFURT EIN. WEITERE OBJEKTE SIND BEDROHT. DIE SITUA-
TION IST NOCH NICHT BEREINIGT. AUS DIESEM ANLASZ WIRD ANGEWIESEN,
SOFORT ALLE MOEGLICHEN ZUSAETZLICHEN MASZNAHMEN EINZULEITEN,
UM DIE OBJEKTSICHERUNG ZU VERSTAERKEN UND KURZFRISTIG
ZUSAETZLICHE SPERRMASZNAHMEN DURCHZUSETZEN. DER ZUTRITT UNBE-
RECHTIGTER PERSONEN IST UNBEDINGRT ZU VERHINDERN. ES SIND
ALLE ZUR VERFUEGUNG STEHENDEN MITTEL, LOESCHEINRICHTUNGEN UND
UEBERGEBENE SPEZIELLE MITTEL - AUSZER GEZIELTE SCHUSZWAFFEN AN-
WENDUNG - ZUM EINSATZ ZU BRINGEN. ALLE VERFUEGBAREN KRAEFTE SIND
AUF DIESE SITUATION EINZUSTELLEN UND ENTSPRECHEND ZU
ORIENTIERREN, UM DIE VORGENANNTE AUFGABE VOLL DURCHZUSETZEN.
MIT DER VOLKSPOLIZEI SIND WEITERE ABSTIMMUNGEN ZUM EINSATZ
ZUSAETZLICHER KRAEFTE HERBEIZUFUEHREN.

AFNS, LEITER
SCHWANITZ
GENERALLEUTNANT

Fernschreiben des Leiters des Amtes für Nationale Sicherheit, Wolfgang Schwanitz, an die Leiter der Bezirks- und Kreisämter, vom 4. Dezember 1989

In einem Schreiben vom 7. Dezember 1989 gab der damalige Leiter des Geraer Bezirksamtes für Nationale Sicherheit die „Orientierungen hinsichtlich der Gewährleistung der Konspiration und des Geheimnisschutzes zu den Dokumenten in den Struktureinheiten" des Leiters des Amtes für Nationale Sicherheit, Schwanitz, an die Abteilungsleiter des Geraer Bezirksamtes weiter. Darin heißt es:

▶ Aus gegebenem Anlaß verweise ich auf das unbedingte Einhalten der geltenden Rechtsvorschriften und dienstlichen Bestimmungen ... Es ist deshalb in jedem Fall mit angemessenen Mitteln zu verhindern, daß unberechtigte Personen Einsicht in Staatsgeheimnisse des Amtes für Nationale Sicherheit nehmen. Alle rechtswidrigen Angriffe sind unter Einsatz der erforderlichen rechtlichen Möglichkeiten abzuwenden ...
Da damit zu rechnen ist, daß autorisierte Kontrollgruppen, bestehend aus Vertretern staatlicher Organe sowie von Bürgerrechtsbewegungen, gebildet und in den BAfNS und anderen Diensteinheiten Arbeits- und Kontrollmöglichkeiten erhalten werden, können unter Ausschöpfung aller dazu geeigneten Möglichkeiten, einschließlich unter Bezugnahme auf die o.g. Darlegungen zum Geheimnisschutz, was offiziell verwendet werden kann, die Forderungen dieser Kontrollgruppen nicht abgewiesen werden, sind die Öffnung von Räumen und Schränken sowie die Einsichtnahme in Dokumente und Unterlagen zu ermöglichen.
Einsichtnahmen können zu solchen Dokumenten und Materialien erfolgen, wie:
- grundsätzliche Regelungen zu den operativen Grundprozessen (Richtlinien) ...
- Regelungen zum innerdienstlichen Betrieb,
- Dienstlaufbahnordnung ,...
Es ist zu sichern, daß keine Aufzeichnungen anzufertigen bzw. keine Dokumente mitgenommen werden.
Es ist in eigener Zuständigkeit zu entscheiden, zu welchen der genannten Dokumente und Unterlagen Einsicht zu gewähren ist und welche Räumlichkeiten betreten werden dürfen.
In jedem Fall ist die Einsichtnahme in geheime Dokumente und Materialien zu verhindern, wie:
- IM/GMS-Unterlagen, einschließlich der IM/GMS-Nachweise,
- Dokumente zur Organisierung der Aufklärung und Spionageabwehr und zur Arbeit im und nach dem Operationsgebiet,
- Grundlagendokumente u.a. Materialien zum Befehl Nr. 11/79,
- OV, OPK, u.a. Materialien, aus denen konkrete Schlußfolgerungen zu IM möglich sind,

- Festlegungen gemäß Kennziffern.
Es ist die Bereitschaft zu zeigen und gegebenenfalls kontrollfähige Vereinbarungen zu treffen, daß jene Unterlagen und Karteien vernichtet werden, die „Überwachungsmaßnahmen des ehemaligen MfS" enthalten. Auch damit ist zu demonstrieren, daß diese Maßnahmen vom AfNS nicht fortgesetzt werden.*

14. Dezember 1989

Im Geraer Rathaus trafen sich Vertreter aller Parteien und Bürgerbewegungen, der Kirchen, des Bezirksgerichtes, der Polizei sowie der Staatsanwaltschaft mit dem seit einer Woche amtierenden Leiter des Geraer Bezirksamtes für Nationale Sicherheit, Michael Trostorff, um über eine öffentliche Kontrolle der Stasi-Auflösung bzw. -Umbildung zu verhandeln. Als Vertreter des Neuen Forums nahm ich an der Sitzung teil. Dieser Kreis hatte bereits eine Woche zuvor zusammengesessen, als ich in Westdeutschland war. Am 14. Dezember 1989 war man in Gera im Begriff, der Nasi eine öffentliche Legitimation für die Vernichtung der restlichen Stasi-Akten zu erteilen, es ging nur noch um die Fragen, wie die Aktenvernichtung von Bürgervertretern kontrolliert wird, und ob man die Presse vorher darüber informieren soll oder lieber nicht. Ich glaubte meinen Ohren nicht zu trauen. Zum Glück konnte ich jetzt von meinem Besuch in Dresden berichten und sagen, daß dort und in anderen Bezirksstädten die Bürgerkomitees ihre Hauptaufgabe darin sahen, darüber zu wachen, daß keine weiteren Materialien vernichtet werden. Pfarrer Roland Geipel unterstützte sofort meinen Einspruch gegen die geplante Aktenvernichtung. So erreichten wir, daß die Entscheidung dazu bis zur kommenden Woche vertagt wurde. Die Vertreter der Parteien, Bürgerbewegungen und der Kirche vereinbarten, vor der nächsten Stasi-Verhandlung ein Bürgerkomitee zu konstituieren.
Einige Tage später besuchte ich Jörn Mothes, der gerade als Vikar in Drackendorf bei Jena wohnte. Wir entschlossen uns, gemeinsam in das Bürgerkomitee des Bezirkes Gera zu gehen, er für die evangelische Kirche Jenas und ich für das Neue Forum Geras.

*Der Befehl Nr. 11/79 regelte die Zusammenarbeit mit den Geheimdiensten anderer sozialistischer Staaten. - „Festlegungen gemäß Kennziffern" bedeutet: Dokumente zur Mobilmachungsplanung für einen Krisenfall. Die Personen, die man in Internierungslager verschleppen („isolieren") wollte, wurden nach verschiedenen „Kennziffern" aufgeteilt. Politisch Oppositionelle, die gegebenenfalls in spezielle Lager gebracht werden sollten, hat man unter der Kennziffer 4.1. erfaßt. In den entsprechenden Stasi-Unterlagen hatte man auch dafür eine Abkürzung gefunden: KZ 4.1.

Geraer Demonstrationen des Jahres 1989: am 1.Mai ...

... und Mitte Dezember.

20. Dezember 1989

Das Bürgerkomitee des Bezirkes Gera konstituierte sich. Aus jeweils zwei Vertretern jeder Partei oder politischen Gruppierung und der Kirche wurde das Bürgerkomitee „repräsentativ" zusammengesetzt. Die alten Blockparteien, einschließlich der SED-PDS, stellten die Mehrheit. Das war ein völliger Gegensatz zu den anderen Bürgerkomitees, die Anfang Dezember aus Demonstrationen oder Stasi-Besetzungen hervorgegangen waren. Wer zu spät kommt ... Wir einigten uns darauf, daß unsere Hauptaufgabe die Kontrolle der Stasi-Auflösung ist. Die „Blockflöten" hielten es allerdings nicht für notwendig, diese Kontrollaufgaben innerhalb des Stasi-Gebäudekomplexes wahrzunehmen. Es würde ausreichen, wenn wir einmal wöchentlich den Nasi-Chef einladen und uns einen Bericht über den Stand der Stasi-Auflösung geben lassen. Ein Vertreter der SED-PDS schlug vor, daß immer abwechselnd eine andere Partei oder Gruppierung die Tagungsleitung übernehmen solle. Dem widersprach ich und sagte, die Gesprächsleitung müsse jedesmal von den Kirchenvertretern übernommen werden, weil sie die einzigen wirklich Unabhängigen seien. Das hat man akzeptiert – und daraufhin Jörn Mothes die Gesprächsleitung übertragen. Jetzt war unsere Situation wieder etwas hoffnungsvoller. Uns ging es nun darum, zur Frage der Aktenvernichtung unter allen Umständen eine Abstimmung zu verhindern. Lediglich die Vertreter der Kirche und des Neuen Forums, Roland Geipel, Jörn Mothes, Markus Heckert und ich, waren strikt gegen eine Aktenvernichtung. Die Geraer Vertreter der SDP und des Demokratischen Aufbruchs waren unentschlossen, und die Vertreter der Blockparteien wollten unbedingt, daß außer den Prozeßakten alle noch vorhandenen Stasi-Akten sofort vernichtet werden.

Am Abend desselben Tages nahm ich an der Sprecherratssitzung des Geraer Neuen Forums teil. Ein Teilnehmer berichtete über ein Telefongespräch mit Verwandten aus Bukarest. Sie hatten ihm gesagt, daß in über zehn Städten Rumäniens Kriegsrecht herrschte und in Timisoara 3000 bis 4000 Demonstranten vom Staatssicherheitsdienst erschossen und in Massengräbern verbrannt worden sind. Wir waren alle fassungslos und diskutierten darüber, ob in der DDR die Gefahr solcher Massaker wirklich schon vorbei ist. Einer erinnerte uns: Timisoara ist Partnerstadt von Gera.

21. Dezember 1989

Das Bürgerkomitee traf sich mit Staatsvertretern, um über die Stasi-Auflösung zu verhandeln. Herr Norbert Kobus nahm an der Sitzung teil und stellte sich als Regierungsbeauftragter für den Bezirk Gera vor. Herr Trostorff berichtete uns von Plänen, zur Bildung eines Verfassungsschutzes und eines Nachrichtendienstes. Die aus der Stasi hervorgegangene Nasi sollte sich laut Ministerratsbeschluß vom 14. Dezember zum „Amt für Verfassungsschutz" umbilden. Während in den meisten anderen Bezirken die Bürgerkomitees die Auflösung der Stasi kontrollierten, wurde uns in Gera die Umbildung der Stasi zur Kenntnis gegeben. Über die Frage der Aktenvernichtung wurde diesmal sehr scharf diskutiert, aber wir konnten wieder erreichen, daß eine Entscheidung vertagt wurde. Für den folgenden Tag vereinbarten wir eine Besichtigung des Stasi-Archivs.

22. Dezember 1989

Wir trafen uns vorm Eingangstor der Stasi-Bezirksverwaltung in der Geraer Drechslerstraße. Dort holte uns der Nasi-Chef ab und führte uns, nachdem wir unsere Ausweise den alten Stasi-Bewachern zeigen mußten, in das Innere der Geraer Stasi-Zentrale. Von der revolutionären Atmosphäre, die ich anderthalb Wochen vorher in Dresden erlebt hatte, war hier überhaupt noch nichts zu spüren.

Als wir das Stasi-Archiv betraten, sahen wir einen langen Saal, in dem unglaublich viele Akten lagerten. Auf die Frage, ob dies alle Stasi-Akten aus dem Bezirk Gera seien, sagte man uns, daß hier nur die abgeschlossenen Vorgänge archiviert waren, und daß sich sämtliche aktuellen Akten noch in den Dienstzimmern befanden – insofern sie nicht bereits vernichtet worden waren. Im Anschluß an die Archiv-Besichtigung baten wir Herrn Trostorff, uns die Struktur der Geraer Stasi-Bezirksverwaltung vorzustellen. Er brachte uns daraufhin das in der Bundesrepublik erschienene Buch von Karl Wilhelm Fricke über die DDR-Staatssicherheit und schlug uns eine Seite auf, auf der das MfS-Strukturschema wiedergegeben war. Nachdem wir authentisches Material verlangten, las er uns die Stasi-Abteilungen aus einem internen Telefonbuch vor und gab Erläuterungen dazu. Als die Diskussion ins Detail führte, gingen die Bürgerkomiteemitglieder nacheinander nach Hause. Schließlich saßen Jörn Mothes und ich mit dem Nasi-Chef allein am Tisch. Wir sprachen noch eine Stunde lang über die aktuelle Situation und die Stasi-Vergangenheit. Die Überlegungen des Nasi-Chefs und früheren Leiters der Abteilung Spionageabwehr der Stasi-Bezirksverwaltung waren für uns recht interessant. Er kritisierte die Stasi-Praktiken, bei Demonstrationen den Demonstranten die Transparente aus den Händen zu reißen, weniger deshalb, weil ein solches Vorgehen das Recht auf freie Meinungsäußerung verletzte, sondern vor allem, weil es dem Geheimdienstcharakter widersprach, auf offener Straße Plakate zu zerreißen. Unsere Frage, warum wir nicht schon früher einmal vom Stasi-Chef zu einem politischen Gespräch eingeladen worden sind, beantwortete er mit dem Argument, daß die Stasi als Geheimdienst ja nicht zeigen durfte, für wessen Aktivitäten sie sich interessierte. Bei der Verabschiedung sagten wir, daß die Stasi sich möglicherweise viel Aufwand erspart hätte, wenn sie uns selbst nach unseren Zielen gefragt hätte. Der Nasi-Chef wünschte uns ein ruhiges Weihnachtsfest – wir ihm auch.

27. Dezember 1989

Für 14.00 Uhr hatten wir in Gera eine weitere Stasi-Besichtigung vereinbart. Der Rundgang begann im Untersuchungsgefängnis. Ich glaube, es war für meine eigene Vergangenheitsbewältigung wichtig, nun doch einmal das Stasi-Gefängnis von innen gesehen zu haben. Jetzt konnte ich mir genauer vorstellen, wovor ich jahrelang Angst hatte. Wenn auch nur noch die äußeren Umstände der Haft sichtbar waren, aber allein diese waren schlimm genug. Man konnte von den Zellen aus noch nicht einmal den Himmel sehen, weil statt Fenstern nur Glasbausteine vorhanden waren. In der unteren Gefängnisetage wurde uns der Raum gezeigt, in dem man die Häftlinge fotografiert hatte. Hinter dem Fotostuhl stand in Kopfhöhe – hinter einem Vorhang versteckt – eine Röntgen-Bestrahlungsanlage, die angeblich zur Paketdurchleuchtung verwendet worden war. Wir fotografierten die Anlage, gaben später ein röntgentechnisches Gutachten in Auftrag und übergaben diese Unterlagen zur weiteren Klärung der Militärstaatsanwaltschaft – wo die Angelegenheit versandete. Die Frage, warum die Röntgenanlage genau in Kopfhöhe einen Meter hinter dem Fotostuhl angeordnet war, blieb ungeklärt. Die Telefonabhörzentrale war ein riesiger Saal voller in langen Reihen aufgestellter und übereinander stehender Tonbandaufzeichnungsgeräte. Die ein- und ausführenden Kabel waren bereits durchgeschnitten. In der Postkontroll-Abteilung fanden wir eine Kartei, die nach Orten, Straßen und Hausnummern geordnet alle Bürger des Bezirkes Gera umfaßte, deren Briefe von der Stasi geöffnet worden waren. Arnold Vaatz, der als Vertreter des Dresdener Bürgerkomitees zu uns nach Gera gekommen war, sah unter seiner ehemaligen Greizer Adresse nach und machte uns klar, daß wir mit den Nasi-Leuten wesentlich selbstbewußter umgehen mußten. Wir hatten ja immer gefragt, ob man uns dies oder jenes eventuell einmal zeigen könnte. Arnold Vaatz sagte auch, daß man die Stasi-Arbeitsweisen und -Strukturen am besten verstehen lernt, wenn man unter dem eigenen Namen nachsieht. In der Abteilung XX wurden uns die Räume des Referats „Auswertung und Information“ gezeigt. Hier standen nur noch wenige belanglose Akten in den Regalen. Zu den verschlossenen Blechschränken fand man keinen Schlüssel. In einer Kartei für Schreibmaschinen- und Handschriftenproben suchte ich nach meiner Karte, doch es war keine über mich vorhanden. Der Nasi-Chef sagte: „Sehen Sie, so umfassend wie Sie denken hat die Staatssicherheit gar nicht gearbeitet." Ein Mitarbeiter der dortigen Abteilung grinste.

Als im April 1990 dieser Raum ausgeräumt wurde, fanden sich im danebenstehenden Blechschrank zwei lose Karteikarten. Auf beiden stand der Name Michael Beleites und eine Nummer. Die Karten paßten in die Schriftprobenkartei, und ich fand anhand der Nummern zwei Schriftproben. Eine von meiner Schreibmaschine, die bei der konspirativen Wohnungsdurchsuchung am 4. Februar 1988 von der Stasi selbst angefertigt worden war, und eine von mir geschriebene Veranstaltungskonzeption für die Kulturbund-Umweltgruppe als Handschriftprobe. Das Verstecken der Karteikarten durch Stasi-Leute zeigt nicht nur, daß Bürgerkomiteemitgliedern Informationen vorenthalten werden sollten, sondern auch, daß man nach einer erhofften Beruhigung der Öffentlichkeit wieder im alten Stil weitermachen wollte. Sonst hätte man die Karten gleich völlig beseitigt.

■ 28. Dezember 1989

Als Bürgerkomiteevertreter begleiteten Markus Heckert und ich ein SFB-Team bei Dreharbeiten in der Geraer Stasi-Untersuchungshaftanstalt. Drei ehemalige Jenenser besuchten mit uns das Gefängnis, in dem sie als politische Gefangene gesessen hatten. Sie gingen in Gefängniszellen und berichteten vor der Kamera, was sie dort erlebt hatten. Der langjährige Leiter des Stasi-Gefängnisses schloß für uns die Gittertüren auf. In dem Raum, wo 1981 der Jenaer Matthias Domaschk ums Leben gekommen war, nahm der Gefängnisleiter vor den Filmaufnahmen noch das Honecker-Bild von der Wand. Im Anschluß an die Gefängnisbesichtigung wurde der Leiter des Geraer Bezirksamtes für Nationale Sicherheit, Herr Trostorff, interviewt. Er bestätigte vor der laufenden Kamera, daß die Geraer Nasi noch im Besitz aller Waffen war.

■ 3. Januar 1990

Das Bürgerkomitee traf sich im evangelischen Gemeindehaus in der Geraer Goethestraße mit Nasi-Vertretern. Zusammen mit Herrn Trostorff war Herr Seidel gekommen, der sich als Leiter der Auflösungskommission des Nasi-Bezirksamtes vorstellte. Er gab einen Bericht über die Zahl der entlassenen Mitarbeiter und übergebenen Gebäude. Der Regierungsbeauftragte Kobus ordnete aufgrund des am Vorabend ausgestrahlten Trostorff-Interviews die Entwaffnung der Nasi an, die am 6. Januar unter Kontrolle von Bürgerkomiteemitgliedern beginnen sollte. Roland Geipel las einen Brief von Mitgliedern anderer Bürgerkomitees vor, die zu einem DDR-weiten Treffen von Bürgerkomitee-Vertretern für den 4. Januar nach Leipzig einluden. Als Vertreter des Geraer Bürgerkomitees zum Leipziger Koordinierungstreffen wurden Jörn Mothes und ich benannt.

4. und 5. Januar 1990

Zu Beginn der Leipziger Bürgerkomitee-Beratung stellten sich die Vertreter der einzelnen Bezirke vor und berichteten über ihre Arbeit und die Probleme bei der Kontrolle der Stasi-Auflösung. Dabei stellte sich heraus, daß Gera neben Karl-Marx-Stadt die einzige der 15 Bezirksstädte der DDR war, in der die Stasi-Auflösung noch nicht permanent von einem innerhalb der Stasi-Gebäude arbeitenden Bürgerkomitee kontrolliert wurde. Uns beiden Geraern wurde klar, daß die Geraer Stasi-Bezirkszentrale bald „besetzt" werden mußte – egal ob die in unserem Bürgerkomitee vertretenen „Blockflöten" das wollen oder nicht. Die Rolle der SED als Auftraggeber der Stasi entwickelte sich zum Hauptthema der Leipziger Bürgerkomitee-Beratung. Dazu erarbeiteten wir eine Presseerklärung, die wir bis nachts 3.00 Uhr im Plenum ausformulierten. Für den nächsten Morgen 9.30 Uhr hatten wir zu einer Pressekonferenz eingeladen. Jörn Mothes verlas die Presseerklärung und gab anschließend dem DDR-Fernsehen ein Interview dazu. Diese Presseerklärung, die auch in den Medien der DDR verbreitet wurde, hat wahrscheinlich entscheidend mit dazu beigetragen, daß die SED-PDS ab Januar 1990 deutlich in die Defensive geriet. In der Leipziger Presseerklärung vom 5. Januar 1990 heißt es u.a.:

> ▶ Für die verfassungswidrige Tätigkeit des Ministeriums für Staatssicherheit trägt die SED Verantwortung. Eine Namensänderung kann sie hiervon nicht entbinden. Damit ergibt sich die Notwendigkeit, gegen die SED-PDS wegen des Verdachtes verfassungswidriger Aktivitäten zu ermitteln. Hiervon leiten wir ab, daß die immer noch bestehenden Machtstrukturen der SED-PDS aufgelöst werden müssen.

6. Januar 1990

In Gera geschah vieles gemächlicher als anderswo – auch die Revolution. Am Morgen des 6. Januar 1990 gingen wir zu fünft zur Stasi-Besetzung und -Entwaffnung. Roland Geipel und Rolf Buchner begleiteten den Abtransport der Waffen. Bernd Bergner, Jörn Mothes und ich gingen in die Chefetage des Nasi-Bezirksamtes, um über die Möglichkeit einer ständigen Kontrolle der Stasi-Auflösung durch das Bürgerkomitee zu verhandeln. Herr Trostorff war an diesem Tag nicht in Gera. Seine Stellvertreter, sie waren z.T. bereits Stellvertreter des Stasi-Bezirkschefs, wollten zunächst auf unsere Forderung nicht eingehen. Dann riefen sie den 1. Stellvertreter

Oben: Symbol der Angst – der Gebäudekomplex der Geraer Stasi-Bezirksverwaltung.

Unten: Berge von Papiermaché – Mitglieder des Geraer Bürgerkomitees besichtigen die im November 1989 vernichteten Stasi-Akten.

des Nasi-Chefs, Herrn Seidel, zu Hause an und baten ihn ins Stasi-Gebäude, um die Verhandlungen mit uns fortzuführen. Er kam sofort, und wir trugen ihm unsere Forderung vor. Herr Seidel fragte, ob dies mit den anderen im Bürgerkomitee vertretenen Parteien abgestimmt sei. Nachdem wir erklärten, daß wir als Vertreter des gesamten Bürgerkomitees gekommen waren, fragte er uns explizit: „Haben die SED und die CDU ihre Zustimmung dazu gegeben?“ Erst als wir ihm deutlich sagten, daß wir in dieser Frage die Blockparteien SED und CDU nicht für maßgeblich hielten, akzeptierte er uns als Verhandlungspartner. Die konkrete Verfahrensweise der ständigen Kontrolle durch Bürgervertreter müßte dann am darauffolgenden Tag mit Herrn Trostorff vereinbart werden, doch er stellte uns sofort einen Arbeitsraum mit Telefon innerhalb der Stasi-Bezirksverwaltung zur Verfügung. Als wir hinuntergingen, wo uns ein anderer Nasi-Mitarbeiter den Arbeitsraum zeigen wollte, rief Herr Seidel hinterher: „Herr Beleites, kommen Sie doch nochmal zu mir!“ Der 1.Stellvertreter des Nasi- (und früher Stasi-) Bezirkschefs ging mit mir in sein Arbeitszimmer, öffnete eine Schreibtischtür – und überreichte mir eine Kaffeemaschine, vier Tassen und ein Päckchen Kaffee für das Bürgerkomitee. Die Stasi-Besetzung in Gera kam spät, dafür verlief sie ausgesprochen friedlich. Als ich mit dem Kaffeegeschirr des stellvertretenden Stasi-Chefs zu unserem neuen Bürgerkomitee-Büro ging, glaubte ich zu verstehen, was mit dem Begriff „sanfte Revolution“ gemeint war.

■ 8. Januar 1990

Die kontrollierte Stasi-Auflösung begann an diesem Montag auch in Gera. Viele Menschen waren spontan hinzugekommen und hatten zum Teil extra Urlaub genommen, um bei der Kontrolle der Stasi-Auflösung zu helfen. Am Vortag hatten wir uns mit den Nasi-Vertretern darauf geeinigt, daß die Arbeitsräume der Stasi erst wieder freigegeben werden, wenn alle dienstlichen Unterlagen unter Kontrolle von Bürgervertretern herausgenommen und in gesonderten Räumen sichergestellt wurden. Wie die anderen Bürgerkomitees, mußten auch wir uns darauf einlassen, in „Sicherheitspartnerschaft“ mit Staatsanwaltschaft und Volkspolizei zusammenzuarbeiten – die bis dahin „Partner des politisch-operativen Zusammenwirkens“ der Stasi waren. Die BDVP schickte uns als „Sicherheitspartner“ genau die Abteilung zur Stasi-Auflösung, die noch im November die Polizei mit Mähdreschermessern gegen Demonstranten ausrüsten wollte.

Am 8. Januar bemühte ich mich darum, die Aufgaben zwischen den einzelnen Gruppen bei den Zimmerberäumungen, dem Waffenabtransport und dem Büro zu koordinieren. Am späten Vormittag ging ich zur zentralen Waffenkammer, um mich zu erkundigen, ob von den Bürgervertretern, die

die Waffenauslagerung kontrollierten, Hilfe benötigt wurde. Als ich dort zur Tür hereinkam, erschrak ich. Ein Vertreter des Bürgerkomitees und der Einsatzleiter der Polizei diskutierten aufgeregt. Ich hörte immer wieder die Frage: „Weitermachen oder abbrechen?“ Der Leiter der Bewaffnungsabteilung der Stasi-Bezirkszentrale, der bisher die Waffen herausgegeben hatte, saß bewegungslos auf einer Munitionskiste – seinen Kopf auf beiden Händen aufgestützt, mit Tränen in den Augen. Dabeistehende Polizisten blickten wie versteinert in die Luft. Aus dem im Raum stehenden Radio tönte laute Musik. Ich fragte ängstlich, was denn hier passiert sei. Daraufhin wurde mir mitgeteilt, daß wenige Minuten vorher in den Nachrichten gesagt worden war, daß das Geraer Bezirksamt für Nationale Sicherheit zum bewaffneten Putsch gegen die „reaktionären Kräfte“ aufgerufen hätte. In der Geraer Stasi-Waffenkammer wußte in diesem Moment niemand etwas Genaueres. Aber wir hatten alle das Gefühl, auf einem riesigen Pulverfaß zu stehen. Die größte Angst von uns allen hatte wahrscheinlich der für die Bewaffnung zuständige Stasi-Abteilungsleiter, weil er am genauesten wußte, welche Sprengkraft in den hier herumstehenden Kisten steckte. Die zentrale Waffenkammer stand offen, Maschinengewehre, Pistolen, Panzerabwehrwaffen und die dazugehörige Munition lagen frei herum. Jeder der Anwesenden hätte zugreifen können. Und alles an dem Tag, als innerhalb des Geraer Stasi-Gebäudekomplexes zum ersten Mal spontan hereingekommene Bürger mit einfachen Stasi-Mitarbeitern zusammentrafen. Die Lage erschien uns äußerst explosiv. Wir einigten uns darauf, daß die Waffen hier so schnell wie möglich weg müssen und entschlossen uns dazu, die Entwaffnung fortzusetzen. Insgesamt wurden etwa 20 Lkw voller Waffen und Munition aus der Geraer Stasi-Bezirksverwaltung in ein Depot der Armee abtransportiert. Roland Geipel und ich gingen sofort zu Herrn Trostorff, um ihn nach den möglichen Hintergründen des „Putsch-Aufrufs“ zu fragen. Er saß in seinem Dienstzimmer vorm Fernseher. Im zweiten Programm des DDR-Fernsehens lief die Direktübertragung der Verhandlungen am Runden Tisch in Berlin. Jetzt erfuhren wir, was passiert war: Am Runden Tisch wurde an diesem Tag über den Plan des Ministerpräsidenten, Hans Modrow, verhandelt, die Stasi zum „Amt für Verfassungsschutz“ umzubilden. Die neuen Parteien und Bürgerbewegungen lehnten das prinzipiell ab. Während dieser Diskussion hatte Rolf Henrich als Vertreter des Neuen Forums auf die Nichtreformierbarkeit der Stasi hingewiesen, indem er einen Aufruf des Bezirksamtes für Nationale Sicherheit Gera verlas, der an alle bewaffneten Organe gerichtet war und zur „Paralysierung“ der oppositionellen Bewegungen aufforderte. Der Nasi-Chef rief seinen Stellvertreter, Herrn Seidel, der uns dann ein Fernschreiben vom 9. Dezember brachte, das mit dem von Rolf Henrich vorgelesenen Geraer „Putsch-Aufruf“ identisch war. Wir lasen den Text des folgenden Telegramms:

EINGANG ~~chiffriert~~ **TELEGRAMM** (Nichtzutreffendes streichen) offen AUSGANG

Dringlichkeit: Luft! Fu/FS-Nr.: 9/89

Absender: BA f. NS Gera

Empfänger:

Gera, den 9. 12. 19 89

Empfänger:

Ministerpräsident
Amt. Staatsratsvorsitzender
Präsidium der Volkskammer
Minister für Innere Angelegenheiten/alle BDVP
Minister für Verteidigung
Leiter des Amtes für Nationale Sicherheit/alle BA f. NS
Vorsitzenden der in der Volkskammer vertretenen Parteien
Fernsehen und Rundfunk der DDR/ADN

Als Anlage erhalten Sie einen Aufruf zum Handeln.

Das Kollektiv des Bezirksamtes für Nationale Sicherheit Gera und die Kreisämter

Anlage

Heute Wir - morgen Ihr!

Genossen, Kampfgefährten, Patrioten im Inn- und Ausland, Bürger der DDR!

Von tiefer Besorgnis getragen über die gegenwärtige und sich weiter abzeichnende innenpolitische Situation in unserer gemeinsamen soz. Heimat, DDR, wenden wir uns an Euch und an die, für die auch Ihr Verantwortung tragt, mit einem Aufruf zum noch möglichen gemeinsamen Handeln für die Erhaltung der Rechtsstaatlichkeit und damit der Existenzgrundlage für den weiteren Bestand der DDR.
Unser Land befindet sich gegenwärtig in einer Phase der revolutionären Veränderungen, das Ziel soll und muß ein neuer, wahrer Sozialismus sein, mit dem wir uns eindeutig identifizieren. Diesen können wir jedoch nicht erreichen, wenn wir zulassen, daß unserem Staat Stück für Stück alle Machtinstrumente aus der Hand genommen (gegeben?) werden.
Beherzigen wir die Erkenntnisse von Lenin über die Fragen der Macht!

FA 4039 Durchschläge/Durchschriften: .... Stck. Geschrieben: .... Gesehen: ....

Eingangsdatum: .... Uhrzeit: .... Anfang: .... Ende: .... Nachr.-Sachbearb.: ....

EINGANG | chiffriert | **TELEGRAMM** (Nichtzutreffendes streichen) | offen | AUSGANG

Dringlichkeit .... Fu/FS-Nr.: ....

Absender: ....

Empfänger: ....

...................., den .... 19........

2

Genossen, Bürger und Patrioten der unsichtbaren Front im Inn- und Ausland, wer mit der Macht spielt, sie sich aus der Hand nehmen läßt - besonders während einer Revolution - in der wir uns zur Zeit befinden, der wird scheitern!
Der nützt nicht uns, der dient der Reaktion!
Genossen, Bürger, heute richtet sich der Haß eines Teiles unseres Volkes, geschürt durch eine Minderheit unserer Bevölkerung, gegen das ehemalige MfS und jetzige Amt für Nationale Sicherheit.
In unserem Bezirksamt gibt es Erkenntnisse, daß Bestrebungen existieren, diesen "Volkszorn", nachdem das Amt für Nationale Sicherheit zerschlagen ist, schnell auf die Strukturen und Kräfte der anderen bewaffneten Organe zu lenken, um diese ebenfalls zu zerschlagen!
Sollte es uns allen gemeinsam nicht kurzfristig gelingen, die Anstifter, Anschürer und Organisatoren dieser haßerfüllten Machenschaften gegen die Machtorgane des Staates zu entlarven und zu paralysieren, werden diese Kräfte durch ihre Aktivitäten einen weiteren Teil der Bevölkerung gegen den Staat, die Regierung und alle gesellschaftlichen Kräfte aufbringen. Was kommt dann?

Sorgen wir also gemeinsam für die unverzügliche Wiederherstellung der Rechtsstaatlichkeit - und dies ist unsere Forderung gegenüber jedermann!
Genossen, Bürger, damit keine Zweifel aufkommen, auch wir sind für die Aufklärung und notwendige Bestrafung bei Fällen von Amtsmißbrauch, Korruption und ähnlichen Delikten.

Täglich erhalten wir zahlreiche Anrufe aus dem Inn- und Ausland, die zum Ausdruck bringen, daß wir alles in unseren Kräften stehende tun müssen, um unseren soz. Staat im Interesse aller zu schützen und zu erhalten.
Diese berechtigte Forderung kann jedoch nur erfüllt werden, wenn die bewaffneten Organe unserer gemeinsamen Heimat, DDR, weiter bestehen und aktiv handeln können!
Dies schließt nach unserem Verständnis und den Praktiken und Notwendigkeiten aller entwickelten Staaten dieser Welt die Existenz eines Organes, welches mit spezifischen Mitteln und Methoden arbeitet, ein!

Das Kollektiv des Bezirksamtes für Nationale Sicherheit Gera und die Kreisämter

FA 4039 Durchschläge/Durchschriften: .... Stck. Geschrieben: .... Gesehen: ....

Eingangsdatum: .... Uhrzeit: .... Anfang: .... Ende: .... Nachr.-Sachbearb.: ....

Bei aller Perversität dieses Textes, wurde uns doch zweierlei deutlich: Erstens war das Fernschreiben nicht aktuell, sondern vier Wochen alt, und zweitens wäre ein Aufruf zum bewaffneten Putsch sicher nicht an ADN und die Vorsitzenden der Blockparteien verschickt worden. Wir baten Herrn Trostorff, seinerseits schnell eine Presseerklärung zu verfassen, um der Öffentlichkeit klar zu machen, daß es keinen aktuellen „Putsch-Aufruf" des Geraer Nasi-Bezirksamtes gab. Er schrieb zunächst, daß er von dem Aufruf nichts gewußt hatte – was sicher stimmte, denn dieser Aufruf war angesichts bereits vorhandener Stasi-Rettungsaufrufe aus anderen Bezirken von Herrn Seidel in Auftrag gegeben und dann von zwei AKG-Mitarbeitern und dem Leiter der Abteilung VII formuliert, und von diesen ohne nochmalige Rücksprache abgeschickt worden – doch uns ging es vor allem darum, der Meldung über den Geraer „Putsch-Aufruf" die Aktualität zu nehmen, um so die Situation zu entspannen. Schließlich machten wir Herrn Trostorff Formulierungsvorschläge für die Nasi-Erklärung. Was ich jetzt erlebte, hätte ich mir noch wenige Monate vorher nicht einmal im Traum vorstellen können: Zusammen mit Jörn Mothes und Roland Geipel saß ich im Dienstzimmer des Stasi-Bezirkschefs, wir formulierten gemeinsam an einer offiziellen Presseerklärung des Geheimdienstes und nebenbei sahen wir, wie Sebastian Pflugbeil, Carlo Jordan und Markus Meckel im DDR-Fernsehen ihre politischen Forderungen vortrugen. Das Undenkbare wurde zum Alltag.

In den ersten Wochen nach dem 6. Januar 1990 herrschte eine sehr gespannte Atmosphäre im Geraer Stasi-Gelände. Wir standen stark unter dem Eindruck der Ende Dezember vom rumänischen Staatssicherheitsdienst „Securitate"begangenen Massaker. Bei jeder Begegnung mit einem Stasi-Mitarbeiter bewegte uns im Hinterkopf die Frage: Hätte er bei entsprechendem Befehl auf uns geschossen oder nicht? Auf der anderen Seite sahen viele Stasi-Mitarbeiter in uns die Schuldigen für den Verlust ihrer gut bezahlten Arbeitsstelle und verhielten sich uns gegenüber entsprechend aggressiv. Im Umgang mit den Stasi-Leuten gerieten wir immer wieder in den Konflikt, entweder selbst mit entwürdigenden Stasi-Methoden zu kontrollieren, oder unsere Kontrollaufgaben nicht konsequent genug wahrzunehmen. In solchen Situationen habe ich mich meist gegen eine effektive Kontrolle entschieden und z.B. darauf verzichtet, in private Aktentaschen hineinzusehen. Die ersten beiden Januarwochen brachten uns bis an den Rand der physischen Erschöpfung. Von morgens um sechs bis nachts um zwölf bemühten wir uns darum, die Stasi-Auflösung voranzubringen und ihre Kontrolle so zu organisieren, daß sie effektiv aber gewaltfrei verlief. Wir fanden keine Zeit zum Einkaufen, so daß wir uns eine Woche lang früh und abends nur von Haferflocken und Konserven ernährten. Tagsüber aßen wir ab und zu ein Stück Schokolade, und wir tranken viel Kaffee – den Stasi-Kaffee von Oberst Seidel. Die „sanfte Revolution" war extrem anstrengend.

Am 9. Januar 1990 verhandelte das Bürgerkomitee im Geraer Stasi-Gebäude mit dem Nasi-Chef, dem Regierungsbeauftragten und dem Staatsarchivar.

Auf dem unteren Foto ein Blick über die Schulter des Nasi-Chefs: v.l.n.r. Regierungsbeauftragter Kobus, Staatsarchivar Langhoff und die Bürgerkomiteemitglieder Jörn Mothes, Michael Beleites, Jens Richter und Roland Geipel.

Oben: Revolution oder nicht? – Von Stasi-Mitarbeitern aus dem Fenster geworfenes Honecker-Bild vor dem Geraer MfS-Gebäude.

Unten: Heftpflaster-„Versiegelung“ der Stasi-Arbeitsräume durch die Staatsanwaltschaft.

15. Januar 1990

Vom 12. bis 14. Januar hatten wir uns zum zweiten zentralen Treffen der Bürgerkomitees in Berlin getroffen. Am Montag, dem 15. Januar, fuhr morgens ein Teil der Bürgerkomiteevertreter nach Pankow-Niederschönhausen und bemühte sich darum, einen Sitz für die Bürgerkomitees am Runden Tisch zu erhalten. Die anderen fuhren nach Lichtenberg, um sich Zugang zur Stasi-Zentrale zu verschaffen. Beides gelang erst nach schwierigen Verhandlungen. Sebastian Pflugbeil hatte mich gebeten, während der Stasi-Diskussion als „Berater" des Neuen Forums an der Sitzung des Runden Tisches teilzunehmen. Als Berater saß ich in der zweiten Reihe, hinter Sebastian Pflubeil, Ingrid Köppe und Reinhard Schult, die das Neue Forum vertraten. Die zweite Reihe der Tische stand allerdings so weit hinter der ersten Reihe, daß es während der Sitzungen praktisch unmöglich war, mit den vorn Sitzenden zu sprechen oder ihnen auch nur einen Zettel auf den Tisch zu legen. Im Verlauf der langwierigen Stasi-Debatte einigte man sich darauf, die Auftraggeber der Stasi zu einer Befragung an den Runden Tisch zu holen. Der frühere Sicherheits-Abteilungsleiter des ZK der SED, Wolfgang Herger, und der ehemalige ZK-Sekretär für Sicherheitsfragen, Egon Krenz, wurden für den darauffolgenden Montag vor den Runden Tisch geladen. Als am frühen Nachmittag die Stasi-Debatte beendet war, fuhr ich zur Normannenstraße. 17.00 Uhr sollte die Demonstration vor den Stasi-Gebäuden beginnen, zu der das Neue Forum aufgerufen hatte. In der Stasi-Zentrale diskutierten die Vertreter der Bürgerkomitees darüber, ob eine Auflösung dieses gigantischen Ministeriums überhaupt kontrollierbar ist. Ein Berliner Bürgerkomitee gab es noch nicht. Die ersten Bürgervertreter, die in die Berliner Stasi-Zentrale vorgedrungen waren, kamen aus den Bezirksstädten. Beim Anblick des Lichtenberger Stasi-Komplexes – mit seinen über 40 Neubaublöcken, in denen die 30 000 Berliner Stasi-Mitarbeiter Platz hatten – und der sich mit tausenden Demonstranten füllenden Normannenstraße, wurde mir klar, daß die augenblickliche Situation völlig unberechenbar war. Ich hatte keine Lust, hier länger dabeizusein. 20 Minuten vor Beginn der „Aktionskundgebung" verließ ich die Stasi-Festung und ging zu Pflugbeils.

Als ich dort ankam, fragten mich die Kinder, wann Sebastian nach Hause käme. Das wußte ich nicht. Daraufhin schalteten sie den Fernseher ein, um nachzusehen, ob ihr Vater noch am Runden Tisch saß. Ein ungewöhnliches Spiel, doch es wirkte ganz normal in dieser ungewöhnlichen Zeit. Plötzlich wurde die Sitzung abgebrochen, und wenig später verlas Konrad Weiß einen Aufruf zur Gewaltlosigkeit. In Lichtenberg hatten Stasi-Leute die Tore des Ministeriums für Staatssicherheit von innen geöffnet, und die Demonstranten stürmten in einige Gebäude der Stasi-Zentrale.

Runder Tisch am 22. Januar 1990: oben die Fraktion des Neuen Forums; unten die Befragten Wolfgang Herger und Egon Krenz.

22. Januar 1990

Wie am vorangegangenen Montag, nahm ich wieder als Berater des Neuen Forums an der Sitzung des Runden Tisches teil. Zu Beginn unterbreitete der Ministerpräsident, Hans Modrow, den Vorschlag, Vertreter der oppositionellen Parteien und Bewegungen in den Ministerrat zu berufen. Nachdem der Außenminister, Oskar Fischer, und die Wirtschaftsministerin, Christa Luft, ihre „Reformpolitik" vorgestellt hatten, folgte eine Debatte mit den Regierungsmitgliedern. Danach stand das Thema Stasi auf der Tagesordnung. Die Befragung von Krenz und Herger sollte beginnen, doch vorher gingen wir in eine Beratungspause. Mit Markus Meckel und Ibrahim Böhme von der SPD sprach ich über eine mögliche Reaktion auf die zu erwartenden nichtssagenden Äußerungen von Krenz. In diesem Moment kamen Egon Krenz und Wolfgang Herger zur Tür herein und gingen an unserer Seite entlang zur vorderen Stirnseite des „Runden" Tisches. Krenz gab einigen Leuten, die ihm im Wege standen, die Hand und grinste zwischendurch wie zu seinen FDJ-Zeiten. Jetzt überlegte ich mir, wie ich reagieren sollte, wenn der Hauptverantwortliche für die Stasi-Unterdrückungsmaßnahmen der letzten fünf Jahre mir grinsend die Hand entgegenstreckt.

Er kam auf uns zu und schüttelte zuerst Ibrahim Böhme die Hand. Egon Krenz blickte Ibrahim Böhme – der damals neben Wolfgang Schnur und Lothar de Maiziére als aussichtsreichster Kandidat für das Amt des DDR-Ministerpräsidenten galt – in die Augen und sagte leise und mit ernster Mine: „Herzlichen Glückwunsch!" An Stasi-Spitzel in Spitzenpositionen der demokratischen Parteien dachten wir damals nicht, aber Markus Meckel und ich waren erst mal für einige Sekunden sprachlos. Und schon gab Krenz Markus Meckel die Hand. Dann streckte er mir seine Hand entgegen – und auch ich reichte ihm die Hand. Ich spürte in diesem Moment keinen Haß, aber doch eine gewisse Verachtung gegenüber dem Menschen, dessen Politik mich in den vergangenen Jahren immer wieder ängstlich, wütend und traurig gemacht hatte. Die Beratung wurde mit der Befragung von Krenz und Herger fortgesetzt. Diese gaben zuvor jeder eine Erklärung ab. Egon Krenz stellte sich als ein partei- und arbeitsloser Bürger vor. Er entschuldigte sich kurz für die von der ehemaligen Parteiführung der SED ausgegangenen Ungerechtigkeiten und bemühte sich dann in einer langen Rede darum, darzustellen, daß er unschuldig sei. Die SED wäre in keinem Fall gegenüber dem MfS weisungsberechtigt gewesen. Dann ging er auf die Struktur des Nationalen Verteidigungsrates und der ihm unterstellten Bezirks- und Kreiseinsatzleitungen ein. Die sich anschließende Befragung dauerte recht lange, brachte aber keine neuen Erkenntnisse.

■ 1. März 1990

Lange genug hatten wir Stasi-Akten beaufsichtigt und über deren Verbleib diskutiert, ohne genauer zu wissen, was überhaupt in solchen Akten drin steht. Jetzt wollte ich einmal eine Akte sehen, und zwar meine. Roland Geipel war ebenfalls der Meinung, daß es nun an der Zeit wäre, uns unsere Akten zu zeigen. Wir gingen gemeinsam zum Regierungsbeauftragten Kobus. Dieser akzeptierte, daß nun Vertreter der Öffentlichkeit ihre Stasi-Akten einsehen müßten, sagte aber, er könnte allenfalls erlauben, daß der Superintendent und der Oberkirchenrat Geras ihre Akten einsehen, weil sie nicht so emotional vorbelastet wären wie wir beide. Wir versuchten sachlich zu bleiben und entgegneten dem Regierungsbeauftragten, daß wir bei den Bürgerkomiteeberatungen in Berlin Entscheidungen über die Aktenfrage treffen müßten, dies aber nicht könnten, solange uns nicht klar ist, was in solchen Akten steht. Um die Brisanz und den Wahrheitsgehalt der Stasi-Akten beurteilen zu können sei es notwendig, die eigene Akte gelesen zu haben. Dies sah Herr Kobus dann auch ein, und er sprach in unserem Beisein mit dem Nasi-Bezirkschef darüber. Herr Trostorff wehrte sich nicht dagegen, verlangte aber, daß wir vorher eine Verpflichtung zum Personendatenschutz unterschreiben. Für die Akteneinsichtnahme wurde ein Termin am Donnerstag, dem 1. März, um 9.00 Uhr vereinbart.

Als Roland Geipel und ich am 1. März Herrn Trostorffs Dienstzimmer betraten, saßen dort neben ihm Herr Kobus und der Staatsanwalt Sbik. Herr Sbik sagte, die Akteneinsicht könne uns nicht gewährt werden, weil der Bezirksstaatsanwalt dies untersagt habe. Nun hörte für uns der Spaß auf. Wir sagten energisch, daß wir diese Entscheidung als eine Behinderung der Bürgerkomiteearbeit durch die Geraer Behörden auffassen und das sowohl beim Koordinierungstreffen der Bürgerkomitees in Berlin, als auch am Abend desselben Tages in der Geraer Johanniskirche zu Beginn der Geraer Donnerstagsdemonstration bekanntmachen würden. Daraufhin berief sich Herr Kobus plötzlich auf seine „Generalvollmacht“ als Regierungsbeauftragter für den Bezirk Gera und setzte die Entscheidung des Bezirksstaatsanwalts außer Kraft. Wir gingen zum Stasi-Archiv. Zum Glück hatte mich Wolfgang Loukidis vom Schweriner Bürgerkomitee vorher detailliert über die verschiedenen Karteien und Abteilungen der Stasi informiert. Der Abteilungsleiter des Stasi-Archivs sagte nämlich, als er meine Karteikarte herausgezogen hatte: „Herr Beleites, über Sie ist nichts archiviert.“ Darauf konnte ich sagen, daß ich auch nicht erwartet hatte, daß über mich etwas archiviert worden ist, weil mein Fall ja sicher bis zuletzt ein laufender Vorgang war. Ich verlangte, von dieser F 16-Karte die Registriernummer aufzuschreiben und unter dieser Nummer in der F 22-Kartei nachzusehen, welche Abteilung für mich zuständig war. Dort müsse dann nach meiner Akte gesucht werden. Die Nasi-Leute waren sichtbar erschrocken über dieses Hintergrundwissen, das sie ja dem Geraer Bürgerkomitee bisher vorenthalten hatten. Auf meiner F 22-Karte stand, daß die Kreisdienststelle Gera für meinen Vorgang zuständig war, und daß die Akten im August 1988 an die Hauptabteilung IX in Berlin ausgeliehen worden waren. Herr Trostorff sagte: „Also, es ist nichts mehr hier." Darauf sagte ich, dann müssen wir in der AKG nachsehen, dort ist über jeden eine Kontrollakte geführt worden. Herr Trostorff bestätigte: „Ja, das stimmt." Nachdem wir eine Akte über Roland Geipel aus dem Archiv genommen hatten, gingen wir in die fünfte Etage zu den Räumen der „Auswertungs- und Kontrollgruppe" der Geraer Stasi-Bezirksverwaltung. Dort standen wir vor verschlossenen Schränken, und es entwickelte sich ein Streit zwischen Nasi- und Polizeivertretern, wer die dazugehörigen Schlüssel hätte. Nach einer halben Stunde kam der Staatsanwalt mit einem uns bis dahin unbekannten Herrn zur Tür herein. Dieser nahm einen Schlüssel aus seiner Jackentasche und schloß einen Schrank auf, in dem sich die Schlüssel zu den anderen Schränken befanden. Herr Trostorff erklärte, hier gäbe es keine Kartei, und es wäre aussichtslos, in den halb ausgeräumten Schränken eine bestimmte Akte zu finden. Ich entgegnete ihm: „Dann müssen wir eben suchen." Diese Hartnäckigkeit hatte Herrn Trostorff offensichtlich in Wut versetzt. Er griff sich einen beliebigen Schlüssel und öffnete ruckartig den dazugehörigen Schrank. In diesem Schrank hingen eine Reihe Akten, und im darüber befindlichen Fach lagen einzeln zwei deutlich dickere Akten mit der Aufschrift „TOV ‚Entomologe'". Schweigend, mit ernstem Blick und mit beiden Händen zwei übereinanderliegende Aktenbände umfassend, kam der Chef des Geraer „Bezirksamtes für Nationale Sicherheit", Michael Trostorff, auf mich zu und überreichte mir meine Stasi-Akten zur Einsichtnahme.

NACHWORT

Heute, knapp zwei Jahre nach der „Wende“, ergibt sich ein fatales Bild der Vergangenheitsbewältigung. Es sind nur diejenigen der Täter zu einer ehrlichen Aufarbeitung bereit, die ihren früheren Posten verloren haben. Die anderen verleugnen ihre Mitschuld – und sie haben sich in gehobenen Positionen gehalten. Der Werdegang der an meiner Verfolgung beteiligten Menschen, bewegt mich dazu, ihre Funktionsbeschreibung zu aktualisieren.

Die für meinen Fall verantwortlichen hauptamtlichen Stasi-Mitarbeiter, die sich heute einer Aufarbeitung zur Verfügung gestellt haben, arbeiten jetzt als Versicherungsvertreter, Kipperfahrer, Pförtner und Altenpfleger. Einer ist arbeitslos.

Die Direktorin der Museen der Stadt Gera, die 1987 im Auftrag der Stasi so oft „Kadergespräche“ mit mir veranstaltete, bis ich kündigte, hat 1990 über ihre Stasi-Zusammenarbeit gesprochen, und sie kam auch von sich aus auf mich zu, um mit mir über ihren damaligen Stasi-Auftrag zu reden. Sie wurde als Museumsdirektorin abgesetzt.

Die Leiterin des Geraer Naturkundemuseums, die an all diesen „Diszplinierungsmaßnahmen“ beteiligt war und auch die von der Stasi diktierte Beurteilung ausfertigte, in der unter anderem meine „unregelmäßige Beteiligung an den Maidemonstrationen“ kritisiert wurde, verleugnet ihre Mitschuld und stellt sich jetzt selbst als Bespitzelte und Verfolgte dar. Sie ist heute Direktorin des Naturkundemuseums – obwohl ihr bei einer Abstimmung im September 1990 fast alle Museums-Mitarbeiter das Mißtrauen ausgesprochen haben.

Der IM „Schubert“, der 1988 als Wismut-Geologe in einer für die Stasi abgegebenen Einschätzung zur Studie „Pechblende“ von „feindlicher Polemik gegen die DDR auf umweltpolitischer Basis“ sprach und dann die „Strohmann“-Hypothese erfand (s. S.107), arbeitet jetzt in einer aus früheren Wismut-Leuten bestehenden GmbH für Geologie und Technik. Angeboten werden Messungen und Gutachten zum Umweltschutz. Auftraggeber der neu gegründeten GmbH ist unter anderen die Wismut. Der frühere IM „Schubert“ entscheidet heute z. B. darüber, welche industriellen Abprodukte für die Verfüllung von Wismut-Schächten „geeignet“ sind.

Von den beiden Ausführenden der stasi-konzipierten „Disziplinierung“ vom 8. November 1988, bei der mir unter Androhung von Gewalt ein Vortrags- und Publikationsverbot zum Uran-Thema erteilt wurde (s. S. 124-135), ging der Leiter der Bergsicherung Ronneburg Anfang 1990 in

Rente, und der Leiter der Abteilung Wismutangelegenheiten des Rates des Bezirkes Gera wurde Leiter der Bergsicherung Ronneburg. Damit ist er heute auch für die Sanierung von Uranbergwerken zuständig, die früher von der Wismut zurückgegeben wurden.

Der Leiter der Schmirchauer Außenstelle der Wismut-Arbeitshygieneinspektion, der am 10. November 1988 in der Ronneburger Kirche im Stasi-Auftrag gegen Joachim Krauses Vortrag polemisierte, dabei erklärte, „daß sich die Kirche ihren religiösen seelsorgerischen Problemen zuwenden soll, da an der Kompetenz der Kirche zu Umweltproblemen zu zweifeln ist“ und anschließend sich weigerte, mit mir zu sprechen (s. S. 136), ist heute Abteilungsleiter beim Amt für Arbeitshygiene – Gewerbeaufsichtsbehörde – in Gera.

Der Hauptstrahlenschutzbeauftragte der SDAG Wismut, der in einem für die Stasi angefertigten „Sachverständigengutachten“ zu meinem am 13. Februar 1988 in Dresden gehaltenen Vortrag schrieb, daß „die Darlegungen nur eine Zielrichtung haben, Unruhe und Unsicherheit in den vom Autor bezeichneten Gegenden und darüber hinaus zu erzeugen“ (s. S. 93), ist heute der Strahlenschutzbeauftragte beim Generaldirektor der Wismut AG.

Der Direktor des Uranaufbereitungsbetriebes Crossen der SDAG Wismut sagte mir am 23. Februar 1988 bei einem Eingabengespräch über die von der Crossener Schlammdeponie ausgehenden Umweltgefahren beim Rat des Kreises Zwickau: „Zu besonderen Maßnahmen gegen die Staubentwicklung besteht keine Veranlassung“ und „Oberrothenbach ist ja schließlich kein Erholungsgebiet“. Die Stasi schrieb im Zwischenbericht vom 5. Juli 1988: „Diese Fragen, Einwürfe wurden sachlich und korrekt durch den Betriebsdirektor des AB Crossen entkräftet.“ Heute ist er Geschäftsleiter für Sanierung und Vorsitzender der Geschäftsleitung des organisatorisch mit dem Betrieb Crossen vereinigten Uranaufbereitungsbetriebes Seelingstädt der Wismut. Vorm Haupteingang des Seelingstädter Aufbereitungsbetriebes wehen jetzt große Fahnen mit der Aufschrift „Wismut – Neues Denken. Neues Handeln“ – an den alten Fahnenmasten.

Nachdem die Stasi die „Organisierung der gezielten langfristigen Eingabetätigkeit an das KFH Wittenberg“ beschlossen hatte, schrieb der IM „Schulze“ als Technischer Direktor des Uranaufbereitungsbetriebes Seelingstädt der SDAG Wismut im ersten und aggressivsten Stasi-Empörungsbrief: „... die in den Gesetzen und Vorschriften vorgegebenen Belastungsgrenzwerte werden unterschritten ... Meine Eingabe betrachte ich als Beitrag, daß Sie Ihr Vorgehen überdenken, zukünftig weiter derartige verleumderische Veröffentlichungen zu tätigen“ (s. S. 149-152). Heute ist er Leiter der Abteilung Sanierungsvorbereitung im Aufbereitungsbetrieb Seelingstädt und erarbeitet die Sanierungskonzeption für die von den Uranaufbereitungsbetrieben angelegten radioaktiven Schlammdeponien. Als der

Bundesumweltminister am 25. Oktober 1990 die ostdeutsche Uranbergbauregion besuchte, wurden ihm vom ehemaligen IM „Schulze“ die Seelingstädter Schlammdeponien vorgeführt.

Der IM „Zufelde“ schickte als Chefarzt der Geraer Radiologischen Klinik am 23. Januar 1989 den zweiten Stasi-Brief an das Kirchliche Forschungsheim Wittenberg, in dem er davon abriet, bei der Problematisierung des Uranbergbaus mit mir zusammenzuarbeiten (s. S.155-156). Er ist auch heute noch Chefarzt der Geraer Radiologischen Klinik.

Der Ärztliche Direktor des Bezirkskrankenhauses Gera hat 1988 in seiner Stellungnahme zur „Pechblende“ geschrieben, daß diese Studie „zur Irritation und politisch falschen Einordnung durch mögliche Leser oder Zuhörer beiträgt“ (s. S.115-117). Am 28. Juni 1989 schrieb er – „getragen vom Eid des Hippokrates und den zutiefst humanistischen Idealen unserer sozialistischen Gesellschaft“ – den dritten stasi-initiierten Brief an das Kirchliche Forschungsheim, in dem er die Ungefährlichkeit des DDR-Uranbergbaus beteuerte (s. S.159-161). Heute ist er Chef des Gerichtsmedizinischen Instituts in Gera.

Der Ärztliche Direktor des Krankenhauses Weida, der in einem am 21. Juli 1989 der Stasi übergebenen Bericht, mich als „durchtriebener Agitator, voller klassenfeindlicher Ideen und Aktivitäten“ bezeichnete (s. S. 163-165), arbeitet heute als Chirurg am Weidaer Krankenhaus.

Der Leiter des Nationalen Krebsregisters beim Zentralinstitut für Krebsforschung der DDR gab am 20. Juli 1988 eine „Argumentation zum in der ‚Frankfurter Rundschau‘ vom 9. 7. 1988 erschienenen Artikel“ (welcher sich auf die „Pechblende“ bezog) heraus, in der es heißt: „... Aus diesen kurzen Ausführungen folgt, daß die oben zitierte Behauptung ‚strenge Geheimhaltung der Daten‘ schlichte Demagogie der BRD-Presse ist. 3. Die im oben zitierten Artikel gemachte Behauptung, daß im Bezirk ‚Gera und den südöstlich gelegenen Gebieten‘ gehäuft Krebserkrankungen und Todesfälle an Bronchialkarzinomen, Hodentumoren und Leukämien zu beobachten sind, kann anhand der Befunde des Datenmaterials des Krebsatlasses 1978 -1982 ad absurdum geführt werden.“ Heute ist der frühere Leiter des Nationalen Krebsregisters der DDR Leiter der Epidemiologie im klinisch-diagnostischen Bereich des Bundesgesundheitsamtes in Berlin. Zusammen mit seinem jetzigen Bereichsleiter, dem früheren Chef des Instituts für Medizin des SAAS, warb er am 30. Januar 1991 in Bonn um Forschungsgelder der Bundesregierung. In ihrem gemeinsamen Vortrag begründeten sie die Notwendigkeit ihres Forschungsvorhabens zum uranbergbaubedingten Gesundheitsrisiko mit der Unzulänglichkeit der Gesundheitsdaten des DDR-Krebsregisters (man hatte dort bei der Erstellung geographischer Krebsstatistiken den Einfluß der Bevölkerungsmigration innerhalb der langen Latenzzeiten nicht berücksichtigt): „Aufgrund dieser Umstände ist durchaus mit der Möglichkeit zu rechnen, daß eine Reihe von möglicherweise strahlenbedingten Lungenkrebserkrankungen heute in ganz anderen Gebieten der ehemaligen DDR und den alten Bundesländern als den angeschuldigten Expositionsgebieten auftreten können. Hier besteht Forschungsbedarf." Das vordergründige Ziel ihrer Forschungen besteht offenbar darin, die betroffene Bevölkerung wieder zum Schweigen zu bringen. Schuld an aller „Verunsicherung" ist natürlich die Studie „Pechblende". Ihr Bonner Vortrag zur Begründung des „Forschungsbedarfs" beginnt mit dem Satz: „Im Jahre 1988 sorgte eine aus medizinischen Laienkreisen stammende Denkschrift zur Darstellung des Gesundheitszustandes der in den Uranbergbaugebieten Sachsens und Thüringens ansässigen Wohnbevölkerung und die Verbreitung dieser Informationen in den öffentlichen Medien für eine heute kaum noch zu beeinflussende Verunsicherung der dortigen Bevölkerung." Jetzt gehören beide zum Forschungsverbund des Projekts „Gesundheitsrisiken durch Strahlenexposition in den Südbezirken der ehemaligen DDR".

Die Aufzählung dieser Nach-Wende-Karrieren soll nicht dazu auffordern, die Betreffenden auszugrenzen. Ausgrenzung führt nur zur Radikalisierung. Früher von der Stasi Verfolgte wissen das. Mir geht es darum, auch hier die Konspiration aufzuheben und die Selbstverständlichkeit zu hinterfragen, mit der sich viele Täter selbst „rehabilitieren". Ich habe nichts dagegen, daß sich frühere Stasi-Mitarbeiter und -Helfer am Aufbau der demokratischeren Gesellschaft beteiligen und für die Beseitigung der ökonomischen und ökologischen Schäden Verantwortung übernehmen. Das Kriterium für die Vertrauenswürdigkeit dieser Leute sollte jedoch nicht die Fähigkeit zur Verdrängung und Vertuschung sein, sondern Ehrlichkeit und die Bereitschaft zum Erkennen und Bekennen der eigenen Mitschuld. Dazu muß einerseits eine Atmosphäre heranreifen, die ein Leben mit der Wahrheit zuläßt, in der nicht jedes Schuldbekenntnis dazu mißbraucht wird, von der Mitschuld ebenfalls Verstrickter abzulenken. Andererseits muß das nötige Schuldbekenntnis vor einer möglichen Schuldvergebung stehen und die früher an politischen Verfolgungen Beteiligten sollten zumindest auf die von ihrer Stasi-Tätigkeit direkt Betroffenen selbständig zugehen, um sich zu erklären bzw. zu entschuldigen. Außer den beiden Ärztlichen Direktoren sind mir alle oben genannten Stasi-Helfer, die heute noch in verantwortungsvoller Stellung arbeiten, auch nach 1989 begegnet. Doch keiner von ihnen hat die Gelegenheit wahrgenommen, mit mir über die wirklichen Hintergründe der stattgefunden Konflikte zu sprechen. Hoffentlich kommen sie bei der Betrachtung ihrer politischen Vergangenheit wenigstens mit sich selbst ins Reine. Ich wünsche es ihnen.

Gera, im Sommer 1991

Drei der im Nachwort vom Sommer 1991 Genannten haben reagiert:

Herr Dr. Vogel, der frühere Leiter der Schmirchauer Wismut-Arbeitshygieneinspektion, schrieb mir:

„Ich betrachte das Buch insgesamt als Beitrag zur Vergangenheitsbewältigung. Die Unterstellungen, die Sie im Zusammenhang mit meinem Auftreten in der Ronneburger Kirche am 10.11.1988 äußern, weise ich jedoch entschieden zurück. Sie schaden zugleich dem Ansehen des Amtes für Arbeitsschutz Gera, das hoheitliche Aufgaben des Landes Thüringen wahrzunehmen hat."

Ja, meine Aussagen dazu waren unvollständig. Ich hatte darauf verzichtet, zu schreiben, daß er seit 1966 unter dem Decknamen „Ulrich Müller" IM der Wismut-Stasi Karl-Marx-Stadt und seit 1982 der Stasi-Kreisdienststelle Gera war (MfS-Reg.-Nr. XVII 178/66 und XIV 1328/82).

Herr Dr. Russe, der frühere Wismut-Geologe, der als IM „Schubert" in scharfmacherischer Form den schlimmsten Stasi-Bericht über die „Pechblende" und über mich abgegeben hat (s. S. 107!), sagte gegenüber einem Redakteur des ARD-Magazins „Kontraste" zu seinen Stasi-Berichten:

„Ich stehe nach wie vor dazu, weil es dort nur um sachliche Dinge ging und nicht um Personen."

Seine an die Stasi weitergegebene Vermutung, ich sei nicht Autor der „Pechblende", sondern hätte dabei nur eine „Strohmannfunktion" gehabt, kommentierte er jetzt vor der Kamera:

„Ich würde das eigentlich heute auch noch so sehen, denn der Herr Beleites kann eigentlich zu der Zeit die fachliche Kompetenz nicht gehabt haben... Ich muß ihm eigentlich zu dem damaligen Zeitpunkt die Kompetenz absprechen, sich mit solchen Dingen sachverständig befassen zu können... Ich habe also dort nach bestem Wissen und Gewissen meine Meinung zu diesem Punkt/Problem niedergeschrieben."

Natürlich handelte er nach bestem Gewissen. Er hat eben kein besseres.

Frau Russe, die Ehefrau des Obengenannten und Leiterin des Geraer Naturkundemuseums, sagte mir, daß es nicht zutrifft, wenn im Buch der Eindruck entsteht, daß sie mir wegen der Stasi-Einflußnahme das Studium verwehrt hat. Sie habe zwar mit der Stasi immer wieder über mich gesprochen, aber meinen Studienwunsch hätte sie auch ohne die Stasi-Bemühungen von sich aus abgelehnt, „aus eigener Überzeugung". Sie erwarte deshalb, daß ich mich wegen der „Falschdarstellung" bei ihr entschuldige.

Ich soll mich also dafür entschuldigen, daß sie eifrig der Stasi zuarbeitete, ohne dazu aufgefordert worden zu sein. Also muß ich hier, ihrem Wunsch entsprechend, besonders hervorheben, daß sie ohne Zwang und ganz aus eigener Überzeugung den Lebenslauf eines anderen Menschen blockierte. Sie hat mit ihrer Eigeninitiative beinahe die Staatssicherheit überflüssig gemacht – eine wirklich bemerkenswerte Tatsache.

Die heute vieldiskutierte „Aussöhnung" muß vor allem als individueller Prozeß verstanden werden und ist deshalb nicht pauschal auf jeden und alles übertragbar. Neben denen, die zur selbstkritischen Reflexion ihrer politischen Vergangenheit fähig und bereit sind, gibt es leider auch andere: Leute, die nicht nur menschenverachtende Falschspieler waren, sondern sind.

Berlin, im Januar 1992

AB -	Aufbereitungsbetrieb (für Uranerz)
Abt. -	Abteilung (Stasi-Abteilungen: siehe Seite 21)
ÄD -	Ärztlicher Direktor
ADN -	Allgemeiner Deutscher Nachrichtendienst (Agentur der DDR)
AdW -	Akademie der Wissenschaften
AfNS -	Amt für Nationale Sicherheit (umbenanntes MfS ab Mitte November 1989)
AG -	Arbeitsgruppe
AKG -	Auswertungs- und Kontrollgruppe (der MfS-Bezirksverwaltung)
ARV -	Arbeitsrechtsverhältnis
BAfNS -	Bezirksamt für Nationale Sicherheit
BDVP -	Bezirksbehörde der Deutschen Volkspolizei
BIFA -	Bürgerinitiative für Frieden und Abrüstung
BKH -	Bezirkskrankenhaus
BL -	Bezirksleitung (der SED)
B-Maßnahme (der Abt. 26) -	Abhören von Gesprächen in Räumen (Wanze)
„Bonbon" -	Parteiabzeichen der SED
BRD -	Bundesgebiet vor 1990
BV -	Bezirksverwaltung (des MfS)
B 1000 -	Kleinbus
CFS -	chiffriertes Fernschreiben
CSSR -	Tschechoslowakische Sozialistische Republik (heute CSFR)
DA -	Dienstanweisung
DE -	Diensteinheit
Dekonspiration -	Aufdeckung, Enttarnung
DKP -	Deutsche Kommunistische Partei
DN -	Deckname
DVP -	Deutsche Volkspolizei
epd -	Evangelischer Pressedienst

ER -	Einreise
erf. -	erfaßt
ESG -	Evangelischc Studentengemeinde
EV -	Ermittlungsverfahren
FA -	Fachabteilung
FDJ -	Freie Deutsche Jugend
FS -	Fernschreiben
FSU -	Friedrich-Schiller-Universität (Jena)
GBL -	Gesetzblatt
Gen. -	Genosse
GKS -	Geheime Kommandosache
GL -	Gebietsleitung (-Wismut der SED)
GMS -	Gesellschaftlicher Mitarbeiter für Sicherheit
GNU -	Gesellschaft für Natur und Umwelt (des Kulturbundes) - auch Gruppe Natur und Umwelt
GO -	Generaloberst
GÜST -	Grenzübergangsstelle
GVS -	Geheime Verschlußsache
HA -	Hauptabteilung
Hptm. -	Hauptmann
HVA -	Hauptverwaltung Aufklärung (Auslandsspionage des MfS)
HW -	Hauptwohnung
IM -	Inoffizieller Mitarbeiter
IMB -	höchste IM-Kategorie (s.S.18)
IMK -	Inoffizieller Mitarbeiter „zur Sicherung der Konspiration“ (Inhaber konspirativer Wohnungen)
IMS -	Inoffizieller Mitarbeiter zur „Durchdringung und Sicherung des Verantwortungsbereiches“
IMV -	alte Bezeichnung für IMB (in anderem Zusammenhang auch IM-Vorlauf, d.h. Materialsammlung über IM-Kandidaten)
IPPNW -	Internationale Ärzteorganisation für die Verhütung eines Atomkrieges
K -	Kriminalpolizei
KAfNS -	Kreisamt für Nationale Sicherheit
KB -	Kulturbund

KD -	Kreisdienststelle (des MfS)
KFH -	Kirchliches Forschungsheim (Wittenberg)
KH -	Krankenhaus
Kirchenprovinz Sachsen -	evangelische Landeskirche auf dem Gebiet des heutigen Sachsen-Anhalt, ohne Anhalt und mit den Gebieten um Erfurt und Suhl
KL -	Kreisleitung (der SED)
KMSt -	Karl-Marx-Stadt (Chemnitz)
Koll. -	Kollege
Komsomol -	Jugendorganisation in der Sowjetunion
KPS -	Kirchenprovinz Sachsen
Legende -	bei der Stasi Begriff für fiktive Erklärungen
Leitungskreis -	Vorbereitungsgruppe des Landesjugendkonventes der Kirchenprovinz Sachsen
LK -	Landeskirche
LPG -	Landwirtschaftliche Produktionsgenossenschaft
MA -	Mitarbeiter
MdB -	Mitglied des Bundestages
MfN -	Museum für Naturkunde
MfS -	Ministerium für Staatssicherheit
M-Kopie -	ein von der Stasi-Abteilung M kopierter Brief
Nasi -	(Amt für) Nationale Sicherheit (umbenannte Stasi ab Mitte November 1989)
Nationale Front -	Dachorganisation der Blockparteien und Massenorganisationen in der DDR
NSW -	nichtsozialistisches Wirtschaftsgebiet
NW -	Nebenwohnung
OAM -	Operatives Ausgangsmaterial (Vorstufe einer OPK)
Oltn. -	Oberleutnant
OLZ -	operatives Leitzentrum
op. -	operativ
Operationsgebiet -	Bundesrepublik und West-Berlin
OPK -	Operative Personenkontrolle
OSL -	Oberstleutnant
OSV -	Ordnungsstrafverfahren
OT -	Ortsteil
OV -	Operativer Vorgang

ÖVW -	Örtliche Versorgungswirtschaft
PDS	Partei des Demokratischen Sozialismus
Pechblende -	alter bergmännischer Begriff für Uraninit (Urandioxid), ein traubiges, schwarz glänzendes Uranmineral, Bestandteil der erzgebirgischen Uranerze ; Titel der 1988 erschienenen Uran-Dokumentation
Pf., Pfr. -	Pfarrer
PKZ -	Personenkennzahl
PM -	Paß- und Meldewesen
POZW -	politisch-operatives Zusammenwirken
PUT -	politische Untergrundtätigkeit
Quelle -	Informant
Radsternfahrt -	DDR-weites Treffen der kirchlichen Umweltgruppen, 1982-1984 in Potsdam
RdB -	Rat des Bezirkes
RdSt -	Rat der Stadt
RL -	Richtlinie
SAAS -	Staatliches Amt für Atomsicherheit und Strahlenschutz
SDAG -	Sowjetisch-Deutsche Aktiengesellschaft
SDP -	Sozialdemokratische Partei (in der DDR, von Oktober 1989 bis Januar 1990)
SE -	Struktureinheit
SED -	Sozialistische Einheitspartei Deutschlands
SFB -	Sender Freies Berlin
SiV -	Sicherungsvorgang (Materialsammlung)
SoFd -	Sozialer Friedensdienst (Kirchliche Initiative für einen Zivildienst in der DDR)
soz. -	sozialistisch
Stasi -	(Ministerium für) Staatssicherheit
StGB -	Strafgesetzbuch
SU -	Sowjetunion
Sup. -	Superintendent
TOV -	Teiloperativvorgang, gleichbedeutend mit TV
TV -	Teilvorgang eines ZOV
Uranprovinz-	geologischer Begriff für Regionen mit Uranerzvorkommen
Ultn. -	Unterleutnant

UVR -	Ungarische Volksrepublik (heute Republik Ungarn)
VaVo -	Veranstaltungsverordnung
VEB -	Volkseigener Betrieb
VO -	Verordnung
VP -	Volkspolizei
VPG -	Volkspolizei-Gesetz
VPKA -	Volkspolizei-Kreisamt
VSH-Kartei -	Vorverdichtungs- Such- und Hinweiskartei
VVS -	Vertrauliche Verschlußsache
WB -	West-Berlin
wh. -	wohnhaft
Wismut -	1946 eingeführter Tarnname für den sowjetischen Uranbergbau in Ostdeutschland, Firmenbezeichnung der Uranbergbauindustrie in der DDR
ZAIG -	Zentrale Auswertungs- und Informationsgruppe
ZK -	Zentralkomitee (der SED)
ZMA -	Zentrale Materialablage (Archiv)
ZOV -	Zentraler Operativer Vorgang

DOKUMENTATION

epd

Ein Informationsdienst

Evangelischer Pressedienst, Zentralredaktion Frankfurt am Main, Haus der Evangelischen Publizistik

Nr. 40/88 **Frankfurt am Main, 27. September 1988**

kirche im sozialismus
Texte aus der DDR

»Pechblende — der Uranbergbau in der DDR und seine Folgen«

Michael Beleites hat im Februar bei der Ökumenischen Versammlung in Dresden (epd-Dokumentation Nr. 21/88) erstmals öffentlich auf Gefahren des Uranbergbaus in der DDR hingewiesen. Seine hier wiedergegebene Studie untersucht ein Thema, das in der DDR immer tabu war: die Uranerzgewinnung im Süden der DDR durch die sowjetisch-deutsche Aktiengesellschaft „Wismut". Die Auswirkungen für die dort Beschäftigten lassen sich auf die Formel bringen: mehr Geld, aber auch mehr Krebs. Zur Einführung ist ein epd-Bericht beigefügt (Seite 65).

Die im Buch erwähnte Studie „Pechblende" ist als Nachdruck zu erhalten beim
Gemeinschaftswerk der Evangelischen Publizistik
Friedrichstraße 2-6
6000 Frankfurt/Main 17

…s der DDR erscheinen als Gemeinschaftsproduktion von -epd-Dokumentation- und -Kirche im Sozialismus-. -epd-Dokumentation- ist ein Informa… …ntralredaktion des Evangelischen Pressedienstes. Herausgeber: Gemeinschaftswerk der Evangelischen Publizistik e.V.. Chefredakteur: Hans … …daktion: Wulf Röhnert. 6000 Frankfurt/Main 17, Friedrichstraße 2-6, Tel.: 069/71570, FS: 04 12 796. -Kirche im Sozialismus- ist ein Materialdienst zu Entwicklungen …DDR, der durch die Dokumentationen -Texte aus der DDR- ergänzt wird. Herausgeber: Berliner Arbeitsgemeinschaft für kirchliche Publizistik. Geschäftsführer und redaktionelle Gesamtleitung: Reinhard Henkys. Redaktion: Matthias Hartmann, 1000 Berlin 21, Bachstraße 1-2, Telefon: 030/3909 1358, FS 01 81 239. Bestellungen der Reihe -Texte aus der DDR- zum laufenden Bezug bei der Berliner Arbeitsgemeinschaft. Nachbestellung einzelner Ausgaben beim Gemeinschaftswerk in Frankfurt/Main. Nachdruck nur mit Quellenangabe und nach Rücksprache mit der Berliner Redaktion.

Weitere Titel aus der Reihe BasisDruck Dokument:

Armin Mitter / Klaus Wolle (Hg.)
Ich liebe Euch doch alle...!

...und diese verdammte Ohnmacht
Report der unabhängigen Untersuchungskommission zu den Ereignissen vom 7./8. Oktober 1989 in Berlin

B. Musiolek und C. Wuttke (Hg.)
Parteien und politische Bewegungen im letzten Jahr der DDR

Thomas Scholze/Falk Blask
Halt! Grenzgebiet!
Leben im Schatten der Mauer
BasisDruck Dokument d6

Wolfgang Rüddenklau
Störenfried
DDR-Opposition 1986-1989
BasisDruck dokument d7
(Co-Produktion mit dem ID-Archiv im IISG Amsterdam)

S. Bialas, M. Ziesche u.a. (Hg.)
Berlin, Mainzer Straße
Nachwort von W. Kempe,
Fotografien von M Pietzer, H. Hauswald, H. Zille;
BasisDruck Dokument d8

Jürgen Nagel
Parole Zukunft
Eine fotografische Spurensammlung
BasisDruck Dokument d9

Ausführliche Informationen über das gesammte Verlagsprogramm entnehmen Sie bitte dem beiliegenden Faltblatt.
Falls Sie regelmäßig über Neuerscheinungen informiert werden möchten, schreiben Sie bitte an:

BasisDruck Verlag
Schliemannstraße 23
O-1058 Berlin
Tel.: 448 36 87
Fax: 448 10 35